한국어 학습 총서 04

Korean Vocabulary Practice for Foreigners

日本語版

初級

초급

외국인을 위한

한국어 어휘 연습

外国人のための韓国語語彙練習

연세대학교 한국어학당 편

연세대학교 대학출판문화원

まえがき

延世大学韓国語学堂は今年で創立53周年を迎えました。延世大学韓国語学堂ではこの間、会話や言語機能、活用練習用など数多くの教材を執筆、出版して参りました。しかし韓国語を学ぶ学習者が増えるにつれ、学習者の要求も多様化してきました。特に韓国語の語彙学習に対する学習者の要求が高まり、語彙学習用の教材が必要となりました。

『外国人のための韓国語語彙練習』は初級、中級、上級の3巻で構成されています。この本は韓国語を勉強する学習者の語彙力を向上させ、韓国語の上達度を高めるために出版されることになりました。特に『外国人のための韓国語語彙練習』は現在施行されている多様な韓国語能力評価試験に対応するように構成しました。韓国語教材と韓国語能力評価試験で扱われている語彙をレベルに合わせて選定し、各語彙の意味を説明して例文を提示しました。また多様な練習問題を通して、学習した語彙を活用できるように構成しました。

『外国人のための韓国語語彙練習』は韓国語教育機関で語彙学習のための副教材として活用することができ、一人で勉強する学習者は自習用として活用することができます。この教材が韓国語学習者の語彙学習においてより効率的な実力向上に役立つことを期待します。

延世大学 語学研究教育院 韓国語学堂 教材編纂委員会

머리말

연세대학교 한국어학당은 올해로 창립 53주년을 맞이했습니다. 연세대학교 한국어학당은 그동안 회화 교재, 언어기능별 교재, 활용연습용 교재 등 많은 교재를 집필, 출간하였습니다. 그러나 한국어를 배우는 학습자들이 늘면서 그들의 요구도 다양해졌습니다. 특히 한국어 어휘 학습에 대한 학습자들의 요구가 높아져 어휘 학습용 교재가 필요하게 되었습니다.

'외국인을 위한 한국어 어휘 연습'은 초급, 중급, 고급의 3권으로 구성되었습니다. 이 책은 한국어를 공부하는 학습자들의 어휘력을 향상시켜 한국어 숙달도를 높이기 위해서 출간하게 되었습니다. 특히 '외국인을 위한 한국어 어휘 연습'은 현재 시행되고 있는 다양한 한국어능력 평가 시험에 대비하도록 구성되었습니다. 한국어 교재와 한국어능력 평가 시험에서 다루어지고 있는 어휘를 등급에 맞게 선정하여 각 어휘의 의미를 설명하고 예문을 제시하였습니다. 또한 다양한 문제를 통해 학습한 어휘를 활용할 수 있도록 구성하였습니다.

'외국인을 위한 한국어 어휘 연습'은 한국어교육기관에서 어휘 학습을 위한 부교재로 활용할 수 있으며 혼자서 공부하는 학습자는 자습용으로 활용할 수 있습니다. '외국인을 위한 한국어 어휘 연습'이 한국어 학습자들이 효율적으로 어휘를 학습하여 한국어능력을 향상할 수 있도록 하는 데 기여할 수 있기를 바랍니다.

연세대학교 언어연구교육원 한국어학당 교재편찬위원회

本書の構成

01 『外国人のための韓国語語彙練習(初級)』は韓国語を学んでいる外国人学習者のための語彙集として、初級段階で必ず知っておかなければならない語彙を紹介した。

02 この本はテーマ別に全15課からなる。

03 この本はテーマ別に約50~100個程度の語彙を提示し、説明した。総語彙数は、見出し語、類義語、反意語、関連語などを全て含めて約1300個以上に及ぶ。

04 各語彙の説明には発音、品詞、翻訳、語彙の意味に対する詳細説明、活用構文、活用表現、類義語、反意語、関連語、例文などが含まれている。

05 例文は初級段階の学習者が理解できる範囲の文法を使用して提示した。

06 語彙の提示順は主見出し、副見出し、カナダラ順である。

07 各課は大きく、語彙説明と練習問題の2つのパートから構成されている。まず語彙説明の部分では、語彙の定義に対する詳細説明、活用構文、活用表現、類義語、反意語、関連語彙、例文を通して学習者が語彙について十分に理解できるようにし、語彙練習問題の部分では語彙問題を通して、先に学んだ語彙を正確に理解したか、確認できるようにした。

08 語彙の練習問題は多様なタイプを提示しました。特に韓国語能力試験(TOPIK)を受験予定の学習者を考慮して、韓国語能力試験の試験問題タイプと同じ、もしくは、類似の問題を収録した。

09 単語索引には各課で主として取り扱った見出し語はもちろん、類義語や反意語、関連語彙もすべて含まれており、カナダラ順で提示した。単語索引には単語が提示されたページと課も同時に提示した。

일러두기

01 외국인을 위한 한국어 어휘 연습(초급)' 은 한국어를 배우는 외국인 학습자를 위한 어휘집으로 초급 단계에서 알아야 할 어휘를 소개하였다.

02 이 책은 주제별 총 15과로 되어 있다.

03 이 책은 주제별로 약 50개~100개 정도의 어휘를 제시하여 설명하였다. 총 어휘 개수는 표제어, 유의어, 반의어, 관련어 등을 모두 포함하여 1,300여 개이다.

04 각 어휘 설명에는 발음, 품사, 번역, 어휘 의미에 대한 상세 설명, 활용 구문, 활용 표현, 유의어, 반의어, 관련어, 예문 등이 포함되어 있다.

05 예문에는 초급 단계의 학습자가 이해할 만한 문법을 사용하였다.

06 어휘 제시의 순서는 대주제, 소주제, 가나다순이다.

07 각 과는 크게 어휘설명과 연습문제의 두 부분으로 구성되어 있다. 먼저 어휘 설명 부분에서는 어휘 정의에 대한 상세 설명, 활용 구문, 활용 표현, 유의어, 반의어, 관련 어휘, 예문을 통해 학습자들이 어휘에 대해 충분히 이해할 수 있도록 했고, 어휘 연습 문제 부분에서는 어휘문제들을 통해 앞서 배운 어휘를 정확하게 이해했는지 확인할 수 있도록 했다.

08 어휘 연습 문제는 다양한 유형으로 제시하였다. 특히 한국어능력시험(TOPIK)을 준비하는 학습자들을 고려하여 한국어능력시험의 문제 유형과 같거나 유사한 문제들을 수록하였다.

09 단어 색인에는 각 과에서 주요하게 다룬 표제어는 물론 표제어의 유의어, 반의어, 관련 어휘도 모두 포함하여 가나다순으로 제시하였다. 단어 색인에는 단어가 제시된 페이지와 과도 같이 제시하였다.

内容の構成

課	主見出し	副見出し	語彙数
1	位置と場所	1. 位置 2. 場所	54
2	物	1. 衣料 2. 雑貨, 宝石・アクセサリー 3. 文具類 4. 家電・電子製品 5. 台所・浴室用品 6. 家具 7. 物の性質	104
3	時間 I	1. 数 2. 時刻 3. 日にち	41
4	時間 II	1. 順序 2. 時間の長さ 3. 時間	43
5	人 I	1. 家族・親戚 2. 関係 3. 名前、年齢、性別 4. 外見、性格	61
6	人 II	1. 感情、考え 2. 職業 3. 姿勢、動き	61
7	日常生活 I	1. 一日の生活 2. 連絡	56
8	日常生活 II	1. 出会い 2. 買い物	45

課	主見出し	副見出し	語彙数
9	**学校と職場**	1. 対人関係 2. 学業と業務 3. 学校生活 4. 職場生活	93
10	**余暇**	1. 運動 2. 鑑賞､観覧 3. 旅行 4. 趣味	51
11	**食べ物**	1. 味 2. 飲み物､おやつ 3. 材料､ソース 4. 料理 5. 食べ物 6. 食事	96
12	**交通**	1. 乗り物､乗り場 2. 乗車､搭乗 3. 道､運転	58
13	**自然と季節**	1. 動植物 2. 色 3. 自然､景色 4. 天気 5. 季節	66
14	**住居**	1. 建物 2. 家 3. 引っ越し 4. 家事	57
15	**康**	1. 身体 2. 病気､症状 3. 病院､治療	75

내용구성

과	대주제	소주제	어휘개수
1	위치와 장소	1. 위치 2. 장소	54
2	물건	1. 의류 2. 잡화 · 보석 · 액세서리 3. 문구류 4. 가전 · 전자제품 5. 주방 · 욕실용품 6. 가구 7. 물건의 성질	104
3	시간 Ⅰ	1. 수 2. 시각 3. 날짜	41
4	시간 Ⅱ	1. 순서 2. 시간의 길이 3. 시간	43
5	사람 Ⅰ	1. 가족 · 친척 2. 관계 3. 이름 · 나이 · 성별 4. 외모 · 성격	61
6	사람 Ⅱ	1. 감정 · 생각 2. 직업 3. 자세 · 움직임	61
7	일상 생활 Ⅰ	1. 하루 생활 2. 연락	56
8	일상 생활 Ⅱ	1. 만남 2. 쇼핑	45

과	대주제	소주제	어휘개수
9	학교와 직장	1. 대인관계 2. 학업과 업무 3. 학교 생활 4. 직장 생활	93
10	여가	1. 운동 2. 감상 · 관람 3. 여행 4. 취미	51
11	음식	1. 맛 2. 음료 · 간식 3. 재료 · 소스 4. 요리 5. 음식 6. 식사	96
12	교통	1. 탈것 · 타는 곳 2. 승차 · 탑승 3. 길 · 운전	58
13	자연과 계절	1. 동식물 2. 색깔 3. 자연 · 경치 4. 날씨 5. 계절	66
14	주거	1. 건물 2. 집 3. 이사 4. 집안일	57
15	건강	1. 신체 2. 병 · 증상 3. 병원 · 치료	75

차례 目次

위치와 장소

01

位置と場所

1 / 위치
2 / 장소

01-1 위치

001
걸다

[걸다] 동사 掛ける､吊る､つるす

(壁, 物等にものを) 落ちないように引っ掛ける. ㄹ動詞.

[活用構文] 名에 名을/를 걸다

[活用表現] 벽에 그림을 걸다 壁に絵をかける

옷걸이에 옷을 걸다 ハンガーに服をかける

[例文] 옷을 옷걸이에 거세요. 服をハンガーにかけて下さい。

가족사진을 벽에 걸었어요. 家族写真を壁にかけました。

002
근처

[근처] 명사 近所

[活用構文] 名 근처

[類義語] 주변 周辺

주위 周囲

[例文] 병원 근처에는 약국이 많습니다. 病院の近くには薬局が多いです。

저는 학교 근처에 있는 하숙집에 살아요.
私は学校の近くにある下宿に住んでいます。

003
넣다

[너타] 동사 入れる

[活用構文] 名에 名을/를 넣다

[活用表現] 지갑에 돈을 넣다 財布にお金を入れる

커피에 설탕을 넣다 コーヒーに砂糖を入れる

[例文] 가방에 책을 넣었어요. かばんに本を入れました。

삼계탕에 소금을 넣어서 드세요. 参鶏湯に塩を入れて召し上がってください。

004
놓다

[노타] 동사 とどめる､置く

[活用構文] 動어/아/여 놓다

名에 名을/를 놓다

[活用表現] 넣어 놓다 入れておく

걸어 놓다 架けておく

책상 위에 책을 놓다 机の上に本を置く

[類義語] 두다 置く

[例文] 식탁 위에 수저를 놓았습니다. 食卓の上に､お匙と箸を置きました。

바닥이 더러우니까 가방을 놓지 마세요.
床が汚いのでかばんを置かないで下さい。

005
두다

[두다] 명사 置く

[活用構文] 動어/아/여 두다
名에 名을/를 두다

[活用表現] 놓아두다 置いておく
넣어 두다 入れておく
걸어 두다 かけておく

[類義語] 놓다 置く

[例文] 지갑은 서랍 안에 잘 넣어 두었어요.
財布は引き出しの中にちゃんと入れておきました。

오늘은 회식이 있어서 차를 집에 두고 출근했어요.
今日は飲み会があるので、車を家に置いて、出勤しました。

006
밑

[밑] 명사 下

[活用構文] 名 밑

[類義語] 아래 下

[反意語] 위 上

[例文] 제일 밑에 있는 책이 뭐예요? 一番下にある本は何ですか？
나무 밑에서 할아버지들이 바둑을 둡니다.
木の下でおじいさんたちが囲碁をしています。

007
사이

[사이] 명사 1. (空間的な)間　2. (時間的な)間　3. 間柄

1. 場所やものから、他の場所やものへの距離や空間.

[活用構文] 名과/와 名 사이

[例文] 학교와 병원 사이에 은행이 있습니다.
学校と病院の間に銀行があります。

2. ある時点からある時点への時間

[活用構文] 名과/와 名 사이

[例文] 한 시에서 두 시 사이에 전화하세요.
1時から2時の間に電話して下さい。

3. お互いの関係.

[活用構文] 名 사이
名과/와 名 사이

[活用表現] 친구 사이 友達の間柄
부부 사이 夫婦の間柄
부모와 자식 사이 両親と子の間柄

선생님과 학생 사이 先生と学生の間柄

[例文] 부부 사이에는 비밀이 없어야 한다고 생각해요.
夫婦の間に秘密はあってはならないと思います。

008
속[1]

[속] 명사 中

[活用構文] 名 속

[活用表現] 물 속 水の中
숲 속 森の中
산 속 山の中
봉투 속 袋の中
상자 속 箱の中

[類義語] 안 内

[反意語] 겉 外

[例文] 봉투 속에 돈을 넣으세요. 袋の中にお金を入れてください。
주머니 속에 아무것도 없어요. ポケットの中には何もありません。

009
안

[안] 명사 内､中

[活用構文] 名 안

[活用表現] 집 안 家の中
학교 안 学校の中
건물 안 建物の中
가방 안 鞄の中
안으로 들어가다 中に入る

[類義語] 속[1] 中

[反意語] 밖 外

[例文] 가방 안에 만화책이 있어요. かばんの中にマンガがあります。
교실 안에서 음식을 먹으면 안 됩니다.
教室の中で食べ物を食べてはいけません。

010
앞

[앞] 명사 前

[活用構文] 名 앞

[反意語] 뒤 後

[例文] 선생님 앞에 학생들이 앉아 있어요.
先生の前に学生たちが座っています。

12(열두)시에 학교 앞에서 만납시다.
12時に学校の前で会いましょう。

도움말

'안'と'속'は同じ意味で使える。

가방 안 鞄の中 (○) / 봉투 안 袋の中 (○)

가방 속 かばんの中 (○) / 봉투 속 袋の中 (○)

同じ意味として使えない場合もあり、普通場所を表す名詞には'속'ではなく'안'を使う.

학교 안 学校の中 (○) / 회사 안 会社の中 (○)

공항 안 空港の中 (○)

학교 속 学校の中 (×) / 회사 속 会社の中 (×)

공항 속 空港のの中 (×)

次のような場合には '안'ではなく'속'を使う.

산 안 山の中 (×) / 숲 안 森の中 (×)

물 안 水の中 (×) / 사람 안 人の中 (×)

산 속 山の中 (○) / 숲 속 森の中 (○)

물 속 水の中 (○) / 사람 속 人の中 (○)

011
어디

[어디] 명사 どこ

[例文] 어디로 가면 버스를 탈 수 있어요? どこに行けばバスに乗れますか?

나는 서울에서 왔는데 너는 고향이 어디야?
私はソウルから来たんですが,あなたの故郷はどこなの?

012
옆

[옆] 명사 横

左や右、または近い所

[活用構文] 名 옆

[例文] 우리 집 옆에 공원이 있습니다. 私の家の横に公園があります。

한국에서는 어른과 술을 마실 때 고개를 옆으로 돌리고 마셔요.
韓国では大人とお酒を飲むとき,横を向いて飲みます。

013
올려놓다

[올려노타] 동사 のせる､置く

[活用構文] 名에 名을/를 올려놓다

[活用表現] 책상 위에 가방을 올려놓다 机の上に鞄を置く

[反意語] 내려놓다 降ろす

[例文] 가스레인지 위에 주전자를 올려놓았다.
ガスレンジの上にやかんをのせました。

아침에 학교에 오면 선생님 책상에 숙제 공책을 올려놓으세요.
朝,学校に来たら先生の机に宿題ノートを置いておいてください。

014
위

[위] 명사 上

[活用構文] 名 위

[活用表現] 위로 올라가다 上に上がる

[反意語] 밑 下

아래 下

[例文] 양말은 침대 위에 있어요. 靴下はベットの上にあります。

숙제 공책을 책상 위에 놓았어요. 宿題ノートを机の上に置きました。

015
위치

[위치] 명사 位置

[活用表現] 건물 위치 建物の位置

[関連語] 장소 場所

[例文] 책상을 놓을 위치를 알려 주세요. 机を置く位置を教えて下さい。

우리가 묵을 호텔의 위치를 지도에서 확인해 보자.
私たちが泊まるホテルの位置を地図で確認してみよう。

016
있다

[읻따] 형용사 ある

持つ、または存在する。

[活用構文] 名 이/가 있다

[反意語] 없다 ない

[例文] 우리 반에 미국 사람이 있어요. 私のクラスにアメリカ人がいます。

저는 한국어 교과서가 3(세)권 있습니다.
私は韓国語の教科書を3冊持っています。

01-2 장소

017
가게

[가게] 명사 お店

[活用構文] 名 가게

[活用表現] 옷 가게 服屋

신발 가게 靴屋

[例文] 집 근처에 가게가 있어서 편해요.
家の近くにお店があるので便利です。

설탕을 사러 집 앞에 있는 가게에 갔다 왔어요.
砂糖を買いに家の前にあるお店に行って来ました。

018
경찰서

[경찰써] 명사 警察署

[例文] 제일 가까운 경찰서가 어디에 있어요?
一番近い警察署はどこにありますか?

길을 잘 모르면 경찰서에 가서 물어보세요.
道がよくわからなければ警察署に行って聞いて見てください。

019
공원

[공원] 명사 公園

[活用表現] 놀이 공원 遊園地

[例文] 저는 주말마다 공원을 산책해요. 私は毎週末、公園を散歩します。

일요일에 가족과 같이 공원에 놀러 갔어요.
日曜日に家族と一緒に公園に遊びに行きました。

020
극장

[극짱] 명사 劇場

演劇、音楽、舞踊等を公演したり、映画を上映する所。

[関連後] 영화관 映画館

[例文] 저녁 6(여섯)시에 극장 앞에서 만납시다.
夜の6時に劇場の前で会いましょう。

수업이 끝난 후에 영화를 보러 극장에 갈 거예요.
授業が終わった後、映画を見に映画館に行きます。

021
꽃집

[꼳찝] 명사 花屋

[類義語] 꽃 가게 花屋

[例文] 요즘은 꽃을 배달해 주는 꽃집이 많아요.
最近はお花を配達してくれる花屋が多いです。

저는 요즘 꽃집에서 아르바이트를 합니다.
私は最近、花屋でアルバイトをしています。

022
노래방

[노래방] 명사 カラオケ

[例文] 시험이 끝난 후에 친구들과 같이 노래방에 갔어요.
試験が終わった後、友達と一緒にカラオケに行きました。

제가 자주 가는 노래방은 비싸지만 깨끗하고 넓어서 항상 사람이 많아요.
私がよく行くカラオケは高いけれど、きれいで広いので、いつも人がたくさんいます。

023
대사관

[대사관] 명사 大使館

[活用構文] 名 대사관

[活用表現] 미국 대사관 アメリカ大使館
일본 대사관 日本大使館
한국 대사관 韓国大使館

[例文] 중국 대사관은 어디에 있어요?
在韓中国大使館はどこにありますか？

비자를 받으려면 대사관에 가야 해요.
ビザをもらうには大使館に行かなければなりません。

024
문방구

[문방구] 명사 文具店
学用品や事務用品などを売る店。

[類義語] 문구점 文具店

[例文] 학교 근처에 문방구가 많아요. 学校の近所に文具店が多いです。
문방구에서 연필, 지우개, 종이, 자, 가위 등을 살 수 있어요.
文具店で鉛筆、消しゴム、紙、ものさし、はさみ等を買うことができます。

025
미술관

[미술관] 명사 美術館

[例文] 미술관에서 사진을 찍으면 안 돼요.
美術館で写真を撮ってはいけません。

경기도 과천에 국립현대미술관이 있어요.
京畿道に国立現代美術館があります。

026
박물관

[방물관] 명사 博物館

[例文] 한국의 국립중앙박물관은 서울 용산에 있습니다.
韓国の国立中央博物館はソウルの竜山にあります。

박물관에 가서 유물들을 보면서 역사 공부를 했어요.
博物館に行って遺物を見ながら歴史の勉強をしました。

027
밝다

[박따] 형용사 1. 明るい　2. 明るい　3. 明るい

1. (明かり、光などが) 明るい

[活用構文] 名 이/가 밝다

[反意語] 어둡다 暗い

[例文] 불을 켜니까 방이 밝아졌어요. 電気をつけたので部屋が明るくなりました。

2. (色や感じが) 鮮明でさわやかだ

[活用構文] 名 이/가 밝다

[反意語] 어둡다 暗い

[例文] 미선 씨는 밝은 색 옷이 잘 어울려요.
ミソンさんは明るい色の服がよく似合います。

3. (雰囲気、表情、性格、未来などが) 明るくて良く見える。楽しく見える。

[活用構文] 名 이/가 밝다

[活用表現] 밝은 목소리 明るい声
표정이 밝다 表情が明るい
밝게 웃다 明るく笑う

[反意語] 어둡다 暗い

[例文] 우리 사무실에 재미있는 사람들이 많아서 항상 분위기가 밝아요.
私の事務所にはおもしろい人達が多くていつも雰囲気が明るいです。

028
방송국

[방송국] 명사 放送局

[例文] 방송국에 가면 연예인을 많이 볼 수 있어요.
放送局に行けば芸能人をたくさん見られます。

저는 졸업 후에 방송국에서 기자로 일하고 싶습니다.
私は卒業後に放送局で記者として働きたいです。

도움말

韓国には次のような放送局がある。

한국방송(KBS)　문화방송(MBC)　서울방송(SBS)　교육방송(EBS)

029
백화점 [배콰점] 명사 デパート

[例文] 백화점 물건은 비싸기는 하지만 질이 좋아요.
デパートの品物は高くはあるが,質がいいです。

세일 기간에는 백화점에 사람이 많아서 복잡해요.
セール期間にはデパートは人が多くて混んでいます。

030
병원 [병원] 명사 病院

[活用表現] 병원에 입원하다 病院に入院する
병원에서 퇴원하다 病院から退院する

[例文] 남편이 병원에 입원했어요. 夫が病院に入院しました。
많이 아프면 병원에 가세요. すごく痛いようなら病院に行って下さい。

031
빵집 [빵찝] 명사 パン屋

[類義語] 제과점 製菓店

[例文] 저는 아침마다 빵집에서 빵을 사요. 私は毎朝パン屋でパンを買います。
학교 안에 있는 빵집은 값이 싸고 맛있어서 학생들에게 인기가 많아요.
学校の中にあるパン屋は値段が安くておいしいので学生達に人気があります。

032
서비스센터 [서비스센터] 명사 サービスセンター
物を買った後で,故障した場合,修理してくれるところ。

[例文] 휴대전화가 고장이 나서 서비스센터에 갔습니다.
携帯電話が故障したのでサービスセンターに行きました。

서비스센터에 사람이 많아서 1(한)시간 동안 기다렸어요.
サービスセンターが混んでいて1時間待ちました。

033
서점 [서점] 명사 書店

[類義語] 책방 本屋

[例文] 오늘 서점에 가서 책을 많이 사 왔어요.
今日,書店に行って本をたくさん買ってきました。

큰 서점에는 오랫동안 서서 책을 읽는 사람이 많습니다.
大きい書店には,長い間立って本を読む人が多いです。

034
세탁소 [세탁쏘] 명사 洗濯所,クリーニング

[活用表現] 세탁소에 맡기다 クリーニングに預ける(クリーニングに出す)

[例文] 봄이 되어서 겨울옷을 세탁소에 맡겼어요.
春になったので、冬服をクリーニングに出しました。

이 옷은 드라이클리닝을 해야 하니까 세탁소에 맡기세요.
この服はドライクリーニングをしなくてはいけないので、クリーニングに出して下さい。

035
수영장

[수영장] 명사 プール

[活用表現] 실내 수영장 室内プール
야외 수영장 屋外プール

[例文] 저는 아침마다 수영장에 가서 수영을 해요.
私は毎朝、プールに行って泳ぎます。

지금은 날씨가 추워서 야외 수영장을 이용할 수 없습니다.
今は寒い季節なので屋外プールを利用することはできません。

036
술집

[술찝] 명사 居酒屋

[例文] 오늘은 회사 근처 술집에서 회식을 합시다.
今日は会社の近所の居酒屋で飲み会をしましょう。

이번 주말에 집 근처에 있는 술집에서 친구들을 만나기로 했어요.
今週末、家の近所にある居酒屋で友達に会うことにしました。

037
슈퍼마켓

[슈퍼마켇] 명사 スーパーマーケット
いろいろな商品を買うことができる大きなお店。

[関連語] 마트 マート
가게 お店
편의점 コンビニ

[例文] 지금 집 앞 슈퍼마켓에서 세일을 한다고 해요.
今家の前のスーパーでセールをしているらしいです。

슈퍼마켓에서 쌀이나 병맥주 등 무거운 것을 사면 주인 아저씨가 집까지 배달해 줍니다.
スーパーでお米や瓶ビールなど、重いものを買うと店のおじさんが家まで配達してくれます。

038
스키장

[스키장] 명사 スキー場

[例文] 영수는 겨울이 되면 주말마다 스키장에 가요.
ヨンスは冬になると毎週末スキー場に行きます。

저는 밤에 스키장에서 스키를 타는 것을 좋아해요.
私は夜にスキー場でスキーをするのが好きです。

039
시골 [시골] 명사 田舍

[活用表現] 시골 생활 田舎の生活
시골 풍경 田舎の風景

[反意語] 도시 都市

[例文] 시골은 공기가 좋아요. 田舎は空気がいいです。
시골에는 차가 많지 않아요. 田舎には車が多くありません。

040
시장 [시장] 명사 市場

[活用構文] 名 시장

[活用表現] 수산 시장 魚市場
동대문 시장 東大門市場

[例文] 남대문 시장에는 여러 가지 물건이 많아요.
南大門市場ではいろいろな品物が多いです。

바다 근처 수산 시장에 가면 싱싱한 회를 사서 먹을 수 있어요.
海の近くの魚市場に行けば,新鮮なお刺身を買って食べることができます。

041
식당 [식땅] 명사 食堂

[類義語] 음식점 料理店
레스토랑 レストラン

[例文] 이 근처에 싸고 맛있는 식당이 있어요?
この近所に安くておいしい食堂はありますか?

수업이 끝난 후에 식당에 가서 식사합시다.
授業が終わった後,食堂へ行って食事をします。

042
약국 [약꾹] 명사 薬局

[関連語] 약사 薬剤師

[例文] 큰 병원 근처에는 약국이 많아요. 大きな病院の近くには薬局が多いです。
머리가 아파서 약국에서 약을 사 먹었어요.
頭が痛くて薬局で薬を買って飲みました。

043
우체국 [우체국] 명사 郵便局

[関連語] 편지 手紙
우표 切手
소포 小包

[例文] 우체국에서 소포를 보냈어요. 郵便局で小包を送りました。

국제우편을 부치러 우체국에 가는 길이에요.
国際郵便を送りに郵便局に行く途中です。

044
운동장

[운동장] 명사 運動場

[例文] 우리 아버지는 토요일 아침마다 운동장에서 축구를 하십니다.
私の父は土曜日の朝はいつも運動場でサッカーをします。

요즘은 집 근처에 있는 초등학교 운동장에 가서 운동을 합니다.
最近は家の近所にある小学校の運動場に行って、運動します。

도움말

'-장'で場所を表す単語は次のようなものがある。

운동장, 축구장, 야구장, 농구장, 배구장, ……
運動場、サッカー場、野球場、バスケットボールコート、バレーコート

045
은행

[은행] 명사 銀行

[活用表現] 은행원 銀行員

[関連語] 통장 通帳
저축 貯蓄
송금 送金
현금자동인출기 現金自動預け払い機(ATM)

[例文] 돈이 없어서 은행에 가서 돈을 찾았어요.
お金がないので銀行に行って、お金を下ろしました。

은행에 가서 달러를 한국 돈으로 바꾸려고 해요.
銀行に行ってドルを韓国のウォンに換えようと思います。

046
조용하다

[조용하다] 형용사 1. 静かだ　2. 静かだ

1. 何の音も聞こえず、ひっそりしている。

[活用構文] 名 이/가 조용하다

[活用表現] 주위가 조용하다 周囲が静かだ
교실이 조용하다 教室が静かだ

[反意語] 시끄럽다 うるさい

[例文] 도서관에서는 조용히 해야 합니다. 図書館では静かにしなければなりません。

2. (言葉, 行動, 性格, 雰囲気が) うるさくなく、おとなしい。

[活用構文] 名 이/가 조용하다

[活用表現] 조용한 말 静かな言葉
조용한 목소리 静かな声

성격이 조용하다 性格が静かだ

[反意語] 시끄럽다 うるさい

[例文] 어머니는 조용한 목소리로 이야기하셨다.
お母さんは静かな声で話しました。

047
주유소

[주유소] 명사 ガソリンスタンド

[例文] 주유소마다 기름 값이 달라요.
ガソリンスタンドによってガソリン代が違います。

우리 집 근처에 있는 주유소에서는 기름을 넣으면 휴지를 줍니다.
私の家の近所にあるガソリンスタンドでは、ガソリンを入れるとティッシュをくれます。

048
집

[집] 명사 家

[活用表現] 예쁜 집 かわいい家

집 한 채 家一軒

집이 넓다 家が広い

집을 짓다 家を建てる

[例文] 이사 간 집이 어디예요? 引越した家はどこにありますか?

집이 넓고 밝아서 참 좋아요. 家が広いし明るくて、すごくいいです。

049
카페

[카페] 명사 カフェ

[類義語] 커피숍 コーヒーショップ

[例文] 카페에서 친구를 만나기로 했어요.
カフェで友達と会うことにしました。

요즘 카페에서 공부하는 사람이 많아요.
最近はカフェで勉強する人が多いです。

050
편의점

[펴니점] 명사 コンビニ

[例文] 편의점은 24(이십사)시간 문을 열어요. コンビニは24時間、開いています。

요즘 밤에 편의점에서 아르바이트를 해요.
最近夜にコンビニでアルバイトをします。

051
학교

[학꾜] 명사 学校

[活用表現] 초등학교 小学校

중학교 中学校

고등학교 高等学校

대학교 大学

학교생활 学校生活

학교를 졸업하다 学校を卒業する

[例文] 우리 학교에는 여러 나라에서 온 학생들이 있습니다.
私の学校にはいろいろな国から来た学生達がいます。

요즘 친구들을 많이 사귀어서 학교생활이 재미있어요.
最近、友達がたくさんできて、学校生活が楽しいです。

052
학원 [하권] 명사 学院、塾
私的教育機関。学校の勉強や、職業関連教育、美術、音楽等を教えるところ。

[活用構文] 名 학원

[活用表現] 영어 학원 英語の塾

미술 학원 美術塾

태권도 학원 テコンドー教室

학원에 다니다 塾に通う

[例文] 저는 요즘 운전 학원에 다니고 있어요.
私は最近自動車教習所に通っています。

제 여자 친구는 피아노 학원 선생님입니다.
僕の彼女はピアノ教室の先生です。

053
회사 [회사] 명사 会社

[活用表現] 회사원 会社員

무역회사 貿易会社

회사를 그만두다 会社を辞める

회사에 다니다 会社に通う

회사에 출근하다 会社に出勤する

[例文] 우리 아버지는 컴퓨터 회사에 다니십니다.
私の父はコンピューター会社に通っています。

회사 일 때문에 오늘 부산으로 출장을 가요.
会社の仕事のために、今日プサンに出張に行きます。

054
PC방 [피시방] 명사 ネットカフェ
お金を払って一定の時間、コンピューターを使用できる場所。

[例文] PC방에는 게임을 하는 사람이 많아요.
ネットカフェにはゲームをしている人が多いです。

컴퓨터가 없어서 PC방에서 숙제를 했습니다.
パソコンがなくてネットカフェで宿題をしました。

도움말

'–방'で場所を表す単語は、他に次のようなものがある。

노래방, PC방, 찜질방, 공부방, ……

カラオケ、ネットカフェ、チムジルバン、勉強部屋

01 연습문제

[1~15] 다음 단어를 한국어로 바꿔 쓰십시오. 次の単語を韓国語に変えて書きなさい。

1. 横 (　　　　　)
2. 下 (　　　　　)
3. 近所 (　　　　　)
4. パン屋 (　　　　　)
5. 病院 (　　　　　)
6. デパート (　　　　　)
7. 博物館 (　　　　　)
8. プール (　　　　　)
9. 大使館 (　　　　　)
10. かける (　　　　　)
11. 置く (　　　　　)
12. 明るい (　　　　　)
13. 静かだ (　　　　　)
14. 置く､乗せる (　　　　　)
15. うるさい (　　　　　)

[16~20] 그림을 보고 (　　)에 알맞은 것을 고르십시오.
絵を見て(　　)の中に当てはまるものを選びなさい。

16.

가 : 책이 어디에 있어요?
나 : 침대 (　　)에 있어요.

❶ 밖　　❷ 안
❸ 옆　　❹ 위

17.

가 : 여기가 어디예요?
나 : (　　)이에요/예요.

❶ 학교　　❷ 은행
❸ 서점　　❹ 문방구

18.

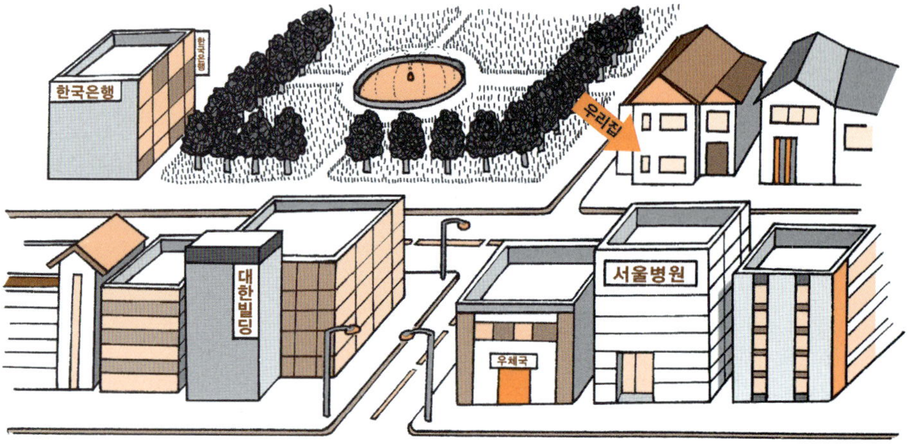

가 : 집 옆에 무엇이 있어요?

나 : 우리 집 옆에는 (   )이/가 있어요.

❶ 공원 ❷ 은행 ❸ 우체국 ❹ 병원

19.

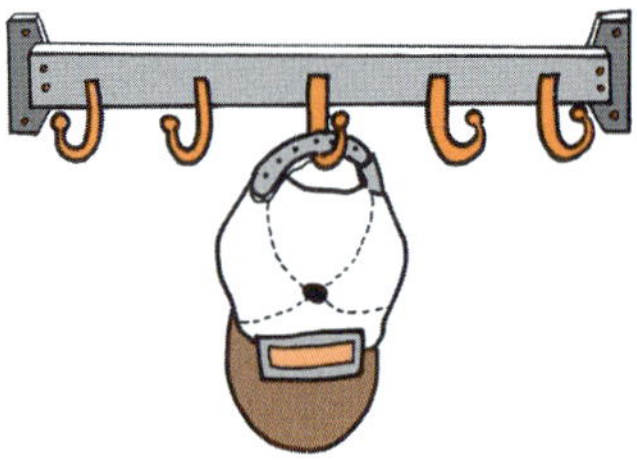

가 : 이 모자를 어떻게 할까요?

나 : (   )어/아/여 놓으세요.

❶ 넣다 ❷ 개다

❸ 열다 ❹ 걸다

20.

가 : 아무것도 안 보이는군요.

나 : 네, 너무 (   )어요/아요/여요.

❶ 어둡다 ❷ 복잡하다

❸ 시끄럽다 ❹ 재미없다

[21~30] 다음 문장을 읽고 알맞은 어휘를 골라 쓰십시오. 어휘는 한 번만 쓰십시오.
次の文章を読んで(　　)に当てはまる単語を選んで書きなさい。単語はそれぞれ1回だけ使えます。

안	밖	위	밑	앞
뒤	근처	밝다	있다	없다
놓다	넣다	걸다	어둡다	시끄럽다

21. 학생증을 책상 위에 (　　　　　)으세요/세요.
22. 우리 집 (　　　　　)에 지하철역이 없어서 좀 불편해요.
23. 미선 씨 지우개가 책상 (　　　　　)으로/로 떨어졌어요.
24. 오후에 시간이 (　　　　　)으면/면 같이 쇼핑하러 갈까요?
25. 그것은 밖에 놓지 말고 냉장고 안에 (　　　　　)으세요/세요.
26. 이 옷걸이에 코트를 (　　　　　)어/아/여 놓았는데 어디로 갔지?
27. 제 (　　　　　)에 키가 큰 사람이 앉아 있어서 영화가 잘 안 보여요.
28. 어제 밤에 (　　　　　)은/ㄴ 소리 때문에 잠을 잘 잘 수 없었어요.
29. 영희 씨가 기분이 나쁜가 봐요. 표정이 (　　　　　)어요/아요/여요.
30. 이 방은 햇빛이 잘 들어와서 다른 방보다 훨씬 (　　　　　)군요/는군요.

[31~35] (　　) 안에 알맞은 것을 고르십시오. (　　)の中に当てはまるものを選びなさい。

31. 영화가 재미있나 봐요. (　　)에 사람이 많아요.

❶ 극장　　❷ 은행　　❸ 시장　　❹ 병원

32. 일이 많아서 주말에도 (　　)에 갑니다.

❶ 집　　❷ 바다　　❸ 시골　　❹ 회사

33. 편지를 부치러 (　　)에 갔다 왔어요.

❶ 은행　❷ 편의점　❸ 백화점　❹ 우체국

34. 안경을 서랍 안에 (　　)어/아/여 놓았어요.

❶ 끄다　❷ 넣다　❸ 닫다　❹ 걸다

35. 방이 너무 (　　)어서/아서/여서 불을 켰어요.

❶ 덥다　❷ 밝다　❸ 어둡다　❹ 따뜻하다

[36~40] 밑줄 친 부분과 반대되는 뜻을 가진 것을 고르십시오.

下線を引いた部分と反対の意味を持ったものを選びなさい。

36. **가 :** 미국 친구가 있어요?
나 : 아니요, (　　)어요/아요/여요.

❶ 많다　❷ 싸다　❸ 없다　❹ 적다

37. **가 :** 가방이 의자 위에 있어요?
나 : 아니요, 의자 (　　)에 있어요.

❶ 밖　❷ 안　❸ 옆　❹ 아래

38. **가 :** 집 안에만 있으니까 답답하지 않아요?
나 : 그럼, 잠시 (　　)에 나갔다 올까요?

❶ 밖　❷ 옆　❸ 근처　❹ 아래

39. **가 :** 교실이 조용해요?
나 : 아니요, 아주 (　　)어요/아요/여요.

❶ 넓다　❷ 밝다　❸ 깨끗하다　❹ 시끄럽다

40. **가 :** 방이 어두워요?
나 : 아니요, (　　)어요/아요/여요.

❶ 밝다　❷ 더럽다　❸ 비싸다　❹ 편하다

[41~45] 밑줄 친 부분과 의미가 가장 가까운 것을 고르십시오.
下線を引いた部分と意味が一番近いものを選びなさい。

41. **가 :** 미선 씨 집이 여기서 가까워요?
나 : 네, 이 (　　)이에요/예요.

❶ 안　❷ 밖　❸ 근처　❹ 위치

42. **가 :** 상자 속에 뭐가 있어요?
나 : (　　)에 뭐가 있는지 알고 싶으면 직접 열어 보세요.

❶ 밑　❷ 안　❸ 밖　❹ 위

43. **가 :** 어? 볼펜이 아래로 떨어진 것 같아.
나 : 기다려 봐. 내가 책상 (　　)에서 찾아볼게.

❶ 밑　❷ 위　❸ 밖　❹ 옆

44. **가 :** 학생들이 아무 말 없이 앉아 있네요.
나 : 곧 시험을 보니까 (　　)게 기다리고 있는 거예요.

❶ 시끄럽다　❷ 조용하다　❸ 재미있다　❹ 편안하다

45. **가 :** 보석은 어디에 넣어 놓았어요?
나 : 옷장 제일 아래 서랍의 안쪽에 넣어 (　　)었어요/았어요/였어요.

❶ 있다　❷ 두다　❸ 신다　❹ 주다

[46~50] 밑줄 친 단어의 쓰임이 잘못된 것을 고르십시오.
下線部の使い方として間違っているものを選びなさい。

46. ❶ 제 공책은 집에 있어요. ( )
❷ 밥그릇을 식탁 위에 있어요.
❸ 교실에 시계와 달력이 있어요.
❹ 저는 한국 친구가 한 명 있어요.

47. ❶ 안은 깨끗한데 밖은 더럽네요. ( )
❷ 비가 오니까 밖으로 들어가세요.
❸ 좀 답답하네요. 잠깐 밖에 나갑시다.
❹ 밖에 누가 왔나 봐요. 무슨 소리가 들려요.

48. ❶ 이 색깔은 너무 어두운 것 같아요. ( )
❷ 방이 어두워서 책을 읽을 수가 없어요.
❸ 표정이 어두워요. 안 좋은 일이 있나 봐요.
❹ 공기가 아주 어두우니까 기분이 상쾌하네요.

49. ❶ 벽에 달력을 놓았어요. ( )
❷ 교실에 사람이 없어요.
❸ 침대 위에 옷이 있어요.
❹ 지갑 안에 카드를 넣었어요.

50. ❶ 여기에는 외국인들이 참 많아요. ( )
❷ 색깔이 좀 어두운데, 밝은 색은 없어요?
❸ 사람들이 모두 큰 소리로 말하니까 조용하군요.
❹ 오늘은 시간이 별로 없는데요. 내일 만나는 게 어때요?

물건

02

物

1 / 의류
2 / 잡화 · 보석 · 액세서리
3 / 문구류
4 / 가전 · 전자제품
5 / 주방 · 욕실용품
6 / 가구
7 / 물건의 성질

02-1 의류

001
멋지다

[먼찌다] 형용사 すてきだ,かっこいい

(人、もの、ことが)気に入ったり見た目がよくて素敵だ。

[活用構文] 멋진 名

名 이/가 멋지다

[活用表現] 멋진 자동차 かっこいい自動車

옷이 멋지다 服が素敵だ

[類義語] 멋있다 かっこいい

[例文] 그거 정말 멋진 생각이다.

それは本当にすてきなアイデアだ。

양복을 입으니까 정말 멋지구나!

スーツを着たら本当にかっこいいね!

002
바지

[바지] 명사 ずぼん

[活用表現] 반바지 半ずぼん

청바지 ジーンズ、ジーパン

바지를 입다 ずぼんを履く

[関連語] 치마 スカート

[例文] 바지가 길어서 조금 줄였습니다.

ズボンが長くて少し丈をつめました。

날씨가 추우니까 치마보다 바지를 입는 것이 좋겠어요.

寒いのでスカートよりずぼんを履くといいです。

003
벌

[벌] 명사 ~着

[活用表現] 옷 한 벌 服1着

[例文] 백화점에서 세일을 해서 옷을 세 벌 샀어요.

デパートでセールをしていたので、洋服を3着買いました。

곧 겨울이 될 테니까 겨울 코트를 한 벌 더 준비하세요.

もうすぐ冬になるので、冬のコートをもう1着準備してください。

004
블라우스

[블라우스] 명사 ブラウス

[活用表現] 블라우스 한 벌 ブラウス1枚

[例文] 어머니 생일 선물로 블라우스를 한 벌 샀어요.

母の誕生日のプレゼントとしてブラウスを1枚買いました。

지금 입은 까만 치마에는 이 블라우스가 어울리겠다.
今着ている黒いスカートにはこのブラウスがよく合うだろう。

005
속옷 [소곧] 명사 下着

[活用表現] 속옷 한 벌 下着 1 枚

[類義語] 내의 下着

[例文] 한국에서는 첫 월급을 받으면 부모님께 속옷을 선물한다.
韓国では最初のお給料をもらったら両親に下着をプレゼントします。

하얀 색 옷을 입을 때에는 속옷도 하얀 색을 입는 것이 좋아요.
白い洋服を着る時は、下着も白いものを着るといいです。

006
스웨터 [스웨터] 명사 セーター

[活用表現] 스웨터 한 벌 セーター 1 枚

[例文] 스웨터를 입으니까 춥지 않고 따뜻해요.
セーターを着たので寒くなく、暖かいです。

여자 친구가 선물해 준 스웨터를 입었다.
彼女がプレゼントしてくれたセーターを着た。

007
양복 [양복] 명사 スーツ

[活用表現] 양복 한 벌 スーツ 1 着

양복을 맞추다 スーツを仕立てる

[例文] 결혼식에는 양복을 입고 가야 해요.
結婚式にはスーツを着ていかなければなりません。

이 양복에 어떤 넥타이가 어울릴까?
このスーツにはどんなネクタイが似合うだろうか？

008
여성복 [여성복] 명사 女性服

[例文] 올해에는 밝은 색깔의 여성복이 유행할 거예요.
今年は明るい色の女性服が流行するでしょう。

여성복 매장은 백화점 2(이)층과 3(삼)층에 있어요.
女性服売り場はデパートの 2 階と 3 階です。

도움말

'-복'で衣類を現す単語としては次のようなものがある。

남성복, 여성복, 아동복, 수영복, 등산복, ……
男性服、女性服、子供服、水着、登山着…

009
옷 [옫] 명사 服

[活用表現] 옷장 たんす
옷 한 벌 洋服1着
옷이 작다 服が小さい
옷이 맞다 服が(ぴったり)合う
옷을 입다 服を着る

[例文] 너에게는 밝은 색 옷이 잘 어울린다.
君には明るい色の服がよく似合う。

요즘 살이 많이 빠져서 입던 옷들이 모두 커요.
最近やせたので、着ていた服が全部大きいです。

010
원피스 [원피스] 명사 ワンピース

[活用表現] 원피스 한 벌 ワンピース1枚

[例文] 하얀색 원피스를 입은 아이가 제 딸이에요.
白いワンピースを着ている子が私の娘です。

지금 제가 입고 있는 원피스는 어머니가 직접 만들어 주신 거예요.
今私が着ているワンピースは母が直接作ってくれたものです。

011
입다 [입따] 동사 着る

[活用構文] 名을/를 입다

[関連語] 끼다[1] つける
신다 履く
쓰다[1] かぶる

[反意語] 벗다 脱ぐ

[例文] 오늘 모임이 있는데 뭘 입고 나갈까?
今日集まりがあるのだけど、何を着ていこうか?

한국의 중 · 고등학생들은 교복을 입어요.
韓国の中高生たちは制服を着ます。

012
잠옷 [자몯] 명사 寝間着、パジャマ

[活用表現] 잠옷 한 벌 寝間着1着

[例文] 이제 잘 시간이니까 잠옷으로 갈아입어라.
もう寝る時間なので寝間着に着替えなさい。

언니가 생일 선물로 예쁜 잠옷을 선물해 주었어요.
姉が誕生日プレゼントにかわいいパジャマをくれました。

013
찢어지다 [찌저지다] 동사 破れる

[活用構文] 찢어진 名

名이/가 찢어지다

[活用表現] 찢어진 옷 破れた服

종이가 찢어지다 紙が破れる

[関連語] 찢다 破く

[例文] 물건이 무거워서 물건을 담은 비닐봉지가 찢어졌어요.
ものが重たくて、ものを入れたビニール袋が破けました。

요즘 젊은 사람들 사이에서 찢어진 청바지가 유행이다.
最近、若い人達の間で破れたジーンズが流行している。

014
치마 [치마] 명사 スカート

[活用表現] 치마 한 벌 スカート1枚

[関連語] 바지 ずぼん

[例文] 그 치마는 너무 짧은 것 같아.
そのスカートは短すぎるみたい。

저는 바지보다 치마가 더 잘 어울려서 치마를 자주 입어요.
私はずぼんよりもスカートがよく似合うので、スカートをよく履きます。

015
코트 [코트] 명사 コート

[活用表現] 반코트 ハーフコート

겨울 코트 冬のコート

코트 한 벌 コート1着

[例文] 반코트를 입어서 다리가 추워요.
ハーフコートを着たので、足が寒いです。

여름에는 겨울 코트를 싸게 살 수 있어요.
夏には冬のコートを安く買うことができます。

016
티셔츠 [티셔츠] 명사 Tシャツ

[活用表現] 티셔츠 한 벌 Tシャツ1枚

[関連語] 와이셔츠 ワイシャツ

[例文] 청바지에 하얀색 티셔츠를 입고 나갔다.
ジーンズに白いTシャツを着て出かけた。

내일 운동회에 우리 반은 파란색 티셔츠를 입기로 했어요.
明日の運動会で私達のチームは青いTシャツを着ることにしました。

017
한복 [한복] 명사 韓服

韓国の伝統的な服。

[活用表現] 한복 한 벌 韓服1着

[例文] 한복은 한국의 전통 옷입니다.
韓服は韓国の伝統衣装です。

한국 사람들은 설날이나 추석 같은 명절에 한복을 입는다.
韓国人達は正月やお盆のような伝統的な祭日に韓服を着ます。

02-2 잡화 · 보석 · 액세서리

018
가방 [가방] 명사 かばん

[活用表現] 책가방 (本が入った)かばん、ランドセル

서류 가방 書類かばん

여행 가방 旅行かばん

가방을 들다 かばんを持つ

가방을 메다 かばんを背負う

[例文] 학교에 가려고 가방에 책과 공책을 넣었다.
学校に行こうと、かばんに本とノートを入れた。

할머니 가방이 무거워 보여서 버스 정류장까지 들어 드렸어요.
おばあちゃんのかばんが重たそうに見えたので、バスの停留所まで持って行ってあげた。

019
가지다 [가지다] 동사 持つ

[活用構文] 名을/를 가지고 가다

名을/를 가지고 다니다

[例文] 교과서를 안 가지고 왔어요.
教科書を持って来ませんでした。

수학여행을 갈 때 미선이가 카메라를 가지고 가서 우리 반 친구들의 사진을 찍기로 했다.
修学旅行に行く時、ミソンがカメラを持って来て、クラスメートたちの写真を撮ることにした。

020
구두

[구두] 명사 靴

[活用表現] 구두 한 짝 靴1足(片方だけ)

구두 한 켤레 靴1足(両方)

구두를 신다 靴を履く

[例文] 새 구두 때문에 발이 아파요.
新しい靴のせいで足が痛いです。

구두를 벗고 방 안으로 들어오세요.
靴を脱いで部屋の中に入ってきてください。

021
귀걸이

[귀거리] 명사 イヤリング、ピアス

[活用表現] 귀걸이 한 쌍 ピアス1つ

귀걸이 한 짝 ピアス1つ(片方だけ)

귀걸이를 하다 ピアスをする

[類義語] 귀고리 ピアス、イヤリング

[例文] 요즘 유행하는 귀걸이가 뭐예요?
最近流行しているピアスが何ですか？

남자 친구에게서 선물로 받은 귀걸이 한 짝을 잃어버렸다
彼氏にもらったピアスを片方失くしてしまった。

022
끼다[1]

[끼다] 동사 つける、かける、はめる
(主に体に)何かをつけたり、はめたりする。

[活用構文] (名에) 名을/를 끼다

[活用表現] 안경을 끼다 眼鏡をかける

손에 장갑을 끼다 手に手袋をはめる

손가락에 반지를 끼다 指に指輪をはめる

눈에 콘텍트렌즈를 끼다 目にコンタクトをつける

[反意語] 빼다 とる

벗다 脱ぐ

[例文] 날씨가 추우니까 장갑을 끼세요.
寒いので手袋をしてください。

저기 안경을 낀 분이 우리 어머니이십니다.
あそこの眼鏡を掛けている方が私の母です。

023
넥타이

[넥타이] 명사 ネクタイ

[活用表現] 넥타이 한 개 ネクタイ1つ
넥타이를 매다 ネクタイをしめる
넥타이를 풀다 ネクタイをほどく
넥타이를 하다 ネクタイをする

[例文] 양복 색깔과 넥타이 색깔이 잘 어울려요.
スーツの色とネクタイの色がよく似合っています。

아버지한테서 넥타이를 매는 방법을 배웠어요.
父にネクタイをしめる方法を教わりました。

024
들다

[들다] 동사 1. 持つ　2. 上げる

1. 手に持つ。

[活用構文] 名을/를 (名에) 들다

[活用表現] 가방을 들다 かばんを持つ
꽃을 손에 들다 花を手に持つ

[例文] 꽃을 들고 사진을 찍는 것이 좋겠어요.
花を持って写真を撮るとよさそうです。

2. ものを手に持って上の方に持ち上げる。

[活用構文] 名을/를 (名으로/로) 들다

[活用表現] 손을 머리 위로 들다 手を頭の上に上げる

[例文] 질문이 있으면 손을 들고 질문하세요.
質問があれば手を上げて質問してください。

025
로션

[로션] 명사 ローション

顔、手、体などに塗って柔らかくする化粧品の中のひとつ。

[活用表現] 로션을 바르다 ローションを塗る

[例文] 세수한 후에 로션을 바릅니다.
洗顔した後にローションを塗ります。

겨울에는 손에 로션을 자주 바르는 것이 좋아요.
冬にはしょっちゅう手にローションを塗るといいです。

026
매다

[매다] 동사 結ぶ

[活用構文] (名에) 名을/를 매다

[活用表現] 넥타이를 매다 ネクタイをしめる
스카프를 매다 スカーフをする

신발 끈을 매다 靴の紐を結ぶ

[反意語] 풀다 ほどく

[例文] 나는 뛰기 전에 운동화 끈을 다시 맸다.
私は走る前に運動靴の紐を結びなおします。

오빠는 거울을 보면서 넥타이를 맵니다.
兄は鏡を見ながらネクタイを結びます。

027
메다

[메다] 동사 背負う、かける
肩に掛けたり、引っ掛ける。

[活用構文] (名에) 名을/를 메다

[活用表現] 어깨에 가방을 메다 肩にかばんをかける

[例文] 아이는 책가방을 메고 학교에 갔다.
子供がランドセルを背負って学校に行った。

배낭 하나만 메고 여행을 가려고 해요.
リュック1つだけ背負って旅行に行こうと思います。

028
모자

[모자] 명사 帽子

[活用表現] 모자를 쓰다 帽子をかぶる

[例文] 교실에서는 모자를 쓰고 있으면 안 됩니다.
教室では帽子をかぶっていてはいけません。

이 사진에서 하얀 모자를 쓰신 분이 우리 할아버지이십니다.
この写真で白い帽子をかぶっているのが、うちのおじいちゃんです。

029
목걸이

[목꺼리] 명사 ネックレス

[活用表現] 목걸이를 하다 ネックレスをする

[例文] 진주 목걸이가 아주 잘 어울리는군요!
真珠のネックレスがとてもよく似合いますね！

지금 하고 계신 목걸이가 참 예쁜데 어디에서 사셨어요?
今しているネックレス、すごく素敵ですけど、どこで買ったんですか？

030
목도리

[목또리] 명사 マフラー

[活用表現] 목도리를 하다 マフラーをする

목도리를 두르다 マフラーを巻く

[例文] 날씨가 추워져서 오늘은 코트도 입고 목도리도 했다.
寒くなってきたので今日はコートも着て、マフラーもした。

목에 목도리를 두르지 않아서 바람이 불 때마다 좀 추워요.
首にマフラーを巻かなかったので、風が吹くたびに寒いです。

031
반지

[반지] 명사 指輪

[活用表現] 결혼반지 結婚指輪
반지를 끼다 指輪をはめる
반지를 빼다 指輪をはずす

[例文] 한국에서는 아기의 첫 번째 생일에 금반지를 선물합니다.
韓国では子供の最初の誕生日に金の指輪をプレゼントします。

손을 씻으려고 반지를 뺐는데 어디에 두었는지 기억이 나지 않는다.
手を洗おうと指輪をはずしたのだが､どこに置いたのか思い出せない。

032
보석

[보석] 명사 宝石

[例文] 여자들은 보통 무슨 보석을 좋아해요?
女性たちは普通どんな宝石が好きですか？

결혼반지에 많이 쓰이는 보석은 다이아몬드예요.
結婚指輪によく使われる宝石はダイアモンドです。

033
선글라스

[선글라스] 명사 サングラス

[活用表現] 선글라스를 끼다 サングラスをかける
선글라스를 쓰다 サングラスをかける

[例文] 실내에서는 선글라스를 벗어라.
室内ではサングラスをはずせ。

미선이는 외출할 때 항상 검은색 선글라스를 써요.
ミソンは外出する時､いつも黒いサングラスをします。

034
손수건

[손쑤건] 명사 ハンカチ

[活用表現] 손수건 한 장 ハンカチ１枚
손수건으로 닦다 ハンカチで拭く

[例文] 땀이 나서 손수건으로 닦았어요.
汗が出たのでハンカチで拭きました。

손수건을 꺼내서 우는 아이의 눈물을 닦아 주었다.
ハンカチを出して泣いている子供の涙を拭いてあげた。

035
스카프

[스카프] 명사 スカーフ

[活用表現] 스카프를 하다 スカーフをする
스카프를 매다 スカーフを結ぶ
스카프를 두르다 スカーフを巻く

[例文] 이 물방울무늬 스카프는 얼마예요?
この水玉模様のスカーフはいくらですか？

그 원피스에 하늘색 스카프를 하면 더 예쁠 것 같아.
このワンピースに空色のスカーフをすると､もっとかわいいと思う。

036
스타킹

[스타킹] 명사 ストッキング

[活用表現] 스타킹 한 켤레 ストッキング1足

스타킹을 신다 ストッキングを履く

[例文] 저는 치마를 입을 때 보통 스타킹을 신습니다.
私はスカートを履くとき､普通ストッキングを履きます。

요즘에는 여러 가지 색깔과 디자인의 스타킹이 있어요.
最近はいろいろな色とデザインのストッキングがあります。

037
슬리퍼

[슬리퍼] 명사 スリッパ

[活用表現] 슬리퍼 한 켤레 スリッパ1足

슬리퍼를 신다 スリッパを履く

[例文] 바닥이 차가우니까 슬리퍼를 신어라.
床が冷たいのでスリッパを履きなさい。

신발을 벗고 슬리퍼로 갈아 신고 들어오세요.
靴を脱いでスリッパに履き替えてお入りください。

038
시계

[시계/시게] 명사 時計

[活用表現] 벽시계 壁時計

손목시계 腕時計

시계가 느리다 時計が遅い

시계를 보다 時計を見る

시계를 차다 時計をする

[例文] 시계를 보니까 벌써 점심시간이 되었다.
時計を見たら､もう昼食の時間になっていた。

요즘은 휴대전화가 있어서 시계를 안 차고 다니는 사람이 많아요.
最近は携帯電話があるので時計をしない人が多いです。

039
신다

[신따] 동사 履く

[活用構文] 名 을/를 신다

[活用表現] 양말을 신다 靴下を履く

신발을 신다 靴を履く

【反意語】 벗다 脱ぐ

【例文】 내일 등산할 테니까 등산화를 신고 오세요.
明日は登山をするので、登山靴を履いてきてください。

제가 지금 신고 있는 신발은 아주 편해서 좋아요.
私が今はいている靴はすごく楽でいいです。

040
신발

[발] 명사 靴

【活用表現】 신발장 下駄箱

신발 한 짝 靴1足(片方だけ)

신발 한 켤레 靴1足

신발을 신다 靴を履く

【例文】 집에 오면 신발을 벗어서 신발장에 넣어라.
家に着いたら靴を脱いで下駄箱に入れろ。

이 신발이 좀 큰데 한 치수 작은 것으로 주세요.
この靴が少し大きいので、1つ小さいのを下さい。

041
쓰다[1]

[쓰다] 동사 1. かぶる　2. かける　3. さす

1. 帽子などを頭に載せてかぶる。

【活用構文】 (名에) 名을/를 쓰다

【活用表現】 모자를 쓰다 帽子をかぶる

【反意語】 벗다 脱ぐ

【例文】 교실에서는 모자를 쓰고 있으면 안 됩니다.
教室では帽子をかぶっていてはいけません。

2. 顔に眼鏡などを掛ける。

【活用構文】 名을/를 쓰다

【活用表現】 안경을 쓰다 眼鏡を掛ける

【反意語】 벗다 脱ぐ

【例文】 우리 반에는 안경을 쓴 학생이 많아요.
私のクラスには眼鏡をかけた学生が多いです。

3. 傘や日傘などを頭の上に広げて持つ。

【活用表現】 우산을 쓰다 傘をさす

【例文】 두 사람은 우산을 같이 쓰고 갔다.
2人は一緒に傘をさして行った。

042
안경

[안경] 명사 眼鏡

[活用表現] 안경을 닦다 眼鏡を拭く
안경을 끼다 眼鏡をかける
안경을 쓰다 眼鏡をかける
안경을 벗다 眼鏡をはずす

[例文] 안경을 닦으니까 아주 잘 보여요.
眼鏡を拭いたのですごくよく見えます。

저는 눈이 너무 나빠서 안경을 벗으면 아무것도 보이지 않아요.
私は目がすごく悪いので眼鏡をとると何も見えません。

043
액세서리

[액쎄서리] 명사 アクセサリー

[活用表現] 액세서리를 하다 アクセサリーをする
액세서리를 달다 アクセサリーをつける

[例文] 옷에 액세서리를 달았어요.
洋服にアクセサリーをつけました。

액세서리 가게에서 친구에게 줄 선물을 골랐다.
アクセサリーの店で友達に上げるプレゼントを選んだ。

044
양말

[양말] 명사 靴下

[活用表現] 양말 한 짝 靴下１足(片方だけ)
양말 한 켤레 靴下１足
양말을 신다 靴下を履く

[例文] 저는 집에 오면 양말부터 벗어요.
私は家に着くとまず靴下を脱ぎます。

날씨가 너무 추워서 양말을 두 켤레 신었습니다.
とても寒いので靴下を２足履きました。

045
우산

[우산] 명사 傘

[活用表現] 우산을 쓰다 傘をさす
우산을 펴다 傘を広げる
우산을 접다 傘をたたむ

[関連語] 양산 日傘

[例文] 비가 오니까 저와 같이 우산을 쓰고 갑시다.
雨が降ってきたので私と一緒に傘をさしましょう。

날씨가 흐리니까 우산을 가지고 가는 것이 좋을 것 같아요.
曇っているので､傘を持って行った方がいいと思います。

046
운동화

[운동화] 명사 運動靴

[活用表現] 운동화 한 짝 運動靴 1 足(片方だけ)

운동화 한 켤레 運動靴 1 足

운동화를 신다 運動靴を履く

[例文] 이 운동화는 달리기 선수들이 신는 운동화라고 해요.
この運動靴は陸上競技の選手たちがはいている運動靴だといいます。

운동화를 신으면 발이 편해서 운동을 하지 않을 때도 많이 신어요.
運動靴を履くと、足が楽なので運動しない時もよく履きます。

047
잃다

[일타] 동사 失う、なくす

[活用構文] 名 을/를 잃다

[活用表現] 잃어버리다 失くしてしまう

지갑을 잃다 財布をなくす

[例文] 친구가 사업에 실패해서 많은 돈을 잃었다.
友達が事業に失敗して大金を失った。

버스에서 지갑을 잃어버렸는데 어떻게 하죠?
バスで財布をなくしたのですが、どうしましょう。

048
장갑

[장갑] 명사 手袋

[活用表現] 털장갑 毛糸の手袋

장갑 한 짝 手袋 1 つ(片方だけ)

장갑 한 켤레 手袋 1 つ

장갑을 끼다 手袋をする

[例文] 스케이트를 탈 때에는 꼭 장갑을 껴야 한다.
スケートをする時には必ず手袋をしなければならない。

날씨가 추우니까 장갑을 끼는 것이 좋겠어요.
寒いので手袋をするといいでしょう。

049
지갑

[지갑] 명사 財布

[例文] 거스름돈을 받아서 지갑에 넣었어요.
おつりをもらって財布に入れました。

여행을 가면 지갑을 잃어버리지 않게 조심하세요.
旅行に行ったら、財布をなくさないように気をつけてください。

050
차다[1]

[차다] 동사 する、つける
腰や腕にものを結んだりつけたりする。

[活用構文] (名에) 名을/를 차다

[活用表現] 팔에 팔찌를 차다 腕にブレスレットをする
손목에 시계를 차다 手首に時計をする

[例文] 아내는 금으로 만든 팔찌를 찼다.
妻は金でできたブレスレットをした。

오늘 시계를 차는 것을 깜빡 잊어버렸어요.
今日は時計をするのをすっかり忘れてしまいました。

051
켤레

[켤레] 명사 ~足
靴、靴下、手袋など２つで１つになるものを１つとして数える時に使う単位。

[活用表現] 신발 한 켤레 靴１足
양말 두 켤레 靴下１足
장갑 세 켤레 手袋１組

[例文] 이 핸드백은 지금 입고 있는 청바지에 어울리는 것 같지 않아요.
このハンドバックは今履いているジーパンには似合いそうにないです。

현관에 신발이 여러 켤레 있는 걸 보니까 손님들이 오신 모양이에요.
玄関に靴が何足かあるのを見ると、お客さんが来ているようです。

052
핸드백

[핸드백] 명사 ハンドバック

[例文] 요즘 유행하는 핸드백이 어떤 거예요?
最近流行しているハンドバックはどういうのですか？

지갑하고 휴대폰을 핸드백에 넣었어요.
財布と携帯電話をハンドバックに入れました。

053
향수

[향수] 명사 香水

[活用表現] 향수를 뿌리다 香水をつける

[例文] 외출하기 전에 향수를 뿌렸어요.
外出する前に香水をつけました。

여자 친구 생일 선물로 향수를 샀다.
彼女の誕生日プレゼントに香水を買った。

054
화장품 [화장품] 명사 化粧品

【活用表現】 화장품 가게 化粧品のお店

화장품을 바르다 化粧品を塗る

【例文】 이 화장품을 발라 보세요. 아주 좋아요.
この化粧品を塗ってみてください。すごくいいですよ。

이 근처에 싸고 좋은 화장품 가게가 있어요?
この近くに安くていい化粧品のお店がありますか？

02-3 문구류

055
가위 [가위] 명사 はさみ

【活用表現】 가위로 자르다 はさみで切る

【例文】 엄마는 아이의 머리를 가위로 잘랐다.
母は子供の髪の毛をはさみで切った。

가위나 칼은 아이에게 위험한 물건이니까 잘 넣어 두세요.
はさみや包丁は子供にとって危ないものなので、ちゃんとしまっておいて下さい。

056
공책 [공책] 명사 ノート

【活用表現】 공책 한 권 ノート1冊

【類義語】 노트 ノート

【例文】 문방구에 가서 공책을 열 권 사 와라.
文具店に行って、ノートを10冊買って来い。

수업 내용을 공책에 써 놓으면 집에서 공부할 때 다시 볼 수 있어서 좋아요.
授業内容をノートに書いておけば、家で勉強する時に見直せるのでいいです。

057
볼펜

[볼펜] 명사 ボールペン

[活用表現] 볼펜 한 자루 ボールペン1本

[例文] 시험을 볼 때 까만색 볼펜으로 쓰십시오.
試験を受ける時、黒いボールペンで書いてください。

볼펜을 안 가지고 왔는데 좀 빌려 주세요.
ボールペンを持っていないので、ちょっと貸してください。

058
봉투

[봉투] 명사 封筒、袋
手紙、書類、ものなどを入れておけるように作られた袋。

[活用表現] 서류 봉투 書類封筒
편지 봉투 手紙の封筒
쓰레기봉투 ごみ袋
봉투 한 장 封筒1枚
봉투에 넣다 封筒に入れる

[類義語] 봉지 袋

[例文] 이 서류를 넣을 수 있는 봉투를 좀 주세요.
この書類が入る封筒をください。

한국 사람들은 쓰레기를 버릴 때 가게에서 파는 쓰레기봉투를 사서 거기에 넣어서 버려요.
韓国人たちはごみを捨てる時、店で売っているゴミ袋を買って、そこに入れて捨てます。

059
수첩

[수첩] 명사 手帳

[例文] 수첩에 해야 할 일을 적어 놓으면 잊어버리지 않아서 좋아요.
手帳にしなければならないことを書いておけば、忘れなくていいです。

나는 수첩에 단어를 적어 놓고 시간이 날 때마다 보고 외웠다.
私は手帳に単語を書いておいて、時間がある度にそれを見て暗記した。

060
연필

[연필] 명사 鉛筆

[活用表現] 연필 한 자루 鉛筆1本

[関連語] 지우개 消しゴム

[例文] 저는 보통 연필로 숙제를 해요.
私はふつう、鉛筆で宿題をします。

연필로 쓰면 틀렸을 때 지우개로 지울 수 있어서 저는 연필로 쓰는 것을 좋아해요.
鉛筆で書くと、間違った時消しゴムで消せるので、私は鉛筆で書くのが好きです。

061
자루

[자루] 명사 ~本

筆記用具がいくつなのか数える単位。

【活用表現】 연필 한 자루 鉛筆１本

볼펜 열두 자루 ボールペン１本

【例文】 볼펜이 있으면 한 자루만 빌려 주세요.

ボールペンがあったら１本だけ貸してください。

아이들에게 연필 세 자루씩 선물해 주었다.

子供達に鉛筆を３本ずつプレゼントしてあげた。

062
지우개

[지우개] 명사 消しゴム､黒板消し

【活用表現】 지우개 한 개 消しゴム１つ

지우개로 지우다 消しゴムで消す

【例文】 칠판을 지우개로 깨끗하게 지웠다.

黒板を黒板消しできれいに消した。

틀린 글씨를 지우개로 지우고 다시 쓰세요.

間違った文字を消しゴムで消して､もう1度書いて下さい。

063
필통

[필통] 명사 筆箱

【活用表現】 필통 한 개 筆箱１つ

필통에 넣다 筆箱に入れる

【例文】 필통 안에 볼펜이 몇 자루 있어요?

筆箱の中にボールペンが何本ありますか？

그 학생은 필통에서 연필을 꺼내서 적기 시작했다.

その学生は筆箱から鉛筆を出して書き始めた。

02-4 가전 · 전자제품

064
가전제품 [가전제품] 명사 家電製品

[例文] 좋은 가전제품이 많이 나와서 집안일이 편해졌다.
いい家電製品がたくさん出てきたので、家事が楽になった。

요즘 신혼부부에게 가장 인기 있는 가전제품은 로봇청소기입니다.
最近新婚夫婦に一番人気のある家電製品はロボット掃除機です。

065
고장 [고장] 명사 故障

[活用表現] 고장이 나다 故障する
고장을 내다 壊す

[例文] 휴대전화가 고장이 나서 서비스센터에 맡겼다.
携帯電話が故障したので、サービスセンターに預けた。

컴퓨터가 고장인가 봐요. 화면에 아무것도 나오지 않아요.
コンピューターが故障したみたいです。画面に何も映りません。

066
고치다 [고치다] 동사 1. 直す　2. なおす

1. 故障したり、使えなくなったものを手入れして使えるようにする。

[活用構文] 名 을/를 고치다

[関連語] 수리하다 修理する
수선하다 修繕する

[例文] 고장이 난 자동차를 고쳤어요.
故障した車を直しました。

2. 間違ったりしたことを、正しく変える。

[活用構文] 名 을/를 고치다

[活用表現] 버릇을 고치다 癖をなおす
발음을 고치다 発音をなおす
문장을 고치다 文章をなおす

[例文] 나쁜 버릇은 고치기가 힘들어요.
悪い癖をなおすのが大変です。

067
냉장고 [냉장고] 명사 冷蔵庫

[活用表現] 냉장고 한 대 冷蔵庫1台
냉장고에 넣다 冷蔵庫に入れる

[例文] 우유가 상하지 않게 냉장고에 넣어라.
牛乳が腐らないように冷蔵庫に入れろ。

냉장고에 시원한 맥주가 있으니까 꺼내서 드세요.
冷蔵庫に冷たいビールがあるので,出して飲んでください。

068
노트북 [노트북] 명사 ノートパソコン

[関連語] 컴퓨터 コンピューター

[例文] 노트북은 점점 작아지고 기능도 다양해져서 사용하기가 편리해졌어요.
ノートパソコンは少しずつ小さくなって機能も多様化したので,使いやすくなりました。

요즘에는 비행기 안에서 노트북으로 일을 하는 사람을 많이 볼 수 있다.
最近は飛行機の中でも,ノートパソコンで仕事をする人をよく見かけるようになった。

069
대 [대] 명사 台

自動車,大きい機械などを数える単位。

[活用表現] 자전거 한 대 自転車1台

컴퓨터 스무 대 コンピューター20台

[例文] 우리 집에는 컴퓨터가 네 대 있어요.
私の家にはコンピューターが4台あります。

주차장에 자동차가 한 대밖에 없어요.
駐車場に自動車が1台しかありません。

070
디지털 카메라 [디지털 카메라] 명사 デジタルカメラ

[活用表現] 디지털 카메라로 찍다 デジカメで撮る

[例文] 요즘 디지털 카메라가 없는 사람이 없어요.
最近デジカメを持っていない人がいません。

디지털 카메라로 찍은 사진은 모두 컴퓨터에 저장할 수 있어서 좋다.
デジカメで撮った写真はすべてコンピューターに保存できて良い。

071
비디오 [비디오] 명사 1. ビデオ　2. ビデオデッキ

1. カメラで撮影した映画などを収めたテープ,ビデオテープの略語。

[活用表現] 비디오를 보다 ビデオを見る

[例文] 심심해서 비디오를 빌려다가 친구와 같이 봤어요.
退屈だったので,ビデオを借りて友達と一緒にみました。

2. ビデオテープの内容を見せてくれる機械。

[活用表現] 비디오 한 대 ビデオデッキ1台

비디오를 켜다 ビデオデッキに電源を入れる

[例文] 비디오 좀 켜 주세요.
ビデオデッキの電源を入れて下さい。

072
사용하다

[사용하다] 동사 使用する、使う

[活用構文] 名 을/를 사용하다

[関連語] 쓰다[3] 使う

이용하다 利用する

[例文] 어른에게 존댓말을 사용해야 합니다.
大人に敬語を使わなければなりません。

서양 사람들은 식사할 때 젓가락을 사용하지 않아요.
西洋人たちは食事する時、お箸を使いません。

073
선풍기

[선풍기] 명사 扇風機

[活用表現] 선풍기 한 대 扇風機1台

선풍기를 켜다 扇風機をまわす

[例文] 방에 에어컨은 없고 선풍기만 있어요.
部屋にエアコンはなくて、扇風機だけがあります。

날씨가 너무 더워서 선풍기를 켜도 시원하지 않아요.
すごく暑いので扇風機をまわしても涼しくありません。

074
세탁기

[세탁끼] 명사 洗濯機

[活用表現] 세탁기 한 대 洗濯機1台

세탁기를 돌리다 洗濯機をまわす

[例文] 건조 기능이 있는 세탁기는 아주 편리하다고 해요.
乾燥機能がある洗濯機はとても便利だといいます。

세탁기를 돌릴 때 빨래의 색깔에 따라 따로따로 돌려야 한다.
洗濯機をまわす時、洗濯物の色によって、別々にまわさなければならない。

075
에어컨

[에어컨] 명사 クーラー

[活用表現] 에어컨 한 대 クーラー1台

에어컨을 켜다 クーラーをつける

[例文] 날씨가 더운데 에어컨을 켤까요?
暑いのでクーラーをつけましょうか？

에어컨을 켰으니까 금방 시원해질 거예요. 조금만 기다리세요.
クーラーをつけたので、すぐ涼しくなります。もう少し待って下さい。

076
청소기 [청소기] 명사 掃除機

[活用表現] 진공청소기 真空掃除機

청소기 한 대 掃除機１台

청소기를 돌리다 掃除機をかける

[例文] 밤에 청소기를 돌리면 시끄러우니까 낮에 청소하세요.
夜に掃除機をかけるとうるさいので､昼間に掃除してください。

청소와 걸레질을 한 번에 하는 청소기가 나왔다고 한다.
掃除とぞうきんがけを1度にする掃除機が出たという。

077
컴퓨터 [컴퓨터] 명사 コンピューター､パソコン

[活用表現] 컴퓨터 한 대 パソコン１台

컴퓨터를 켜다 パソコンに電源を入れる

[例文] 저는 컴퓨터로 보통 인터넷을 합니다.
私はコンピューターでインターネットをします。

수업이 끝나고 집에 오면 바로 컴퓨터부터 켭니다.
授業が終わって家に着くと､すぐパソコンに電源を入れます。

078
텔레비전 [텔레비전] 명사 テレビ

[活用表現] 텔레비전 한 대 テレビ１台

텔레비전 프로그램 テレビプログラム

텔레비전을 보다 テレビを見る

텔레비전을 켜다 テレビをつける

텔레비전을 끄다 テレビをけす

[例文] 아침을 먹은 후에 텔레비전을 봤다.
朝ご飯を食べた後にテレビを見た。

어제 밤에 텔레비전을 보다가 잠이 들었어요.
昨日の夜にテレビを見ていたら眠ってしまいました。

02-5 주방 · 욕실용품

079
그릇

[그름] 명사 お皿､器

食べ物を入れるもの｡または食べ物を数える単位｡

【活用表現】 밥그릇 茶碗

반찬 그릇 おかずの器

그릇 한 개 器1つ

음식 한 그릇 食べ物1皿

그릇을 씻다 器を洗う

【例文】 자장면 세 그릇 배달해 주세요.

ジャージャー麺3杯､配達してください｡

한국 사람들은 밥그릇을 들고 먹지 않습니다.

韓国人はお茶碗を手に持って食べません｡

080
냄비

[냄비] 명사 鍋

【例文】 냄비가 뜨거우니까 조심하세요.

鍋が熱いので気をつけて下さい｡

먼저 큰 냄비에 물을 붓고 끓이세요.

まず大きな鍋に水を入れて沸かしてください｡

081
비누

[비누] 명사 石鹸

【活用表現】 세수 비누 洗顔石鹸

빨래 비누 洗濯石鹸

【例文】 아이는 비누로 얼굴을 씻었다.

子供は石鹸で顔を洗います｡

언니는 빨래 비누로 와이셔츠를 빨았다.

姉は洗濯石鹸でワイシャツを洗った｡

082
샴푸

[샴푸] 명사 シャンプー

【例文】 너 무슨 샴푸를 쓰니? 향기가 참 좋다.

何のシャンプー使ってるの？すごくいい匂い｡

샴푸가 눈에 들어가면 아프니까 조심해라.

シャンプーが目に入ると痛いから､注意しなさい｡

083
수건 [수건] 명사 タオル

[活用表現] 수건 한 장 タオル1枚

수건으로 닦다 タオルで拭く

[例文] 땀이 나서 수건으로 닦았다.
汗が出たのでタオルで拭いた。

세수를 한 후에 이 수건으로 얼굴을 닦으세요.
洗顔した後にこのタオルで顔を拭いてください。

084
수저 [수저] 명사 お匙と箸

スプーンとお箸。またはスプーンだけを指す言葉。

[活用表現] 수저를 놓다 お匙と箸を置く

수저를 들다 お匙と箸を持つ

[関連語] 숟가락 スプーン

젓가락 お箸

[例文] 수저를 양손에 들고 먹으면 안 된다.
お匙と箸を両手に持って食べてはいけない。

윗사람이 수저를 먼저 들 때까지 식사를 시작하지 말고 기다려야 합니다.
目上の人がお匙と箸を持つまでは、食事をしないで待っていなければならない。

085
접시 [접씨] 명사 皿

[活用表現] 접시 한 개 お皿1枚

접시에 담다 お皿によそう

[例文] 접시에 과일을 예쁘게 담았어요.
お皿に果物をきれいに並べました。

설거지를 하다가 접시를 깨뜨렸어요.
皿洗いをしていたら、皿を割りました。

086
칫솔 [칟쏠] 명사 歯ブラシ

[活用表現] 칫솔 한 개 歯ブラシ1つ

칫솔로 이를 닦다 歯ブラシで歯を磨く

[関連語] 치약 歯磨き粉

[例文] 여행갈 때 칫솔과 치약을 꼭 가져가세요.
旅行に行く時、歯ブラシと歯磨き粉を必ず持って行ってください。

이를 튼튼하게 하려면 칫솔을 잘 사용하는 것이 중요합니다.
歯を丈夫にするには、歯ブラシをうまく使うことが重要です。

087
칼

[칼] 명사 包丁

[活用表現] 칼 한 자루 包丁1丁

칼로 썰다 包丁を磨ぐ

칼로 자르다 包丁で切る

[例文] 칼로 과일을 깎았어요.
包丁で果物を剝きました。

당근을 썰다가 칼에 베었어요.
人参を刻んでいたら,包丁で切ってしまいました。

088
컵

[컵] 명사 コップ

水や飲み物などを入れて飲む器.またはそれを数える単位。

[活用表現] 물 한 컵 水1杯

컵 한 개 コップ1つ

우유 한 컵 牛乳1杯

컵에 따르다 コップに注ぐ

[関連語] 잔 杯

[例文] 아주머니, 컵 하나 갖다 주세요.
おばさん,コップ1つ下さい。

우유를 한 컵 마셔서 배가 그렇게 고프지 않아요.
牛乳を1杯飲んだので,お腹がそんなに空いていません。

02-6 가구

089
가구

[가구] 명사 家具

[例文] 가구가 너무 많으면 집이 좁아 보여요.
家具が多すぎると,家が小さく見えます。

아이 방에 놓을 가구를 사려고 왔어요.
子供部屋に置く家具を買おうと思って来ました。

090
소파

[소파] 명사 ソファー

[例文] 동생은 소파에 누워서 텔레비전을 보고 있다.
弟はソファーに寝そべってテレビを見ている。

편하고 디자인도 예쁜 소파를 하나 사고 싶어요.
快適でデザインも素敵なソファーを1つ買いたいです。

091
식탁

[식탁] 명사 食卓

[関連語] 밥상 食膳
테이블 テーブル

[例文] 어머니께서 식탁에 저녁을 차려 놓으셨어요.
母が食卓に夕飯を作ってのせました。

밥을 먹기 전에 행주로 식탁을 깨끗하게 닦았다.
ごはんを食べる前に、台布巾で食卓をきれいに拭いた。

092
의자

[의자] 명사 椅子

[活用表現] 의자 한 개 椅子1つ
의자에 앉다 椅子に座る

[例文] 의자에 똑바로 앉아라.
椅子にまっすぐに座りなさい。

책상은 높은데 의자가 낮아서 불편해요.
机が高いのに、椅子が低いので不便です。

093
책상

[책쌍] 명사 机

[活用表現] 책상 한 개 机1つ

[関連語] 의자 椅子

[例文] 책상 위에 책이 쌓여 있다.
机の上に本が積まれている。

공부하려고 책상 앞에 앉기만 하면 잠이 와요.
勉強しようと机の前に座りさえすれば、眠くなります。

094
책장

[책짱] 명사 本棚

[活用表現] 책장에 책을 꽂다 本棚に本を差し込む

[類義語] 책꽂이 本立て

[例文] 책장에서 읽고 싶은 책을 골라 보세요.
本棚から読みたい本を選んでください。

다 읽은 책은 책상에 쌓아 놓지 말고 책장에 꽂아라.
読み終わった本は机に積んでおかずに、本棚にしまいなさい。

095
침대 [침대] 명사 ベット

[活用表現] 침대에 눕다 ベットに寝そべる

[例文] 너무 피곤해서 침대에 누웠다.
すごく疲れてベットに横になった。

옛날 한국 사람들은 침대에서 자지 않고 바닥에 이불을 깔고 잤습니다.
昔韓国人たちはベットで寝ずに、床に布団をひいて寝ました。

02-7 물건의 성질

096
그렇다 [그러타] 형용사 そうだ ㅎ動詞

[活用構文] 그런 名
그렇게 動

[活用表現] 그런 사람 そういう人
그렇게 하다 そうする

[関連語] 이렇다 こうだ
저렇다 ああだ

[例文] 그렇게 자주 결석을 하면 안 돼요.
そんなにしょっちゅう欠席をしたらいけません。

영수는 맡은 일을 성실하게 해요. 저는 그런 사람과 일하고 싶어요.
ヨンスは任された仕事を真面目にこなします。私はそんな人と仕事をしたいです。

097
다르다 [다르다] 형용사 違う 르動詞

[活用構文] 名이/가 다르다

[反意語] 같다 同じ

[例文] 쌍둥이도 성격이 달라요.
双子でも性格が違います。

나라마다 문화와 사고방식이 다릅니다.
国ごとに文化と考え方が違います。

098
두껍다 [두껍따] 형용사 分厚い ㅂ動詞

[活用構文] 두꺼운 名
名이/가 두껍다

[活用表現] 두꺼운 옷 分厚い服
책이 두껍다 本が厚い

[反意語] 얇다 薄い

[例文] 영어 사전이 두꺼워서 무거워요.
英語辞書が分厚くて重たいです。

강의 얼음이 두껍게 얼어서 사람들이 강 위에서 낚시를 하고 있어요.
川の氷が分厚く凍ったので、人々が川の上で釣りをしています。

099
무겁다 [무겁따] 형용사 重い ㅂ動詞

[活用構文] 무거운 名
名이/가 무겁다

[活用表現] 무거운 짐 重い荷物
가방이 무겁다 かばんが重い

[反意語] 가볍다 軽い

[関連語] 무게 重さ

[例文] 이 책상은 너무 무거워서 혼자 옮길 수 없어요.
この机はすごく重いので一人で動かすことができません。

할머니께서 무거운 짐을 들고 가시는 것을 보고 도와 드렸다.
お婆さんが重い荷物を持っているのを見て、助けてあげた。

100
물건 [물건] 명사 物

[例文] 저는 물건을 자주 잃어버려요.
私はものをよく失くします。

남대문 시장에 가면 물건을 싸게 살 수 있어요.
南大門市場に行けばものを安く買うことができます。

101
비슷하다 [비스타다] 형용사 似ている
比較になる形、大きさ、性格などが同じではないが、違うところがほとんどない。

[活用構文] 名이/가 名과/와 비슷하다

[関連語] 같다 同じだ

[例文] 우리 고향 날씨는 한국과 비슷해요.
私の故郷の天気は韓国と似ています。

부부가 성격이 비슷하면 잘 싸우지 않을 것 같아요.
夫婦の性格が似ていると､あまり喧嘩しないようです。

102
어떻다 [어떠타] [形容詞]どうだ､どんな ㅎ動詞

[活用構文] 어떤 名

[活用表現] 어떤 사람 どんな人
어떻게 하다 どうにかする
어떻게 지내다 どうにか過ごす

[例文] 건강은 좀 어떠세요?
元気にしていますか？

요즘 어떻게 지내니?
最近どう？

103
좋다 [조타] 형용사 1. 良い 2. 好きだ

1. 性質や内容､身体条件や健康状態が普通以上だ｡または品格､人格､態度､言葉使いなどが善良で柔らかい｡

[活用構文] 名이/가 좋다

[活用表現] 질이 좋다 質がいい
성격이 좋다 性格がいい
태도가 좋다 態度がいい
건강이 좋다 健康だ

[反意語] 나쁘다 悪い

[例文] 오늘 본 영화는 내용이 정말 좋았다.
今日見た映画は､内容が本当によかった｡

2. すっかり気に入るくらい満足だ｡または感情や気分がうれしくて充実している｡

[活用構文] 名이/가 좋다

[活用表現] 요리가 좋다 料理が好きだ
기분이 좋다 気分がいい

[反意語] 싫다 嫌だ

[例文] 저는 지금 하고 있는 일이 정말 좋습니다.
私は今している仕事が本当に好きです｡

104
크다

[크다] 형용사 大きい 으動詞

[活用構文] 名이/가 크다

[活用表現] 큰 인형 大きい人形

눈이 크다 目が大きい

[反意語] 작다 小さい

[例文] 잘 안 보이니까 글씨를 크게 써 주세요.
よく見えないので文字を大きく書いてください。

어제 산 옷이 커요. 작은 옷으로 바꿔야겠어요.
昨日買った洋服が大きいです。小さいのに替えなければなりません。

02 연습문제

[1~15] 다음 단어를 한국어로 바꿔 쓰십시오. 次の単語を韓国語に変えて書きなさい。

1. 洋服	( )	2. 包丁	( )
3. コップ	( )	4. ノート	( )
5. 下着	( )	6. 鉛筆	( )
7. 椅子	( )	8. 机	( )
9. ベット	( )	10. 歯ブラシ	( )
11. エアコン	( )	12. パソコン	( )
13. 大きい	( )	14. 違う	( )
15. 重い	( )		

[16~20] 그림을 보고 ( )에 알맞은 것을 고르십시오.
絵を見て( )の中に当てはまるものを選びなさい。

16.

가 : 이 음식은 어떻게 하지요?
나 : ( )에 넣으세요.

❶ 옷장 ❷ 냉장고
❸ 노트북 ❹ 텔레비전

17.

가 : 뭘 신을 거예요?
나 : ( )을/를 신을 거예요.

❶ 구두 ❷ 양말
❸ 슬리퍼 ❹ 운동화

18.

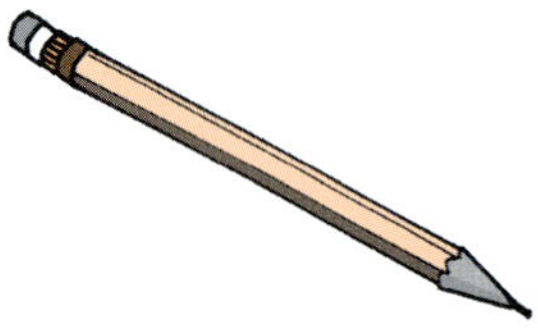

가 : 무엇으로 쓸까요?

나 : (   )으로/로 쓰세요.

❶ 볼펜　　❷ 연필

❸ 칫솔　　❹ 지우개

19.

가 : 오늘 결혼식이 있는데 뭘 입고 가야 할까요?

나 : 결혼식 때 남자들은 보통 (   )을/를 입어요.

❶ 양복　　❷ 코트

❸ 스웨터　　❹ 블라우스

20.

가 : 뭘 하고 있어요?

나 : 사진이 (   )어서/아서/여서 테이프로 붙이고 있어요.

❶ 찢다　　❷ 자르다

❸ 찢어지다　　❹ 잃어버리다

[21~30] 다음 문장을 읽고 알맞은 어휘를 골라 쓰십시오. 어휘는 한 번만 쓰십시오.
次の文章を読んで(　　)に当てはまる単語を選んで書きなさい。単語はそれぞれ1回だけ使えます。

컵	가위	냄비	물건	봉투
들다	매다	메다	잃다	차다
가지다	고치다	그렇다	멋지다	어떻다

21. (　　　　　　)으로/로 잡지의 사진을 잘랐다.

22. 라면을 먹으려고 (　　　　　　)에 물을 끓였어요.

23. 아버지는 파란색 넥타이를 (　　　　　　)고 출근했다.

24. 책이 무거운데 교실까지 (　　　　　　)어/아/여 주세요.

25. 시장은 백화점보다 (　　　　　　)도 많고 값도 싸서 자주 가요.

26. 휴대전화를 (　　　　　　)고 오지 않아서 하루 종일 불편했어요.

27. 아이는 교과서와 필통을 넣은 가방을 (　　　　　　)고 학교에 갔다.

28. 편지 (　　　　　　)에 받는 사람의 주소와 이름을 정확하게 쓰세요.

29. 고장이 난 노트북을 (　　　　　　)으려고/려고 서비스센터에 갔어요.

30. 경기장에서 열심히 뛰는 선수들이 정말 (　　　　　　)어요/아요/여요.

[31~35] (　　) 안에 알맞은 것을 고르십시오. (　　)の中に当てはまるものを選びなさい。

31. 날씨가 추우니까 (　　)을/를 하고 나가세요.

❶ 모자　　❷ 반지　　❸ 목도리　　❹ 스타킹

32. 먼저 손을 씻고 (　　)으로/로 깨끗하게 닦아라.

❶ 물　　❷ 샴푸　　❸ 수건　　❹ 향수

33. 동생은 잠을 자려고 (　　　)으로/로 갈아입었다.

❶ 잠옷　❷ 치마　❸ 여성복　❹ 원피스

34. 이사를 가게 되어서 침대, 소파, 식탁 등 (　　　)을/를 새로 사려고 해요.

❶ 가구　❷ 보석　❸ 화장품　❹ 가전제품

35. 오늘은 시계를 (　　　)지 않고 학교에 갔어요.

❶ 매다　❷ 쓰다　❸ 잃다　❹ 차다

[36~40] 밑줄 친 부분과 반대되는 뜻을 가진 것을 고르십시오.
下線を引いた部分と反対の意味を持ったものを選びなさい。

36. **가 :** 가방이 <u>무거워요</u>?
나 : 아니요, 무겁지 않아요. (　　　)어요/아요/여요.

❶ 고치다　❷ 가볍다　❸ 그렇다　❹ 멋지다

37. **가 :** 한국의 문화는 중국의 문화와 <u>달라요</u>?
나 : 다른 것도 있고 (　　　)은/ㄴ 것도 있어요.

❶ 같다　❷ 들다　❸ 매다　❹ 좋다

38. **가 :** 이 옷은 좀 <u>얇은데요</u>.
나 : 그래요? 그럼 (　　　)은/ㄴ 옷을 드릴게요.

❶ 가지다　❷ 두껍다　❸ 멋지다　❹ 무겁다

39. **가 :** 신발이 좀 <u>크지</u> 않아요?
나 : 아니요, (　　　)어요/아요/여요.

❶ 신다　❷ 메다　❸ 작다　❹ 차다

40. **가 :** 질이 좋아요?
나 : 아니요, 질이 (　　　)어요/아요/여요.

❶ 나쁘다　❷ 다르다　❸ 어떻다　❹ 고장나다

[41~45] 밑줄 친 부분과 의미가 가장 가까운 것을 고르십시오.
下線を引いた部分と意味が一番近いものを選びなさい。

41. **가 :** 이 케이크를 어떤 그릇에 담을까?
나 : 이 (　　　)에 담자.

❶ 수저　❷ 물건　❸ 접시　❹ 냉장고

42. **가 :** 신발을 사야 하는데 어떤 것이 좋을까?
나 : 저 (　　　)은/는 어때? 한번 신어 봐.

❶ 장갑　❷ 시계　❸ 우산　❹ 운동화

43. **가 :** 이 넥타이를 한 번 해 보세요.
나 : 네, 한 번 (　　　)어/아/여 볼게요.

❶ 끼다　❷ 매다　❸ 들다　❹ 입다

44. **가 :** 이 청소기를 써 본 적이 있어요?
나 : 아니요, 한 번도 (　　　)은/ㄴ 적이 없어요.

❶ 가지다　❷ 고장나다　❸ 사용하다　❹ 찢어지다

45. **가 :** 빨간색 치마와 노란색 치마 중에서 어느 것이 마음에 들어요?
나 : 저는 노란색 치마가 더 (　　　)어요/아요/여요.

❶ 밝다　❷ 좋다　❸ 가볍다　❹ 예쁘다

[46~50] 밑줄 친 단어의 쓰임이 잘못된 것을 고르십시오.
下線部の使い方が間違っているものを選びなさい。

46. ❶ 목도리를 신으면 더 따뜻할 거예요. ( )
❷ 오늘 네가 신은 스타킹이 정말 예쁘다.
❸ 양복을 입을 때에는 보통 구두를 신어요.
❹ 오늘 등산을 가려고 하니까 운동화를 신어라.

47. ❶ 공부를 열심히 하세요. ( )
❷ 이 많은 요리를 혼자 다 했어요?
❸ 오늘은 귀걸이하고 목걸이를 하고 나갔다.
❹ 날씨가 춥지 않은데 왜 장갑을 하고 왔어요?

48. ❶ 음식 맛이 좀 쓴데요. ( )
❷ 어머니께 편지를 썼다.
❸ 바람이 차서 목도리를 썼다.
❹ 이 세탁기는 어떻게 쓰는 거예요?

49. ❶ 이 양말 세 켤레에 얼마예요? ( )
❷ 책상 위에 필통 세 자루가 있어요.
❸ 동대문 시장에서 원피스를 두 벌 샀어요.
❹ 어머니는 냉장고를 한 대 더 사고 싶어하십니다.

50. ❶ 시계를 차고 왔어요? ( )
❷ 가방을 메고 학교에 갔다.
❸ 이 신발을 한번 껴 보세요.
❹ 혼자 이 가방을 들 수 있겠어요?.

시간 I

03

時間 I

1 / 수
2 / 시각
3 / 날짜

03-1 수

001
만

[만] 수사 万

[活用表現] 만 원 1万ウォン

사람 만 명 1万人

[関連語]

10,000	20,000	30,000	......	100,000	1,000,000	10,000,000
만	이만	삼만	......	십만	백만	천만

[例文] 나는 지난달에 교통비로 5(오)만 원을 썼다.
私は先月交通費に5万ウォン使った。

축구를 보러 경기장에 온 사람이 만 명쯤 된다.
サッカーを見に競技場に来た人は1万人程度になる。

002
많다

[만타] 형용사 多い

[活用構文] 名이/가 많다

[反意語] 적다[1] 少ない

[例文] 이번 연휴에는 여행을 가려고 하는 사람들이 많다.
今回の連休には旅行に行こうとする人達が多い。

한국에서 여러 가지 많은 경험을 할 수 있어서 참 좋았다.
韓国でいろいろたくさんの経験ができて、本当に良かった。

003
몇

[멷] 수사 1. 何 2. 何

1. 多くないいくらかの数。

[活用構文] 몇 名

[例文] 한국어 공부를 시작한 지 몇 달 되었습니다.
韓国語の勉強を始めてから何ヶ月か経ちました。

2. (疑問文の後ろに使われ)後ろに来る言葉と関連した数を尋ねる時に使う言葉。

[活用構文] 몇 名

[例文] 오늘이 몇 월 며칠이에요?
今日は何月何日ですか?

004
백

[백] 수사 百

[活用表現] 백 원 百ウォン

장미 백 송이 バラの花百輪

【関連語】

100	200	300	……	900	1,000	10,000,000
백	이백	삼백	……	구백	천	천만

【例文】 지난 시험에서 백 점을 받았다.
この前のテストで100点を取った。

이번 동창회에는 동창들이 백 명쯤 왔다.
今回の同窓会には同窓生たちが百人くらい来た。

005
수

[수] 명사 数

【活用表現】 수가 적다 数が少ない

【例文】 매년 태어나는 아이의 수가 점점 적어지고 있다.
毎年生まれる赤ちゃんの数が少しずつ少なくなっている。

경기장에 온 사람이 너무 많아서 얼마나 왔는지 그 수를 알 수 없다.
競技場に来た人が多すぎて、どれくらい来たのか、その数を知ることはできない。

006
스물

[스물] 수사 二十

【活用構文】 스무 名

【類義語】 이십 20

【関連語】

10	20	30	40	50	60	70	80	90	100
열^2	스물	서른	마흔	쉰	예순	일흔	여든	아흔	백

【例文】 스무 살에 결혼을 하셨다고요?
はたちで結婚したんですって？

한 반의 학생이 모두 열 명이고 두 반이 함께 가기로 했으니까 선생님과 학생 모두 스물 두 명이다.
ひとつのクラスに学生が全部で10人で、2クラス一緒に行くことにしたので、先生と学生みんなで２２人です。

007
십

[십] 수사 十

【活用表現】 십 원 十ウォン
십 쪽 10ページ
십 층 10階

【類義語】 열^2 十

【関連語】

10	20	30	……	100	1,000	10,000
십	이십	삼십	……	백	천	만

[例文] 십 주 동안 한 시간도 빠지지 않고 출석했다.
10週間、1時間も抜けることなく出席した。

십 년이 지나도 너는 하나도 달라지지 않았구나.
10年が経っても、君はひとつも変わっていないね。

008
억

[억] 수사 億

[活用表現] 일억 원 1億ウォン

[例文] 몇 년쯤 돈을 벌면 일억 원을 모을 수 있을까?
何年くらいお金を稼げば1億ウォンを貯めることができるだろう？

이렇게 큰 집을 사려면 몇 억 원은 필요할 거예요.
これくらい大きい家を買おうとしたら、何億ウォンは必要でしょう。

도움말

'10, 100, 1000, ……'を読む際、普通は'일'をつけずに'십, 백, 천'と言うが、'100,000,000'は必ず'일 억'と言わなければならない。

例 : 10,000원(만 원) 一万ウォン
111,110원(십일만 천백십 원) 十一万千百十ウォン
111,111,111원 (일억 천백십일만 천백십일 원) 一億一千一百十一ウォン

009
일[1]

[일] 수사 一

[活用表現] 일 번 1番
일 원 1ウォン

[類義語] 하나 ひとつ

[関連語]

1	2	3	4	5	6	7	8	9	10
일[1]	이	삼	사	오	육	칠	팔[2]	구	십

[例文] 요즘 일 원짜리 동전은 찾아보기 어렵다.
最近1ウォン玉を見つけるのは難しい。

일 년쯤 한국어를 배우면 한국말을 얼마나 잘 할 수 있을까요?
1年ぐらい韓国語を学ぶと、どれくらい上手になれますか？

010
천

[천] 수사 千

[活用表現] 천 원 千ウォン

책 천 권 本千冊

[関連語]

1,000	2,000	3,000	……	10,000	100,000
천	이천	삼천	……	만	십만

[例文] 천 원이면 아이스크림을 하나 사 먹을 수 있겠다.
千ウォンだとアイスクリームをひとつ買って食べることができる。

우리 대학교에 다니는 외국인 학생 수가 삼천 명쯤 된다고 한다.
私の大学に通う外国人学生の数は、三千人程度になるという。

011
하나

[하나] 수사 ひとつ

[活用構文] 한 名

[活用表現] 한 사람 ひとり

한 마리 一匹

[類義語] 일[1] 一

[関連語]

1	2	3	4	5	6	7	8	9	10
하나	둘	셋	넷	다섯	여섯	일곱	여덟	아홉	열[2]

[例文] 요리할 준비를 다 끝낸 줄 알았는데, 중요한 재료 하나가 빠져 있었다.
料理する準備を全部済ませたと思ったのに、大事な材料ひとつが抜けていた。

학생 한 명이 질문을 하니까 다른 학생들도 여러 가지 질문들을 하기 시작했다.
学生ひとりが質問をしたら、他の学生たちもいろいろな質問をし始めた。

도움말

韓国語の数には固有語と漢字語がある。そして固有語の中で'하나, 둘, 셋, 넷, 스물'は単位を表す言葉の前で'한, 두, 세, 네, 스무'になることに注意しなければならない。

数	漢字語	固有語	連体語
1	일	하나	한 살
2	이	둘	두 살
3	삼	셋	세 살
4	사	넷	네 살
5	오	다섯	다섯 살
6	육	여섯	여섯 살
7	칠	일곱	일곱 살
8	팔	여덟	여덟 살
9	구	아홉	아홉 살
10	십	열	열 살
⋮	⋮	⋮	⋮
20	이십	스물	스무 살
21	이십일	스물하나	스물한 살
22	이십이	스물둘	스물두 살
23	이십삼	스물셋	스물세 살
24	이십사	스물넷	스물네 살
⋮	⋮	⋮	⋮
30	삼십	서른	서른 살

03-2 시각

012
낮

[낟] 명사 1. 昼間　2. 昼

1. 太陽が昇ってから沈むまでの間。

[活用表現] 낮이 짧다 昼間が短い

[反意語] 밤 夜

[例文] 봄이 되니까 낮이 점점 길어진다.
春になったので昼が少しずつ長くなる。

2. 朝が過ぎて夕方になるまでの間。

[活用表現] 낮잠 昼ね
낮 두 시 昼の2時

[類義語] 오후 午後

[例文] 아침에 내리던 비가 낮이 되니까 그쳤다.
朝に降った雨が昼になって止んだ。

013
늦다

[늗따] 형용사 遅い

[活用構文] 名이/가 늦다

[活用表現] 늦은 시간 遅い時間
늦게 오다 遅く来る
늦게까지 일하다 遅くまで働く

[反意語] 이르다 早い

[例文] 이렇게 늦은 시간에 무슨 일로 전화하셨어요?
こんなに遅い時間に何の用で電話したんですか？

일찍 도착할 거라고 생각했는데 늦게 도착했다.
早く到着すると思ったのに、遅れて到着した。

014
반

[반] 명사 半、半分

[活用表現] 한 시 반 1時半
반으로 나누다 半分に分ける

[例文] 일을 반밖에 못했는데, 벌써 퇴근할 시간이 됐어요.
仕事を半分しかできなかったのに、もう退勤する時間になりました。

벌써 1(한)시 반이다. 밤이 늦었으니까 이제 자야겠다.
もう1時半だ。夜も遅いのでもう寝なくては。

015
분[1]

[분] 명사 分

[活用表現] 한 시 오십오 분 1時55分

[関連語] 시 時

초 秒

[例文] 지금 3(세)시 15(십오)분이다.
今3時15分です。

시험 시간은 60(육십)분이에요. 시험 잘 보세요.
試験時間は60分です。がんばってください。

016
새벽

[새벽] 명사 夜明け、明け方

[活用表現] 이른 새벽 夜明け前

[関連語] 아침 朝

오전 午前

[例文] 새벽에 우유를 배달하는 아르바이트를 하고 있어요.
明け方に牛乳を配達するアルバイトをしています。

회사가 멀기 때문에 새벽에 일어나서 첫차를 타고 출근해야 한다.
会社が遠いので、明け方に起きて始発に乗って出勤しなければならない。

017
시

[시] 명사 時

[活用表現] 열 시 십 분 10時10分

[関連語] 분[1] 分

초 秒

시간 時間

[例文] 벌써 아홉 시야. 빨리 일어나!
もう9時だ。早く起きろ！

일곱 시가 조금 지났으니 아버지께서 곧 퇴근해서 집에 오시겠다.
7時を少し過ぎたので、父がもうすぐ退勤して家に帰って来るだろう。

018
아침

[아침] 명사 1. 朝　2. 朝食

1. 世が明けて、朝食をとるまでの間。

[活用表現] 아침 운동 朝の運動

아침 아홉 시 朝9時

아침이 밝다 朝が明ける

[類義語] 오전 午前

[例文] 어제 늦게 자서 그런지 오늘 아침에는 일어나기가 힘들었어.
昨日遅く寝たからか、今日の朝は起きるのが辛かった。

2. 朝ごはん。

[活用表現] 아침을 먹다 朝食を食べる

[関連語] 점심 昼食

저녁 夕食

[例文] 아침을 꼭 먹어야 건강을 지킬 수 있어요.
朝ごはんを食べれば、健康を維持することができます。

019
언제

[언제] 부사 いつ

[例文] 언제 시간이 되니? 시간이 될 때 우리 꼭 만나자.
いつ空いてる？時間のある時に会おうよ。

제가 언제 전화를 드릴까요? 편한 시간을 말씀해 주세요.
いつ電話すればいいでしょうか？都合のいい時間を言って下さい。

020
오전

[오전] 명사 1. 午前 2. 午前

1. 夜の12時から昼の12時までの時間。

[活用表現] 오전 네 시 午前4時

[反意語] 오후 午後

[例文] 일이 다 끝났을 때가 오전 한 시였다.
仕事を全部終えたのが、午前1時だった。

2. 太陽が昇った時から昼の12時までの時間。

[活用表現] 오전 열한 시 午前11時

[類義語] 아침 朝

[例文] 오늘 저녁에는 시간이 안 되니까 내일 오전에 만납시다.
今日の夕方は時間がないので、明日の午前に会いましょう。

도움말

'오전'と '오후'は2つの意味がある。'AM'を '오전'と言い 'PM'を '오후'という。

02:10 오전 두 시 십 분 午前2時10分

23:50 오후 열한 시 오십 분 午後11時50分

普通は明け方のことを'새벽'と言い、朝食を食べる頃の時間は普通午前と言う。正午12時以降から夕食を食べるまでの時間は普通時刻の前に'오후'をつけて言う。

오전 9(아홉)시에 수업이 시작된다. 午前9時に授業が始まる。

오후 4(네)시에 친구를 만나기로 했다. 午後4時に友達に会うことにした。

021
일찍

[일찍] 부사 早くに

[活用構文] 일찍 動

[活用表現] 일찍 출발하다 早くに出発する

일찍 일어나다 早く起きる

[反意語] 늦게 遅く

[例文] 오늘은 일찍 일어나서 오랜만에 아침 운동을 했다.
今日は早く起きたので、久しぶりに朝の運動をした。

수업이 일찍 끝나서 친구들하고 차를 한 잔 하고 집에 왔다.
授業が早く終わったので、友達とお茶を一杯飲んで家に帰った。

022
저녁

[저녁] 명사 1. 夕方、夜 2. 夕食

1. 太陽が沈むころから、夜になるまでの間。

[活用表現] 저녁 일곱 시 夜7時

[関連語] 밤 夜

[例文] 저녁이 되니까 날씨가 선선해졌어요.
夕方になったので涼しくなりました。

2. 夕食

[活用表現] 저녁을 먹다 夕食を食べる

[関連語] 아침 朝食

점심 昼食

[例文] 다이어트를 위해서 저녁을 먹지 않기로 했다.
ダイエットのために、夕食を食べないことにした。

023
지나다

[지나다] 동사 過ぎる

時間が流れ、その時間を通り越す。

[活用構文] 名이/가 지나다

[活用表現] 지난해 昨年

지난 수업 この前の授業

시간이 지나다 時間が過ぎる

[例文] 네 시가 조금 지났다.
4時を少し過ぎた。

지난 시간에 배운 것을 복습해 봅시다.
前回習ったことを復習してみましょう。

024
쯤

[쯤] 접사 ~頃、~程度

(名詞の後ろにつけて)'정도'の意味を指す言葉。

[活用構文] 名쯤

[活用表現] 반년쯤 半年程度

세 시쯤 3時頃

열 명쯤 10人程度

[例文] 이번 일은 한 달쯤 걸릴 것 같다.

今回の仕事はひと月くらいかかると思う。

오늘 수업은 다섯 시 십 분쯤에 끝났어요.

今日の授業は５時10分頃に終わりました。

025
초

[초] 명사 秒

[活用表現] 육십 초 60秒

[関連語] 시 時

분[1]

[例文] 일 분 일 초가 급하다. 빨리 병원으로 가자.

1分1秒でも早く。早く病院に行こう。

지금 4(네)시 22(이십이)분 35(삼십오)초를 지나고 있습니다.

今4時22分35秒を過ぎています。

도움말

韓国語は時間を言う時、時は固有語の数を使い、分と秒は漢字語の数を使う。

3:20:56 (세 시 이십 분 오십육 초) 3時20分56秒

6:10:05 (여섯 시 십 분 오 초) 6時10分5秒

03-3 날짜

026
날
[날] 명사 日

[活用構文] 名 날
動 는/은/을 날

[活用表現] 어느 날 ある日

[関連語] 일² 日
날짜 日にち

[例文] 우리는 첫눈이 오는 날에 만나기로 약속했다.
私たちは初雪が降る日に会うと約束した。

언니는 어느 날 갑자기 아무 말 없이 여행을 떠났다.
姉はある日突然,何も言わずに旅立った。

027
날짜
[날짜] 명사 日にち

[活用表現] 결혼 날짜 結婚予定日
출국 날짜 出国日
날짜가 지나다 日にちが過ぎる

[関連語] 날 日

[例文] 결혼식 날짜는 언제로 정했어요?
結婚式の日程はいつに決まったんですか?

시험 날짜와 시험 시간을 다시 한 번 확인해라.
試験日と試験時間をもう1度確認しなさい。

028
내일
[내일] 부사 明日

[関連語] 어제 きのう
오늘 今日

[例文] 내일 운동회가 있는데 비가 오면 어떻게 하지요?
明日,運動会があるのに,雨が降ったらどうしよう。

오늘은 너무 피곤하니까 우리 내일 만나서 얘기하자.
今日はすごく疲れているので,明日会って話そう。

029
년
[년] 명사 年

[活用表現] 일 년 1年
이천십 년 2010年

[類義語] 해 年

[例文] 저는 2010(이천십)년 9(구)월 1(일)일에 결혼했어요.
私は2010年９月１日に結婚しました。

4(사)년 동안의 대학 공부가 끝나고, 이제 졸업할 날만 남았다.
４年間の大学での勉強を終えて､あとは卒業の日だけが残った。

030
어제

[어제] 부사 昨日

[関連語] 오늘 今日
내일 明日

[例文] 어제 영수 씨에게 계속 전화했는데 받지 않았어요.
昨日ヨンスさんにずっと電話したのに､出ませんでした。

어제 너무 피곤해서 화장도 지우지 못하고 자 버렸다.
昨日すごく疲れていて､化粧も落とさずに寝てしまった。

031
연휴

[연휴] 명사 連休
休日が２日以上続く日。

[関連語] 휴일 休日

[例文] 이번 연휴에는 오랜만에 해외로 여행가자.
今回の連休には久しぶりに海外旅行に行こう。

설날 연휴가 되면 사람들은 가족들을 만나기 위해 고향으로 간다.
正月の連休になったら､人々は家族に会いに故郷に行く。

032
오늘

[오늘] 부사 今日

[関連語]

5월 18일	5월 19일	5월 20일	5월 21일	5월 22일
그저께/그제 おととい	어저께/어제 きのう	오늘 きょう	내일 あした	모레 あさって

[例文] 오늘 손님들이 몇 시쯤 오신다고 했지요?
今日はお客さんが何時頃いらっしゃるって言いましたっけ？

오늘 해야 할 일은 오늘 안에 다 끝내야 한다.
今日しなければならないことは､今日のうちにすべて終わらせなければならない。

033
올해

[올해] 명사 今年

[類義語] 금년 今年

[関連語]

2010년	2011년	2012년	2013년	2014년
재작년 おととし	작년 さくねん	올해 ことし	내년 らいねん	내후년 さらいねん

[例文] 올해 날씨가 좋지 않아서 채소 값이 많이 올랐다.
今年は天気がよくなくて,野菜の価格がすごく上がった。

5(오)년 동안 사귄 여자 친구와 올해 결혼하기로 했다.
5年間付き合った彼女と今年結婚することにした。

034
요일

[요일] 명사 曜日

[活用表現]

일요일	월요일	화요일	수요일	목요일	금요일	토요일
日曜日	月曜日	火曜日	水曜日	木曜日	金曜日	土曜日

[例文] 오늘이 무슨 요일이에요?
今日は何曜日ですか?

월요일부터 금요일까지 날마다 네 시간씩 한국말 수업이 있어요.
月曜日から金曜日まで,毎日4時間ずつ韓国語の授業があります。

035
월

[월] 명사 月

[活用表現]

1(일)월	2(이)월	3(삼)월	4(사)월	5(오)월	6(유)월
7(칠)월	8(팔)월	9(구)월	10(시)월	11(십일)월	12(십이)월

[関連語] 개월 ヶ月

달 月

[例文] 생일이 몇 월 며칠이에요?
誕生日は何月何日ですか?

시월이 되면 단풍이 예쁘게 드니까 단풍구경을 갑시다.
10月になると紅葉がきれいに咲くので,紅葉狩りに行こう。

036
일[2]

[일] 명사 日

[活用表現]

1(일)일	2(이)일	3(삼)일	4(사)일	5(오)일	……	30(삼십)일
1日	2日	3日	4日	5日	……	30日

[例文] 이번 달 7(칠)일이 남편 생일이다.
今月の７日が夫の誕生日だ。

중간시험은 다음 주 월요일부터 금요일까지 5(오)일 동안 본다고 한다.
中間試験は来週の月曜日から金曜日まで、５日間受けるという。

037
작년

[장년] 명사 昨年

[関連語] 내년 来年
올해 今年

[例文] 작년 3(삼)월에 대학에 입학했다.
昨年の３月に大学に入学した。

올해 여름은 작년 여름보다 더 길고 더 더울 거라고 한다.
今年の夏は昨年の夏よりも、もっと長くて暑いらしい。

038
주

[주] 명사 1. 週　2. 週

1. 月曜日から日曜日まで７日間。

[活用表現] 지난주 先週
이번 주 今週
다음 주 来週

[例文] 지난주에 새 학기가 시작되었다.
先週、新学期が始まった。

2. １週間を数える単位。

[活用表現] 한 주 1週間
일 주 1週
십 주 10週

[類義語] 주일 週日

[例文] 한 주만 더 지나면 방학이 끝나요.
あと1週間すれば、夏休みが終わります。

039
주말 [주말] 명사 週末

土曜日から日曜日までを指す言葉。

[活用表現] 주말을 보내다 週末を送る

[関連語] 평일 平日

[例文] 이번 주말에 날씨가 좋으면 놀러 가자.
今週末、天気がよければ遊びに行こう。

주말에 시간이 있으면 보통 때 만나지 못했던 친구를 만난다.
週末に時間があれば、普段会えない友達に会う。

040
평일 [평일] 명사 平日

[関連語] 주말 週末

[例文] 평일에는 출근하고 주말에는 쉰다.
平日は出勤して、週末はゆっくり休む。

식당 근처에 회사가 많으면 평일에 손님들이 많다.
食堂の近くに会社が多いと、平日はお客さんで混んでいる。

041
휴일 [휴일] 명사 休日

[活用表現] 공휴일 公休日

[例文] 우리 아버지는 휴일마다 늦잠을 주무신다.
私の父は休日のたびに、朝寝坊をする。

휴일이 되면 가족과 함께 가까운 곳으로 소풍을 가야겠다.
休みの日になったら、家族と一緒に近い場所へピクニックに行かないと。

03 연습문제

[1~15] 다음 단어를 한국어로 바꿔 쓰십시오. 次の単語を韓国語に変えて書きなさい。

1. 夜 (　　　　)
2. 百 (　　　　)
3. 分 (　　　　)
4. 日 (　　　　)
5. 来年 (　　　　)
6. じゅうがつ (　　　　)
7. 昨日 (　　　　)
8. いつ (　　　　)
9. 連休 (　　　　)
10. 午前 (　　　　)
11. なな (　　　　)
12. いちおく (　　　　)
13. ひとつ (　　　　)
14. 金曜日 (　　　　)
15. 水曜日 (　　　　)

[16~20] 그림을 보고 (　　)에 알맞은 것을 고르십시오.
絵を見て(　　)の中に当てはまるものを選びなさい。

16.

가 : 장미꽃이 몇 송이 있어요?
나 : (　　　) 송이 있어요.

❶ 네　❷ 다섯
❸ 여섯　❹ 일곱

17.

가 : 지금 몇 시예요?
나 : (　　　)시 (　　　)분이에요.

❶ 이, 삼십　❷ 둘, 반
❸ 두, 반　❹ 두, 삼십

18.

가 : 아침을 몇 시에 먹어요?

나 : (　　　) 아홉 시에 먹어요.

❶ 낮　　　　❷ 점심

❸ 오전　　　❹ 새벽

19.

가 : 오늘이 몇 월 며칠이에요?

나 : (　　　)월 (　　　)일이에요

❶ 열, 열　　　❷ 일, 열

❸ 십, 십　　　❹시, 십

20.

가 : 언제 한국에 왔어요?

나 : (　　　) 왔어요.

❶ 그저께　　　❷ 어제

❸ 내일　　　　❹ 내일

[21~30] 다음 문장을 읽고 알맞은 어휘를 골라 쓰십시오. 어휘는 한 번만 쓰십시오.
次の文章を読んで(　　)に当てはまる単語を選んで書きなさい。単語はそれぞれ1回だけ使えます。

낮	밤	어제	오늘	내일
올해	내년	주말	오전	오후
아침	저녁	늦다	많다	지나다

21. (　　　　)에 일어나면 먼저 운동부터 합니다.

22. (　　　　)마다 잠이 잘 오지 않아요. 어떻게 하지요?

23. (　　　　)이/가 며칠 남지 않았어요. 새해 계획은 세우셨어요?

24. 우와! 책이 진짜 (　　　　)네요! 정말 이 책들을 다 읽으셨어요?

25. 아직도 공부하니? 시간이 많이 (　　　　)었다/았다/였다. 빨리 자라.

26. 점심을 먹기 전까지 (　　　　)에는 보통 도서관에서 공부를 합니다.

27. 벌써 한 시가 (　　　　)었네요/았네요/였네요. 이제 수업을 끝냅시다.

28. 벌써 날이 어두워졌어요. 가을이 되니까 (　　　　)이/가 점점 짧아지네요.

29. 이번 (　　　　)에 뭘 하실 거예요? 시간이 있으시면 저하고 같이 영화를 보러 갑시다.

30. 밤이 늦었어요. 지금 이 시간에는 택시를 잡기도 어려우니까 그냥 여기에서 주무시고 (　　　　) 가세요.

[31~35] (　　) 안에 알맞은 것을 고르십시오. (　　)の中に当てはまるものを選びなさい。

31. 이번 시간에는 (　　) 시간에 공부한 것을 다시 복습하겠습니다.

❶ 그　　❷ 몇　　❸ 지난　　❹ 다음

32. 저는 서른 살(　　) 결혼할 생각입니다.

❶ 쯤　　❷ 세　　❸ 부터　　❹ 나이

33. 오늘이 무슨 (   )인데 어머니가 음식을 이렇게 많이 하셨어요?

❶ 일 ❷ 날 ❸ 날씨 ❹ 날짜

34. (   ) 12월에 유학을 와서 한국말을 공부한지 벌써 여섯 달이 되었습니다.

❶ 작년 ❷ 올해 ❸ 내년 ❹ 지난달

35. 이번 추석 (   )은/는 5일이에요. 그래서 친구들하고 여행을 갈 계획이에요.

❶ 날 ❷ 방학 ❸ 날짜 ❹ 연휴

[36~40] 밑줄 친 부분과 반대되는 뜻을 가진 것을 고르십시오.

下線を引いた部分と反対の意味を持ったものを選びなさい。

36. **가 :** 공원에서 산책하는 사람이 많아요?

나 : 아니요, (   )어요/아요/여요.

❶ 작다 ❷ 적다 ❸ 길다 ❹ 짧다

37. **가 :** 어제 일찍 집에 들어왔어요?

나 : 아니요, (   ) 왔어요.

❶ 늦게 ❷ 짧게 ❸ 느리게 ❹ 천천히

38. **가 :** 오늘은 오전에 수업이 있어요?

나 : 아니요, (   )에 있어요.

❶ 새벽 ❷ 아침 ❸ 점심 ❹ 오후

39. **가 :** 비행기가 밤에 도착했어요?

나 : 아니요, (   )에 도착했어요.

❶ 낮 ❷ 저녁 ❸ 오후 ❹ 평일

40. **가 :** 평일에는 바쁘시죠?

나 : 아니요, (　　　)에 더 바빠요.

❶ 주말　❷ 방학　❸ 일요일　❹ 공휴일

[41~45] 밑줄 친 부분과 의미가 가장 가까운 것을 고르십시오.

下線を引いた部分と意味が一番近いものを選びなさい。

41. **가 :** 보통 아침 몇 시에 식사하세요?

나 : 저는 보통 (　　　) 8시에 아침을 먹어요.

❶ 낮　❷ 오전　❸ 오후　❹ 저녁

42. **가 :** 돈이 조금밖에 없는데, 이걸로 엄마 선물을 살 수 있을까?

나 : 그럼, (　　　)은/ㄴ 돈으로도 살 수 있는 선물이 있을 거야.

❶ 작다　❷ 적다　❸ 짧다　❹ 싸다

43. **가 :** 이십 명쯤 집에 초대하려고 해요.

나 : (　　　) 명이면 음식을 많이 준비해야겠어요.

❶ 열　❷ 십이　❸ 열두　❹ 스무

44. **가 :** 지금 세 시 삼십 분이에요?

나 : 네, 세 시 (　　　)이에요.

❶ 반　❷ 번　❸ 분　❹ 방

45. **가 :** 지난해에 한국에 오셨다고 했지요?

나 : 네, (　　　) 5월에 왔어요.

❶ 작년　❷ 올해　❸ 내년　❹ 후년

[46~50] 밑줄 친 단어의 쓰임이 잘못된 것을 고르십시오.
下線部の使い方が間違っているものを選びなさい。

46. ❶ 지금 몇 시예요? ( )
❷ 오늘이 몇 요일이에요?
❸ 오늘이 몇 월 며칠이에요?
❹ 학생 몇 명이 아직 안 왔어요.

47. ❶ 지난 일은 다 잊어버리세요. ( )
❷ 시간이 벌써 이렇게 지났네요.
❸ 지난 시간에는 여기부터 하겠습니다.
❹ 힘들었던 시간이 다 지나면 좋은 날이 올 거예요.

48. ❶ 오늘이 무슨 날이에요? ( )
❷ 한국에 처음 온 날 뭘 했어요?
❸ 이번 달 1날은 어머니 생신이다.
❹ 이번 주 토요일은 우리 오빠가 결혼하는 날이다.

49. ❶ 사람이 한 명도 없어요. ( )
❷ 육 월 육 일은 일요일이에요.
❸ 삼 일 동안 쉬지 않고 일만 했어요.
❹ 열 달 동안 열심히 한국말을 공부했습니다.

50. ❶ 낮 열 시에 아침을 먹어서 배가 좀 고파요. ( )
❷ 휴일에는 놀러 가는 차들이 많아서 길이 복잡해요.
❸ 아침에는 날씨가 좋았는데 오후가 되니까 날씨가 흐려졌다.
❹ 이렇게 밤늦게까지 일했는데, 내일 새벽에 일어날 수 있겠어요?

시간 Ⅱ

04

時間 Ⅱ

1 / 순서
2 / 시간의 길이
3 / 시간

04-1 순서

001
나중

[나중] 명사 1. 後　2. 後

1. 他のことを先にした後の順番。

【反意語】 먼저 先

【例文】 중요한 일을 먼저 하고 그렇지 않은 것은 나중에 하자.
重要なことをまず先にして、そうでないものは後でしよう。

2. いくらかの時間が過ぎた後。

【例文】 요즘은 좀 바쁘니까 나중에 시간이 되면 한 번 보자.
最近は少し忙しいので、また後で時間ができたら一度会おう。

002
다음

[다음] 명사 1. 次　2. 次、後

1. ある順番の後。

【活用構文】 다음 名

【活用表現】 다음 시간 次の時間
다음 문제 次の問題

【関連語】

지난 名	이번 名	다음 名
先 名	今 名	来、次 名

【例文】 이번 시간에는 10(십)쪽까지 공부했으니까 다음 시간에는 11(십일)쪽부터 하겠습니다.
今回は10ページまでを勉強したので、次回は11ページから始めます。

2. あることが終わった後。

【活用構文】 動은/ㄴ 다음

【例文】 물건 정리를 다 한 다음에 방 청소를 하자.
ものの整理をした次に、部屋の掃除をしよう。

003
마지막

[마지막] 명사 最後

【活用構文】 마지막 名

【活用表現】 마지막으로 最後に

【反意語】 처음 初め

【関連語】 중간 中間

【例文】 오늘이 선생님과의 마지막 수업이라고 생각하니까 너무 슬프다.
今日が先生との最後の授業だと思うとすごく悲しい。

배워야 할 내용을 모두 공부했으니까 시험을 보기 전에 마지막으로 한 번 복습해 보자.
学ぶべき内容はすべて勉強したので、テストを受ける前に最後に1度復習してみよう。

004
먼저

[먼저] 부사 まず

【反意語】 나중 後

【例文】 먼저 제 것부터 계산해 주시면 안 될까요?
まず私のから計算してくれませんか?

한국에 도착한 후에 제일 먼저 부모님께 전화부터 했다.
韓国に到着した後、まず一番最初に両親に電話をした。

005
째

[째] [接詞] ~番目、~目
(数量や期間を表す名詞や数詞の後ろにつけて)順番を表す言葉。

【活用表現】

첫째	둘째	셋째	넷째	다섯째		열째
1番目	2番目	3番目	4番目	5番目	…	10番目

사흘째 4日目

두 잔째 2杯目

【例文】 오늘로 한국 생활 반 년째이다.
今日で韓国生活も半年目だ。

제 옆에 있는 아이는 제 둘째 동생이에요.
私の隣にいる子が、2番目の弟です。

006
처음

[처음] 명사 初め

【活用表現】 처음부터 初めから

처음으로 初めて

【反意語】 끝 終わり

마지막 最後

【例文】 문제를 처음부터 끝까지 잘 읽어야 해요.
問題を初めから終わりまで、きちんと読まなければなりません。

처음에는 일이 재미있었는데 지금은 재미없어졌어요.
初めは仕事が楽しかったのですが、今はおもしろくなくなりました。

007
첫

[첟] 관형사 初、最初の

【活用構文】 첫 名

【活用表現】 첫사랑 初恋

첫 시간 初めの時間

[例文] 첫 문제부터 너무 어려우면 학생들이 힘들어해요.
最初の問題から難しいと学生たちが苦しみます。

오늘은 첫 수업이니까 서로 인사하고 소개하는 시간을 갖겠습니다.
今日は最初の授業なので、お互い挨拶して自己紹介する時間を設けます。

04-2 시간의 길이

008
개월

[개월] 명사 ～ヶ月
(漢字語の数の後ろに使い)月を数える単位。

[活用構文] 数 개월

[活用表現] 일 개월 1ヶ月

[類義語] 월 月

달 月

[例文] 한국에 온 지 6(육)개월이 지났다.
韓国に来て6ヶ月が経った。

3(삼)개월 동안 고향 음식을 한 번도 먹지 못해서 너무 먹고 싶다.
3ヶ月間、故郷の料理を一度も食べられなかったので、すごく食べたい。

009
걸리다

[걸리다] 동사 かかる
時間を要する。

[活用構文] 名 이/가 걸리다

[活用表現] 시간이 걸리다 時間がかかる

[例文] 집에서 학교까지 몇 시간 걸려요?
家から学校まで、何時間かかりますか？

버스로 한 시간 걸려서 학교에 도착했다.
バスで一時間かけて、学校に到着した。

010
길다

[길다] 형용사 1. 長い(時間) 2. 長い(長さ) 3. 長い(話や言葉)

1. 時間が長い。ㄹ動詞

[活用構文] 名이/가 길다

[活用表現] 시간이 길다 時間が長い

[反意語] 짧다 短い

[例文] 긴 시간 동안 제 이야기를 들어주셔서 감사합니다.
長い間、私の話を聞いてくださってありがとうございます。

2. 繋がっている物体の端と端が遠い。ㄹ動詞

[活用構文] 名이/가 길다

[活用表現] 긴 머리 長い髪の毛
다리가 길다 足が長い

[反意語] 짧다 短い

[例文] 긴 머리를 짧게 잘랐다.
長い髪の毛を短く切った。

3. 言葉や文章の量が多い。ㄹ動詞

[活用構文] 名이/가 길다

[活用表現] 긴 말씀 長いお言葉
이야기가 길다 話が長い

[反意語] 짧다 短い

[例文] 어떻게 된 일인지 다 말하려면 얘기가 복잡하고 길어.
どうなったのか全部話そうと思うと、話が複雑で長くなるよ。

011
달

[달] 명사 1. 月 2. 月

1. 1年を12で分けたうちの1つの期間を数える単位。普通30日。

[活用構文] 数달

[活用表現] 열두 달 12ヶ月

[類義語] 월 月
개월 ヶ月

[例文] 한 달 동안 한국 여기저기를 돌아다니며 구경했다.
1ヶ月間、韓国のあちこちを巡って観光した。

2. 地球の衛星。

[活用表現] 달밤 月夜
달빛 月光
보름달 満月

[関連語] 별 星

해 太陽

밤 夜

[例文] 달이 밝고 둥글다.

月が明るくて丸い。

012

동안

[동안] 명사 間

ある時点からある時点までの時間の長さ。

[活用構文] 名 동안

動는 동안

[活用表現] 방학 동안 夏(冬)休みの間

이틀 동안 2日間

잠시 동안 少しの間

공부하는 동안 勉強する間

[例文] 엄마가 설거지를 하는 동안 나는 방 청소를 했다.

母が皿洗いをする間,私は部屋の掃除をした。

며칠 동안 밖에 나가지도 않고 집에서 공부만 했어요.

何日間か外に出ずに家で勉強だけしていました。

013

며칠

[며칠] 명사 何日

何日か,またはその月の何番目かの日。

[活用表現] 몇 월 며칠 何月何日

[例文] 몇 월 며칠에 한국에 가요?

何月何日に韓国に行きますか?

일 때문에 바빴으니까 며칠 여행을 다녀오는 게 어때?

ずっと仕事で忙しかったんだから,何日か旅行に行って来たら?

014

보내다

[보내다] 동사 1. 送る 2. 送る

1. 時間を過ごす。

[活用構文] 名을/를 보내다

[活用表現] 시간을 보내다 時間を送る

[類義語] 지내다 過ごす

[例文] 어제는 친구와 이야기하며 즐거운 시간을 보냈어요.

昨日はともだちとおしゃべりして,楽しい時間を送りました。

2. 人やものを他のところに行かせる。

[活用構文] 名에게 名을/를 보내다

[類義語] 부치다 送る

[例文] 열심히 일해서 번 돈을 고향에 계신 부모님께 보내 드렸다.
一生懸命働いて稼いだお金を、故郷にいる両親に送ってあげた。

015
보름

[보름] 명사 1. 15日間 2. 陰暦の15日

1. 15日間。

[例文] 보름 동안 여행을 다녀왔다.
15日間、旅行に行ってきた。

2. 陰暦の15日。

[活用表現] 보름날 陰暦の15日
보름달 満月
정월 보름 正月最初の満月

[例文] 어제 추석이었는데 보름달을 보면서 소원을 빌었니?
昨日は秋夕(旧盆)だったけど、満月を見ながらお願いごとした？

016
사흘

[사흘] 명사 3日間

[関連語]

하루 1日間	이틀 2日間	사흘 3日間	나흘 4日間	닷새 5日間	엿새 6日間	이레 7日間
여드레 8日間	아흐레 9日間	열흘 10日間	……	보름 15日間	……	한 달 1ヶ月

[例文] 비가 사흘 동안 계속 내렸다.
雨が3日間ずっと降り続いた。

이번 연휴는 사흘이라서 가족들과 함께 설악산에 갔다 오려고 해요.
今回の連休は3日間なので家族と一緒に雪嶽山に行ってこようと思います。

017
시간

[시간] 명사 1. 時間 2. 時間

1. ある時刻からある時刻までの間。時の流れ。

[活用構文] 数 시간

[活用表現] 스물네 시간 24時間
시간이 빠르다 時間が早い
시간이 흐르다 時間が流れる
시간이 지나다 時間が経つ
시간을 보내다 時間を送る

[例文] 시간이 지나면 다 괜찮아질 거야.
時間が経てば、大丈夫になるさ。

2. 時刻。ある行動をする時。

[活用構文] 名 시간
動 을/ㄹ 시간이 되다

[活用表現] 수업 시간 授業時間
약속 시간 約束時間

[例文] 아침을 먹을 시간이 다 됐는데, 왜 아직도 안 일어나니?
朝食を食べる時間になったのに、何でまだ起きないの？

018
오래

[오래] 부사 長く
時間的に長く。

[活用表現] 오랫동안 長い間
오랜 시간 長い時間
오래 걸리다 長くかかる
오랜만에 만나다 久しぶりに会う

[例文] 고향 친구들을 오랫동안 만나지 못해서 너무 보고 싶다.
故郷の友達に長い間会っていないので、すごく会いたい。

남자 친구와 오래 사귀었지만 아직 결혼할 생각은 없다.
彼氏と長い間付き合って来たが、まだ結婚する気はない。

019
주일

[주일] 명사 週間

[活用構文] 数 주일

[活用表現] 일주일 1週間

[類義語] 주 週

[例文] 올해가 몇 주일이 안 남았다.
今年もあと何週間も残っていない。

3(삼)주일만 더 공부하면 이번 학기가 끝나요.
あと3週間勉強すれば、今学期も終わります。

020
해

[해] 명사 1. 年 2. 太陽
1. 地球が太陽を1周する間。

[活用構文] 数 해

[活用表現] 한 해 一年間
지난해 去年

[類義語] 년 年

[例文] 12(십이)월이 되면 한 해 동안 있었던 일들을 정리한다.
12月になると、1年間あったことを整理する。

2. 太陽

[活用表現] 햇빛 太陽の光

[関連語] 낮 昼

[例文] 낮 12(열두)시가 되니까 해가 머리 바로 위에 있다.
昼の12時になったので、太陽が頭の上にある。

도움말

韓国語の時間を表す単位は固有語の数字を使うものもあり、漢字語の数字を使うものもある。それを表に整理すると次のようになる。

(1) 해/년 年(漢字語/固有語)

일 년	이 년	삼 년	사 년	오 년	……	이십 년
한 해	두 해	세 해	네 해	다섯 해	……	스무 해

(2) 달/개월 月(漢字語/固有語)

일 개월	이 개월	삼 개월	사 개월	오 개월	……	이십 개월
한 달	두 달	세 달	네 달	다섯 달	……	스무 달

(3) 일 日(漢字語/固有語)

일 일	이 일	삼 일	사 일	오 일	육 일
하루	이틀	사흘	나흘	닷새	엿새
칠 일	팔 일	구 일	십 일	십오 일	삼십 일
이레	여드레	아흐레	열흘	보름	한 달

漢字語で表現する日にちは文脈によって時間の長さを意味することもあれば、日付を意味する時もあるので、注意しなければならない。

한 달은 삼십 일이다. 1ヶ月は30日だ。

오늘은 삼 월 삼십 일이다. 今日は3月30日だ。

04-3 시간

021
가끔

[가끔] 부사 時々

[関連語] 자주 しょっちゅう

항상 いつも

[例文] 저는 시간이 나면 가끔 집 근처에 있는 공원을 산책해요.
私は時間ができると、時々家の近くにある公園に散歩に行きます。

술을 좋아하지 않지만 친구들을 만나면 가끔 술을 마신다.
お酒が好きではないが、友達に会うと時々お酒を飲む。

022
갑자기

[갑짜기] 부사 突然

[例文] 갑자기 일이 생겨서 약속을 지키지 못했다.
突然用事ができて、約束を守れなかった。

친구의 전화를 받고 갑자기 뛰어 나갔어요.
友達に電話をもらうなり、突然飛び出して行きました。

023
계속

[계속/게속] 부사 ずっと

[活用表現] 계속되다 続く

계속하다 続ける

[例文] 쉬지 않고 계속 일을 하니까 너무 피곤해요.
休まないでずっと仕事をしているので、すごく疲れます。

며칠 동안 계속된 비로 빨래가 잘 마르지 않아요.
何日か雨が続いているので、洗濯物が乾きません。

024
곧

[곧] 부사 すぐ、もうすぐ

[類義語] 바로 まさに

[例文] 수업이 끝나면 곧 집에 들어가겠습니다.
授業が終わったらすぐ家に帰ります。

조금 더 기다리면 곧 어머니가 오실 거야.
少し待っていれば、すぐにお母さんが帰ってくるよ。

025
금방

[금방] 부사 1. たった今　2. すぐ

1. 話している瞬間のすぐ前。

[類義語] 방금 今

[例文] 금방 밥을 먹었는데 뭘 또 먹자고 그러니?
たった今ごはんを食べたばっかりなのに、まだ何か食べたいの？

2. 話している瞬間のまさにその後に。

[類義語] 곧 もうすぐ

[例文] 금방 갈게! 조금만 더 기다려 줘!
すぐ行くよ！ちょっとだけ待ってて！

026
때

[때] 명사 時

一定の時期。またはあることが起る瞬間。

[活用構文] 形/動 을/ㄹ 때

[活用表現] 그때 その時

방학 때 冬(夏)休みの時

[例文] 시간이 있을 때 아무 때나 오세요.
時間がある時に、いつでも来て下さい。

가족이 보고 싶을 때 부모님께 전화를 한다.
家族に会いたくなると、両親に電話をする。

027
바로

[바로] 부사 1. すぐ 2. まさに

1. 時間的な間隔をおかずに、すぐ。

[類義語] 곧 もうすぐ

금방 すぐ

[例文] 이 약은 밥을 먹은 후에 바로 드셔야 합니다.
この薬は食事をした後すぐに飲まなければなりません。

2. 他ではなくまさに。

[例文] 이게 바로 내가 사고 싶었던 옷이야.
これはまさに私が買いたかった服よ。

028
벌써

[벌써] 부사 もう

予想より早く。

[類義語] 이미 すでに

[反意語] 아직 まだ

[例文] 벌써 이 일을 다 끝냈어요?
もうこの仕事を全部終えたの？

네가 벌써 대학생이 되었구나.
あなたがもう大学生になったのね。

029
빠르다

[빠르다] 형용사 早い ㄹ動詞

[活用構文] 名이/가 빠르다

[活用表現] 말이 빠르다 話すのが早い

걸음이 빠르다 歩くのが早い

시간이 빠르다 時間が早い

[反意語] 느리다 遅い

[例文] 내 친구의 한국말은 너무 빨라서 알아듣기가 어려워요.
私の友達の韓国語は、早すぎて聞き取るのが難しいです。

시간이 참 빠르다! 한국에 온 게 엊그제 같은데, 벌써 1(일)년이 지났다.
時間が経つのが本当に早い！まるできのう韓国に来たかのようなのに、もう1年経った。

030
서두르다

[서두르다] 동사 急ぐ ㄹ動詞

[活用構文] 名을/를 서두르다

서둘러서 動

[例文] 준비를 서둘러라. 기차 시간에 늦겠다.
急いで準備しろ。汽車の時間に遅れるぞ。

서둘러서 가면 영화가 시작되기 전에 도착할 수 있을 거야.
急いで行けば、映画が始まる前に到着できるだろう。

031
아직

[아직] 부사 1. まだ 2. まだ

1. ある状態になるには、もう少し時間が経たなければならないことを表す言葉。

[活用構文] 아직 안 動

아직 못 動

[反意語] 벌써 もう

이미 すでに

[例文] 죄송합니다. 아직 다 끝내지 못했습니다.
すみません。まだ全部終わっていません。

2. あることや状態が終わらずに続いていることを表す言葉。

[活用構文] 아직 動

[活用表現] 아직도 まだ

[反意語] 벌써 もう

이미 すでに

[例文] 아직 시험을 보고 있으니까 좀 조용히 해 주세요!
まだテストを受けている最中なので、少し静かにして下さい！

032
어서

[어서] 부사 早く

喜んで迎え入れたり､遅れることなく早くしろと催促する言葉｡

[類義語] 빨리 早く

얼른 早く

[例文] 어서 오세요!

いらっしゃいませ！

시간이 다 됐습니다. 어서 시험지를 내세요.

時間になりました｡早くテスト用紙を提出してください｡

033
언제나

[언제나] 부사 いつでも

[類義語] 항상 いつも

[例文] 좋아하는 친구를 만나는 일은 언제나 즐거워요.

好きな友達に会うのは､いつでも楽しいです｡

나는 자기 전에 언제나 일기를 쓰는 습관이 있다.

私は寝る前にいつも日記を書きます｡

034
옛날

[옌날] 명사 昔

[活用表現] 먼 옛날 遠い昔

[例文] 아주 먼 옛날 착하고 예쁜 공주가 살았어요.

昔々､優しくてきれいなお姫さまがいました｡

옛날에는 컴퓨터가 없어서 숙제를 직접 써서 냈다.

昔はパソコンがなくて､宿題を直接書いて提出した｡

035
요즘

[요즘] 명사 最近

[活用表現] 요즘 세상 最近の世の中

요즘에 最近は

[例文] 어머니께서 무슨 걱정이 있나 봐요. 요즘 잘 주무시지 못해요.

母に何か心配ごとがあるようです｡最近よく眠れないようです｡

요즘 날씨가 추워져서 감기에 걸리는 사람들이 많아지고 있어요.

最近寒くなってきたので､風邪を引く人が増えています｡

036
이따가

[이따가] 부사 ちょっと後で

[関連語] 나중에 後で

[例文] 내가 이따가 바로 전화할게.

私が後ですぐ電話するね｡

지금 하고 있는 일을 먼저 끝내야 하니까 이따가 얘기하자.
今していることをまず終えなければならないので、後で話そう。

037
이제

[이제] 부사 ただ今、現在
まさにこの時に。過ぎ去った時と断絶されたニュアンスを与える。

【関連語】 지금 今

【例文】 이제 하던 일을 정리하고 퇴근합시다.
そろそろ仕事を整理して、退勤しましょう。

제 얘기는 다 끝났으니까, 이제부터는 여러분의 이야기를 듣겠습니다.
私の話は全部終わったので、次はみなさんの話を聞きましょう。

038
자주

[자주] 부사 よく、しょっちゅう

【関連語】 가끔 時々
항상 いつも

【例文】 저는 도서관에 자주 갑니다.
私は図書館によく行きます。

부모님께 자주 연락을 드립니다.
両親によく連絡します。

039
잠깐

[잠깐] 부사 少し

【活用表現】 잠깐만 少しの間

【類義語】 잠시 少し

【例文】 잠깐만 기다려 주세요. 금방 오겠습니다.
少し待っていてください。すぐに来ます。

쉬지 않고 오래 일을 했으니까 이제 잠깐 쉽시다.
休まずずっと働いたので、これから少し休みましょう。

040
지금

[지금] 부사 今

【関連語】 이제 ただいま、現在

【例文】 지금 바로 출발하면 늦지 않을 거야.
今すぐ出発すれば遅れないだろう。

지금 말씀하시는 분이 우리 반 선생님입니다.
今話している方が私のクラスの先生です。

041
천천히

[천천히] 부사 ゆっくり

[類義語] 느리게 ゆっくりと

[反意語] 빨리 早く

[例文] 말이 너무 빨라요. 좀 천천히 말씀해 주세요.
話すのが早すぎます。もう少しゆっくりおっしゃってください。

경치가 아름다우니까 천천히 걸으면서 구경하자.
景色がきれいなので、ゆっくり歩きながら見ていこう。

042
틈틈이

[틈트미] 부사 暇あるごとに

[例文] 관심 있는 책들을 틈틈이 사 모으는 게 내 취미예요.
興味のある本を暇あるごとに、買い集めるのが趣味です。

학교 수업과 아르바이트로 바쁘지만 틈틈이 공부를 하려고 노력해요.
学校の授業とアルバイトで忙しいけれど、暇あるごとに勉強しようと努力しています。

043
항상

[항상] 부사 いつも

[類義語] 언제나 いつでも

[例文] 항상 웃는 내 친구의 얼굴이 아름답다.
いつも笑っている友達の顔が美しい。

저는 힘든 일이 있을 때마다 항상 엄마와 이야기해요.
私は辛いことがある度に、いつもお母さんと話をします。

04 연습문제

[1~15] 다음 단어를 한국어로 바꿔 쓰십시오. 次の単語を韓国語に変えて書きなさい。

1. 時 (　　　　)
2. 時間 (　　　　)
3. 何日 (　　　　)
4. 長く (　　　　)
5. 週間 (　　　　)
6. まさに、すぐ (　　　　)
7. 昔 (　　　　)
8. 最近 (　　　　)
9. よく、しょっちゅう (　　　　)
10. 10日 (　　　　)
11. 短い (　　　　)
12. 時々 (　　　　)
13. 暇がある度に (　　　　)
14. 突然 (　　　　)
15. 急ぐ (　　　　)

[16~20] 그림을 보고 (　　)에 알맞은 것을 고르십시오.
絵を見て(　　)の中に当てはまるものを選びなさい。

16.

가 : 여행은 며칠 동안 하실 거예요?
나 : (　　) 동안 여행할 생각이에요.

❶ 사흘　　❷ 나흘
❸ 보름　　❹ 일주일

17.

가 : 밤이지만 어둡지 않군요.
나 : 네, 오늘이 보름날이어서 (　　)이/가 아주 밝아요.

❶ 해　　❷ 날
❸ 월　　❹ 달

18.

가 : 이번 시간이 한국어이지요?

나 : 아니요, 이번 시간은 역사 시간이에요. 한국어는 (　　) 시간이에요.

❶ 첫째　　❷ 지난
❸ 다음　　❹ 마지막

19.

가 : 집에서 회사까지 얼마나 걸려요?

나 : (　　　　)이오/요.

❶ 한 시 삼십 분　　❷ 한 시간 반
❸ 일곱 시 십 분　　❹ 여덟 시간 사십 분

20.

가 : 얼마 동안 한국에서 한국어를 공부한다고 해요?

나 : 일 (　　　) 동안 공부한다고 해요.

❶ 달　　❷ 월
❸ 해　　❹ 개월

[21~30] 다음 문장을 읽고 알맞은 어휘를 골라 쓰십시오. 어휘는 한 번만 쓰십시오.

次の文章を読んで(　　)に当てはまる単語を選んで書きなさい。単語はそれぞれ１回だけ使えます。

첫	때	해	개월	요즘
시간	아직	옛날	동안	계속
바로	먼저	갑자기	천천히	서두르다

21. 한국에 얼마 (　　　　) 계실 거예요?

22. 네가 (　　　　) 샤워해. 나는 나중에 할게.

23. 여기가 엄마가 말한 (　　　　) 그 식당이에요?

24. 숙제가 많아서 (　　　　) 다 끝내지 못했다.

25. 영희는 선생님께 모르는 문제들을 (　　　　) 질문했다.

26. 밥을 (　　　　) 먹어야 살도 찌지 않고 건강에도 좋대요.

27. 친구를 처음 만났을 (　　　　) 친구의 첫인상이 참 인상적이었어요.

28. 한국에서는 (　　　　) 월급을 받으면 보통 부모님께 속옷을 선물한다.

29. 그 학생이 공부를 하다가 선생님께 말도 하지 않고 (　　　　) 나가 버렸어요.

30. 옛날에는 공중전화를 많이 썼는데 (　　　　)에는 사람들이 핸드폰을 가지고 다니니까 공중전화를 잘 쓰지 않아요.

[31~35] (　　　) 안에 알맞은 것을 고르십시오. (　　　)の中に当てはまるものを選びなさい。

31. 늦었어요. 빨리 (　　)어야/아야/여야 해요.

❶ 걸리다　　❷ 빠르다　　❸ 지나다　　❹ 서두르다

32. 지난 시간에 공부한 것을 다 복습했으니까 (　　) 32쪽부터 공부해 봅시다.

❶ 가끔　　❷ 계속　　❸ 이제　　❹ 갑자기

33. 저는 수업이 끝나면 (　　　) 친구들과 점심을 먹습니다.

❶ 언제　❷ 요즘　❸ 이제　❹ 항상

34. 시간이 있을 때마다 (　　　) 한국말을 공부해요.

❶ 어서　❷ 마지막　❸ 이따가　❹ 틈틈이

35. 지금 좀 바쁜데 (　　　) 다시 연락해 주시겠어요?

❶ 먼저　❷ 나중에　❸ 언제나　❹ 처음에

[36~40] 밑줄 친 부분과 반대되는 뜻을 가진 것을 고르십시오.

下線を引いた部分と反対の意味を持ったものを選びなさい。

36. **가 :** 첫째 시간에 영어를 공부해요?

나 : 아니요, 오늘은 (　　　) 시간에 영어를 공부해요.

❶ 다음　❷ 먼저　❸ 지난　❹ 마지막

37. **가 :** 여자 친구는 머리가 길어요?

나 : 아니요. (　　　)어요/아요/여요.

❶ 작다　❷ 적다　❸ 짧다　❹ 가볍다

38. **가 :** 선생님 말이 좀 빨라요?

나 : 아니요, 조금 (　　　)어요/아요/여요.

❶ 늦다　❷ 느리다　❸ 이르다　❹ 서두르다

39. **가 :** 시간이 없으니까 빨리 합시다.

나 : 서두르지 말고 좀 (　　　) 하면 안 돼요?

❶ 곧　❷ 금방　❸ 아직　❹ 천천히

40. **가 :** 오래 기다렸어요?
나 : 아니요, (　　) 기다렸어요.
❶ 못　❷ 가끔　❸ 벌써　❹ 잠깐

[41~45] 밑줄 친 부분과 의미가 가장 가까운 것을 고르십시오.
下線を引いた部分と意味が一番近いものを選びなさい。

41. **가 :** 오늘 정말 반가웠어. 나중에 시간 있을 때 한 번 만나자.
나 : 그래, 내가 (　　)에 연락할게.
❶ 다음　❷ 옛날　❸ 처음　❹ 마지막

42. **가 :** 지금 몇 시예요?
나 : (　　) 한 시예요.
❶ 벌써　❷ 요즘　❸ 이제　❹ 일찍

43. **가 :** 정말 금방 오실 거지요?
나 : 그래, 걱정하지 마. (　　) 갈게.
❶ 곧　❷ 늦게　❸ 먼저　❹ 천천히

44. **가 :** 아침에 일어나면 항상 운동을 하세요?
나 : 네, 저는 (　　) 아침 운동을 해요.
❶ 계속　❷ 물론　❸ 언제나　❹ 열심히

45. **가 :** 한국어를 공부한 지 반 년쯤 됐지요?
나 : 네, 벌써 (　　)이/가 됐어요.
❶ 보름　❷ 두 주　❸ 육 개월　❹ 여섯 해

[46~50] 밑줄 친 단어의 쓰임이 잘못된 것을 고르십시오.

下線部の使い方が間違っているものを選びなさい。

46. ❶ 영수는 금방 나갔어요. (　　　)
❷ 금방 뭐라고 하셨어요?
❸ 여기가 금방 경복궁이에요.
❹ 금방 나갈 테니까 조금만 기다려 주세요.

47. ❶ 이따가 연락하자. 지금은 조금 바쁘다. (　　　)
❷ 지금 손님이 와 있으니까 이따가 갈게.
❸ 이따가 만났는데 친구는 꽤 뚱뚱해졌다.
❹ 죄송하지만 이따가 다시 와 주시겠어요?

48. ❶ 추우니까 어서 이쪽으로 들어오세요. (　　　)
❷ 갑자기 집에 일이 생겨서 학교에 가지 못했다.
❸ 저는 시간이 있으면 계속 중국 음식을 만들어 먹습니다.
❹ 사장님께서 곧 오실 거예요. 여기서 잠깐 기다려 주세요.

49. ❶ 이 하숙집에서 삼 달 동안 살았습니다. (　　　)
❷ 12월이 되면 지난 한 해를 정리합니다.
❸ 약속 장소에서 친구를 한 시간 동안 기다렸어요.
❹ 한국에서 한국어를 공부한 지 이 년 되었습니다.

50. ❶ 주말을 재미있게 보냈어요? (　　　)
❷ 여름이 되니까 밤이 길어졌어요.
❸ 집에서 학교까지 걸어서 10분 걸려요.
❹ 시간이 참 빨라요. 벌써 고향에 돌아갈 때가 되었어요.

사람 I

05

人 I

1 / 가족 · 친척
2 / 관계
3 / 이름 · 나이 · 성별
4 / 외모 · 성격

05-1 가족 · 친척

001
가족

[가족] 명사 家族

[活用表現] 가족사진 家族写真

가족 모임 家族の集まり

[関連語] 친척 親戚

[例文] 주말에 가족과 함께 여행을 가기로 했다.
週末に家族と一緒に旅行に行くことにした。

가족이 모두 모였을 때 가족사진을 한 번 찍었으면 좋겠어요.
家族がみんな集まった時､家族写真を一度撮ってみたいです。

002
고모

[고모] 명사 (父方の)おばさん

[活用表現] 고모부 おばさんの夫

[関連語] 이모 (母方の)おばさん

[例文] 고모는 우리 아빠를 '오빠'라고 부른다.
おばさんは私の兄を「オッパ」と呼ぶ。

아빠도 어렸을 때 장난감 때문에 고모와 많이 싸웠대요.
父も幼い頃は､おもちゃを巡っておばさんとよく喧嘩したそうです。

003
누나

[누나] 명사 姉

同じ両親から生まれた兄弟の中で､男が自分より年上の女兄弟を指す言葉。

[類義語] 언니 姉

[例文] 누나가 나보다 한 살밖에 많지 않아서 어렸을 때 친구처럼 지냈어요.
姉が私より1歳しか上ではないので､小さい時は友達のように過ごしました。

엄마가 계시지 않을 때는 누나가 나와 동생을 위해서 식사를 준비했다.
母が居ない時は､姉が私と弟のために食事を作ってくれた。

004
동생

[동생] 명사 弟､妹

[活用表現] 남동생 弟

여동생 妹

[例文] 저는 동생하고 같이 인형 놀이하는 것을 좋아해요.
私は妹と一緒にお人形遊びをするのが好きです。

내가 놀러 나갈 때 동생이 따라 나오면 너무 귀찮다.
私が遊びに行く時､弟がついてくるとすごく面倒くさい。

005
딸

[딸] 명사 娘

[活用表現] 아들딸 子供たち

[関連語] 아들 息子

자녀 子供

[例文] 저는 딸만 세 명 있어요.
私は娘だけが3人です。

어제 제 딸이 자기 남자 친구를 소개해 주었어요.
昨日私の娘が自分の彼氏を紹介してくれました。

006
사촌

[사촌] 명사 いとこ

[活用表現] 사촌 형제 いとこ兄弟

사촌 오빠 いとこのお兄さん

[関連語] 형제 兄弟

[例文] 나는 사촌들과 친형제처럼 친하게 지내요.
私はいとこと実の兄弟のように仲良くしています。

설날에는 친척 분들과 사촌들이 모두 모이니까 참 즐거워요.
正月には親戚達といとこ達がみんなあつまるので、すごく楽しいです。

007
삼촌

[삼촌] 명사 (父方の)おじさん

父の兄弟を指したり、呼んだりする言葉。特に父の兄弟のうち、独身者を指す。

[活用表現] 외삼촌 (母方の)おじさん

[類義語] 숙부 叔父

[関連語] 숙모 叔母

[例文] 삼촌은 결혼하기 전까지 우리와 함께 살았다.
おじさんは結婚するまで私達と一緒暮らした。

저는 어렸을 때 삼촌처럼 잘생기고 멋진 사람과 결혼하고 싶었어요.
私は幼い頃、おじさんみたいにかっこいい人と結婚したいと思っていました。

008
아내

[아내] 명사 妻

[類義語] 부인 婦人

집사람 家内

[関連語] 남편 夫

[例文] 오랜만에 아내와 함께 둘이서만 여행을 다녀왔어요.
久しぶりに妻と2人きりで旅行に行って来ました。

평일에는 회사 일로 바빠서 아내와 함께 지내는 시간이 많지 않다.
平日は会社の仕事で忙しいので、妻と一緒に過ごす時間が少ない。

009
어머니

[어머니] 명사 母

[活用表現] 시어머니 姑

[関連語] 아버지 父

[例文] 어머니, 아버지! 학교 다녀오겠습니다!
お母さん,お父さん！学校に行ってきます！

내 생일이 되면 어머니는 아침에 미역국을 끓여 놓으신다.
私の誕生日になると,母は朝食にわかめスープを作ってくれる。

010
조카

[조카] 명사 甥,姪

[例文] 언니는 일이 있을 때 엄마에게 조카를 맡겼다.
姉は仕事がある時は,母に甥を預ける。

여섯 살짜리 조카의 생일 선물을 사려고 하는데 뭐가 좋을까요?
6歳の甥の誕生日プレゼントを買おうと思うのだけど,何がいいでしょうか？

011
친척

[친척] 명사 親戚

[関連語] 가족 家族

[例文] 명절이 되면 가까운 친척들이 모두 할아버지 댁에 모여요.
伝統的な祝日になると,近い親戚たちはみんな,祖父の家に集まります。

미국으로 간 후에 오랫동안 한국에 계시는 친척 분들과 연락을 하지 못했어요.
アメリカに行った後,長い間韓国にいる親戚達と連絡がとれませんでした。

012
큰아버지

[크나버지] 명사 叔父
父の兄を指す言葉。

[関連語] 삼촌 おじさん
큰집 本家
큰어머니 叔母
작은 아버지 おじさん

[例文] 설날과 추석에는 큰아버지 댁에 갑니다.
正月と秋夕には叔父の家に行きます。

큰아버지는 우리 아버지보다 세 살 많다.
叔父は私の父より３歳年上だ。

013
형

[형] 명사 兄

同じ両親から生まれた兄弟たちの中で、男が自分より年上の男兄弟を指す言葉。

【類義語】 오빠 兄

【関連語】 형제 兄弟

【例文】 형과 동생이 아주 사이좋게 지낸다.
兄と弟がとても仲良しだ。

저는 모르는 것이 있으면 언제나 형에게 물어봐요.
私は分からないことがあると、いつでも兄に聞いて見ます。

05-2 관계

014
결혼

[결혼] 명사 結婚

【活用表現】 결혼식 結婚式

결혼하다 結婚する

【関連語】 약혼 婚約

이혼 離婚

신혼여행 新婚旅行

【例文】 결혼하면 부모님과 같이 살 거예요? 따로 살 거예요?
結婚したら両親と一緒に暮らしますか? 別々に暮らしますか?

남편은 결혼 전에 나를 이 세상에서 가장 행복한 여자로 만들어 주겠다고 약속했다.
夫は結婚する前に私をこの世で一番幸せな女性にしてくれると約束した。

015
너

[너] 대명사 お前、君

相手が友達や目下の人の時、その人を指す二人称の代名詞。

【活用表現】 네 お前が

【類義語】 당신 あなた

【関連語】 나 私

[例文] 어제 너하고 같이 점심을 먹은 사람이 누구야?
昨日お前と一緒に昼ごはんを食べていた人は誰だ？

미선아, 너 오늘 집에 좀 일찍 와라. 저녁에 손님이 오시니까 네가 나를 좀 도와주었으면 좋겠다.
ミソン、今日は早く帰ってきなさい。夜にお客さんが来るから、あんたにちょっと手伝って欲しいの。

016
누구

[누구] 대명사 1. 誰　2. 誰か

1. (疑問文に使われ)よく知らない人を指す人称代名詞。

[例文] 어제 누구하고 같이 집에 갔어요?
昨日誰と一緒に家に帰りましたか？

2. 特定の人ではなく、漠然としたある人を指す人称代名詞。

[活用表現] 누구나 誰でも
누구든지 誰でも

[類義語] 아무 どんな、誰

[例文] 이 일은 누구든지 할 수 있다.
この仕事は誰にでもできる。

017
룸메이트

[룸메이트] 명사 ルームメート

[関連語] 친구 友達
기숙사 寮

[例文] 나는 일찍 자는데 내 룸메이트는 늦게 잔다.
私は早く寝るのに、ルームメートは遅く寝る。

룸메이트는 방을 같이 쓰니까 친해지기도 쉽지만 사이가 나빠지기도 쉽다.
ルームメートとは一緒の部屋を使うので、親しくなりやすいが、仲も悪くなりやすい。

018
부모

[부모] 명사 両親

[活用表現] 시부모 義理の両親
부모님 両親

[例文] 좋은 부모가 되려면 어떻게 해야 할까?
いい両親になるには、どうすればいいだろうか？

외롭고 힘들 때 부모님 생각이 많이 나요.
寂しくて辛い時、よく両親のことを思い出します。

019
부부 [부부] 명사 夫婦

[活用表現] 부부 사이 夫婦仲

[例文] 결혼을 해서 이제 부부가 되었다.
結婚をして今や夫婦になった。

가족 관계 중에서 부부 관계가 가장 중요하다고 합니다.
家族関係の中で夫婦関係が一番大切だといいます。

020
서로 [서로] 부사 お互い

[活用表現] 서로서로 お互いに

[例文] 결혼은 서로 사랑하는 사람들이 하는 거야.
結婚はお互いに愛し合う人達がするんだよ。

이제 같이 살게 되었으니까 우리 서로 사이좋게 지내자.
一緒に暮らすようになったんだから、お互い仲良く暮らそう。

021
소개 [소개] 명사 1. 紹介　2. 紹介

1. よく知らない人をお互い親しくなるように、関係を結んであげること。

[活用表現] 소개하다 紹介する

소개로 만나다 紹介で会う

[例文] 아르바이트를 할 사람이 필요하세요? 제가 한 명 소개해 드릴까요?
アルバイトをする人が必要ですか？私が1人紹介してあげましょうか？

2. よく知らない事実や内容をわかるように説明してあげること。

[活用表現] 책 소개 本の紹介

자기소개 自己紹介

친구 소개 友達の紹介

[例文] 오늘은 제가 다니는 학교를 여러분에게 소개해 드리겠습니다.
今日は私が通っている学校について、みなさんに紹介しようと思います。

022
아무 [아무] 대명사 誰

ある人を特定せずに指す言葉。

[活用表現] 아무도 없다 誰もいない

아무나 하다 誰でもする

[類義語] 누구 誰か

[例文] 집에 아무도 없어서 무서웠어요.
家に誰もいなくて、恐かったです。

이 일은 아무나 할 수 있는 쉬운 일이다.
この仕事は誰にでもできる、簡単な仕事だ。

도움말

'아무'は普通否定の意味を持った述語と一緒に使われる。

집에 아무도 없어요. 家に誰もいません。

선생님의 질문에 아무도 대답을 하지 않았다. 先生の質問に誰も答えなかった。

'나'、'라도'のような助詞と一緒に使うと、肯定の意味を持つ述語と共に使われる。

아무나 한 번 해 보세요. 誰でもいいから1度やってみて下さい。

아무라도 저하고 함께 갑시다. 誰でもいいから私と一緒に行こう。

023
애인

[애인] **명사** 恋人

[類義語] 남자 친구 彼氏

여자 친구 彼女

[関連語] 데이트 デート

[例文] 사랑하는 애인이 생겨서 요즘 행복해요.
愛する恋人ができたので、最近幸せです。

애인과 함께 데이트를 하려고 하는데 어디가 좋을까요?
恋人と一緒にデートをしようと思うのですが、どこがいいでしょうか?

024
우리

[우리] **대명사** 1. 私達 2. 我

1. 話す人が自分と聞く人を含めた何人かの人を指す時に使う、一人称の代名詞。

[類義語] 저희 わたくし達

[例文] 우리 이번 주말에 부산으로 놀러가자.
私たち、今週末にプサンに遊びに行こう。

2. (普通名詞の前に使われ)話す人が聞く人に、ある対象と自分が親密な仲であることを表す時に使う言葉。

[活用表現] 우리나라 我が国

우리 남편 うちの夫

우리 엄마 うちの母

[例文] 오늘 우리 학교에서 운동회를 해요.
今日私の学校で運動会があります。

025
저

[저] **대명사** わたくし

話す人が目上の人や、あまり親しくない人に、自分のことを謙遜していう時の一人称代名詞。

[活用表現] 제 わたくしが

[類義語] 나 私

[例文] 저는 한국에서 온 김영수라고 합니다.
私は韓国から来たキム・ヨンスといいます。

이번 주말에 저하고 같이 도서관에서 공부합시다.
今週末に私と一緒に図書館で勉強しましょう。

도움말

私は話す人自身を下げて、相手を持ち上げる尊敬語である。会話の相手が友達や目下の場合は'나'を使い、会話する相手が目上の人の場合に'저'を使う。
듣는 사람이 윗사람인 경우 : 제가 갔다 올게요. 相手が目上の人の場合：私が行って来ます。
듣는 사람이 친구나 아랫사람인 경우 : 내가 갔다 올게. 相手が友達や目下の人の場合：私が行ってくる。

026
친구

[친구] 명사 友達

[活用表現] 한국 친구 韓国人の友達
친한 친구 親しい友達
친구가 많다 友達が多い
친구를 만나다 友達に会う
친구를 사귀다 友達と付き合う

[例文] 한국에 와서 한국 친구를 많이 사귀었어요.
韓国に来て韓国人の友達がたくさんできました。

이번 생일에는 친구들을 집에 많이 초대하기로 했어요.
今回の誕生日には友達を家にたくさん招待することにしました。

027
친하다

[친하다] 형용사 親しい

[活用構文] 名과/와 친하다

[活用表現] 친한 친구 親しい友達
친하게 지내다 親しくする

[例文] 친한 친구들과 함께 얘기를 하면 기분이 좋아진다.
親しい友達と一緒に話をすると、気分がよくなる。

유학하는 동안 외국 친구들 몇 명하고 친하게 지냈다.
留学している間、外国人の友達何人かと親しくした。

028
형제

[형제] 명사 1. 兄弟 2. 兄妹

1. 兄と弟を指す言葉。

[活用表現] 삼형제 3兄弟
형제자매 兄弟姉妹
형제가 많다 兄弟が多い

[関連語] 자매 姉妹

[例文] 우리 삼형제는 초등학교부터 고등학교까지 모두 같은 학교를 졸업했다.
私達3兄弟は小学校から高校まで、みんな同じ学校を卒業した。

2. 兄弟姉妹を指す言葉。

[例文] 형제가 어떻게 되세요?
兄弟はいますか?(何人でどういう関係なのかまでを聞いている)

05-3 이름 · 나이 · 성별

029
계시다

[계시다/게시다] 동사 いらっしゃる

'있다'の尊敬語。

[活用構文] 名에 계시다

[関連語] 있다 いる

[例文] 우리 선생님은 지금 교실에 계세요.
私の先生は今教室にいらっしゃいます。

어머니께서 지금 집에 안 계세요. 금방 나가셨어요.
母は今、家におりません。さっき出かけました。

030
나이

[나이] 명사 歳

[活用表現] 나이가 많다 歳をとっている
나이가 들다 歳をとる
나이를 먹다 歳をとる

[関連語] 살[1] 歳

연세 お年、'나이'の尊敬語

[例文] 언니가 나보다 나이가 5(다섯)살 많아요.
姉は私より5歳年上です。

설날이 되면 아이들은 나이를 한 살 더 먹었다고 좋아한다.
正月になると子供達は1つ歳をとったといって喜ぶ。

031
남자

[남자] 명사 男

[活用表現] 남자 친구 彼氏

남자 화장실 男性トイレ

[類義語] 남성 男性

[反意語] 여자 女

[例文] 남자친구를 사귄 지 3(삼)개월 되었어요.
彼氏と付き合って3ヶ月になりました。

우리 기숙사는 남자는 1(일)층과 2(이)층을 쓰고 여자는 3(삼)층과 4(사)층을 쓴다.
私の寮は男が1階と2階を使い、女は3階と4階を使う。

032
노인

[노인] 명사 老人

[類義語] 늙은이 お年寄り

[反意語] 청년 青年

[例文] 요즘은 몇 살부터 노인이라고 말합니까?
最近は何歳からを老人と言いますか？

이 텔레비전 프로그램은 노인들을 위해서 만든 프로그램이에요.
このテレビ番組は老人たちのために作られた番組です。

033
댁

[댁] 명사 お宅

'집'の尊敬語。

[関連語] 집 家

[例文] 선생님 댁은 학교에서 멀지 않아요.
先生のお宅は学校から遠くありません。

오늘 남자 친구의 부모님 댁에 가서 인사하기로 했어요.
今日彼氏の両親のお宅に行って、挨拶することにしました。

034
드리다

[드리다] 동사 差し上げる
'주다'の尊敬語。

[活用構文] 動어/아/여 드리다
名께 名을/를 드리다

[活用表現] 갖다 드리다 持って来て差し上げる
만들어 드리다 作って差し上げる

[関連語] 주다 あげる

[例文] 마지막 수업 때 선생님께 선물을 드렸어요.
最後の授業の時、先生にプレゼントを差し上げました。

눈이 잘 안 보이는 어머니를 위해서 책을 읽어 드렸다.
目がよく見えない母のために、本を読んで差し上げた。

035
드시다

[드시다] 동사 召し上がる
'먹다'の尊敬語。

[活用構文] 名을/를 드시다

[活用表現] 진지를 드시다 お食事を召し上がる

[関連語] 먹다 食べる
마시다 飲む

[例文] 어머니, 이것 좀 드셔 보세요. 아주 맛있어요.
お母さん、これちょっと召し上がってみて下さい。すごくおいしいですよ。

할아버지가 드시기 전에 먼저 먹으면 안 된다.
祖父が召し上がる前に、食べてはいけない。

036
말씀

[말씀] 명사 お言葉
'말'の尊敬語。

[活用表現] 말씀하시다 おっしゃる

[関連語] 말 言葉

[例文] 어른이 말씀하실 때에는 조용히 잘 듣고 있어라.
大人が何かをおっしゃる時には、しずかによく聞きなさい。

선생님 말씀을 끝까지 잘 듣고 질문이 있으면 하세요.
先生のお言葉を最後までよく聞いて、質問があればしてください。

037
뵙다

[뵙따] 동사 お会いする
(子音の語尾と結合して)目上の人に会う。

[類義語] 뵈다 お目にかかる

[例文] 안녕하세요. 처음 뵙겠습니다.
こんにちは。初めまして。

직접 찾아가서 뵙고 말씀 드리겠습니다.
直接訪ねてお会いして、お話致します。

038
부르다[1]

[부르다] 동사 呼ぶ、歌う
名前を声に出して読み、確認する。または曲調にあわせて歌詞を声に出す。르動詞

[活用構文] 名 을/를 부르다

[活用表現] 노래를 부르다 歌を歌う
이름을 부르다 名前を呼ぶ

[例文] 저는 친구들하고 노래방에 가서 노래 부르는 걸 아주 좋아해요.
私は友達とカラオケに行って、歌うのが大好きです。

친구가 지나가는 걸 보고 이름을 불렀지만 듣지 못하고 가 버렸다.
友達が通り過ぎるのを見て名前を呼んだが、聞こえなかったのかそのまま通り過ぎた。

039
분[2]

[분] 명사 1. 方 2. 名
1. '사람'の尊敬語。

[関連語] 사람 人

[例文] 어느 분이 중국에서 오셨어요?
どの方が中国からいらっしゃったのですか？

2. 人を数える単位の丁寧な言い方。

[活用構文] 数 분

[関連語] 명 名
사람 人

[例文] 오늘 손님 몇 분이 집에 오신다고 해요.
今日はお客さんが何名か家に来られるそうです。

040
살[1]

[살] 명사 歳
(普通固有語の数の後ろに使われ)歳を数える単位。

[活用構文] 数 살

[類義語] 세 歳

[例文] 너 나이가 몇 살이니?
君、いくつ？

저는 30(서른) 살에 결혼했어요.
私は30歳で結婚しました。

041
생신

[생신] 명사 お誕生日

'생일'の尊敬語。

【関連語】 생일 誕生日

【例文】 아버지 생신 때 뭘 선물해 드릴까?
父の誕生日の時,何をプレゼントしようか?

어머니 생신날에 우리 일찍 일어나서 직접 음식을 만들어 보자.
母の誕生日に私達が早く起きて,食べ物を用意してみよう。

042
아가씨

[아가씨] 명사 お嬢さん

結婚する歳になった女性を指したり,呼ぶ言葉。

【例文】 어머, 정말 예쁜 아가씨네요. 여자 친구예요?
あら,本当にきれいなお嬢さんですね。彼女ですか?

빵집에서 아르바이트를 하는 아가씨가 친구의 동생이었다.
パン屋さんでアルバイトしているお嬢さんが友達の妹だった。

043
아기

[아기] 명사 赤ちゃん

【活用表現】 아기가 울다 赤ちゃんが泣く
아기가 태어나다 赤ちゃんが生まれる
아기를 낳다 赤ちゃんを産む

【類義語】 아이 子供

【例文】 우리 아기는 밤에 울지 않고 잘 자요.
私の赤ちゃんは,夜泣きしないでよく眠ります。

아기가 정말 많이 컸네요. 잘 먹고 잘 놀아요?
赤ちゃんが本当に大きくなりましたね。よく食べてよく遊びますか?

044
아이

[아이] 명사 1. 子供 2. 子供

1. 歳が幼い人。

【活用表現】 어린 아이 幼い子供
노는 아이 遊ぶ子供
아이를 돌보다 子供の面倒をみる

【類義語】 아기 赤ちゃん
어린이 子供

【反意語】 어른 大人

【例文】 공원에서 아이들이 즐겁게 놀고 있다.
公園で子供たちが楽しく遊んでいる。

2. 他の人に自分の子供をへりくだって呼ぶ言葉。

[活用表現] 우리 아이 うちの子

[類義語] 자식 子

[例文] 우리 아이는 올해 대학을 졸업하고 취직했어요.
うちの子は今年大学を卒業して就職しました。

045
아주머니 [아주머니] 명사 おばさん
他人同士の間で、結婚した女性を呼ぶ言葉。

[活用表現] 주인아주머니 主人のおばさん
옆집 아주머니 隣の家のおばさん

[反意語] 아저씨 おじさん

[例文] 아주머니, 여기 물 좀 더 주세요.
おばさん、お水ください。

오늘 저녁에 하숙집 아주머니가 무슨 음식을 해 주실까?
今日の夕食に、下宿のおばさんは何の料理を作ってくれるかな？

046
어른 [어른] 명사 大人

[活用表現] 어른이 되다 大人になる

[反意語] 아이 子供

[例文] 나이가 어린데도 생각은 어른 같아요.
歳は若いけれど、考えは大人みたいです。

저도 이제 어른이 되었어요. 제 일은 제가 알아서 하겠습니다.
私ももう大人になりました。自分のことは自分でやります。

047
유명하다 [유명하다] 형용사 有名だ

[活用構文] 名 으로/로 유명하다
形/動 기로 유명하다

[活用表現] 유명한 곳 有名な所
유명한 사람 有名な人

[例文] 여기는 경치가 아름답기로 유명하다.
ここは景色がきれいなことで有名だ。

제 딸은 유명한 연예인이 되고 싶어해요.
私の娘は有名な芸能人になりたいと言っています。

048
이름 [이름] 명사 名前

【活用表現】 이름을 짓다 名前をつける
이름을 부르다 名前を呼ぶ

【類義語】 성명 氏名

【関連語】 성함 お名前、'이름'の尊敬語

【例文】 여기에 이름, 전화번호, 주소를 좀 써 주세요.
ここに名前と電話番号、住所を書いて下さい。

이름을 발음하기 어려운데요. 한국 이름을 하나 만들면 어떨까요?
名前の発音が難しいですね。韓国の名前をひとつ作ってみたらどうですか？

049
잡수시다 [잡쑤시다] 동사 お食べになる
'먹다'の尊敬語

【活用構文】 名 을/를 잡수시다

【類義語】 드시다 召し上がる

【関連語】 먹다 食べる

【例文】 속이 안 좋아도 뭘 좀 잡수셔야지요.
気持ちが悪くても、何か少しお食べにならないと。

할아버지께서 저녁을 잡수시지 않았다고 해요. 빨리 준비하세요.
祖父が夕食を食べなかったそうです。早く準備して下さい。

050
주무시다 [주무시다] 동사 お休みになる
'자다'の尊敬語。

【関連語】 자다 寝る

【例文】 할머니께서 주무시니까 조용히 하세요.
祖母がお休みになっているので、静かにして下さい。

아버지는 점심을 드신 후 2(두)시쯤 항상 낮잠을 주무신다.
父は昼食を食べた後、2時頃にいつも昼寝をする。

05-4 외모 · 성격

051
귀엽다

[귀엽따] 형용사 かわいい
かわいくて愛嬌があり､愛らしい｡ㅂ動詞

[活用構文] 名이/가 귀엽다

[活用表現] 귀여운 아이 かわいい子供
귀여운 얼굴 かわいい顔
강아지가 귀엽다 子犬がかわいい
귀엽게 웃다 かわいく笑う

[関連語] 예쁘다 きれいだ､かわいい

[例文] 너 참 귀엽게 생겼구나. 몇 살이니?
あんた､すごくかわいいわね｡いくつ？

엄마, 귀여운 강아지를 한 마리 사 주세요.
お母さん､かわいい子犬を1匹買って下さい｡

052
다정하다

[다정하다] 형용사 温かい､優しい

[活用構文] 名이/가 다정하다

[活用表現] 다정한 사람 優しい人
성격이 다정하다 性格が温かい
다정하게 말하다 優しく話す

[例文] 아버지는 다정한 눈빛으로 아이를 보았다.
父は温かい目つきで子供を見た｡

부부가 저녁을 먹은 후에 다정하게 손을 잡고 산책하는 모습이 아름답다.
夫婦が夕食を食べた後に､仲睦まじげに手をつないで散歩する姿が美しい｡

053
똑똑하다

[똑또카다] 형용사 賢い

[活用構文] 名이/가 똑똑하다

[活用表現] 머리가 똑똑하다 頭がいい

[例文] 부모는 모두 자기 아이들이 똑똑하기를 바란다.
親はみんな自分の子供が賢くあってほしい｡

머리가 똑똑한 아이가 모두 공부를 잘하는 것은 아니에요.
頭のいい子がみんな勉強が得意という訳ではありません｡

054
마음

[마음] 명사 1. 心 2. 気

1. 人がもとから持っている性格や品性。

[活用表現] 마음씨 心遣い
마음이 좋다 心がやさしい
마음이 넓다 心が広い

[例文] 예쁜 여자보다 마음이 착한 여자가 더 좋다.
きれいな女性より、心がきれいな女性がいい。

2. 人やものごとの良し悪しに対する感じや考え。

[活用表現] 마음에 들다 気に入る

[例文] 새로 이사한 집이 넓고 밝아서 마음에 들어요.
新しく引っ越した家が広くて明るいので、気に入っています。

055
멋있다

[머딛따/머싣따] 형용사 かっこいい

見た目もよくて立派だ。

[活用構文] 名이/가 멋있다

[活用表現] 멋있는 사람 かっこいい人
옷이 멋있다 洋服が素敵だ
멋있게 입다 おしゃれする

[例文] 이렇게 멋있는 옷을 입고 어디에 가세요?
今日はこんなに素敵な服を着て、どこへ行くんですか？

우리 반에서 영수가 제일 멋있어요. 착하고 친절해요.
私のクラスでヨンスが一番かっこいいです。やさしいし親切なんです。

056
부지런하다

[부지런하다] 형용사 勤勉だ

あることを伸ばし伸ばしにしたりせず、きちんと一生懸命する態度がある。

[活用構文] 名이/가 부지런하다

[活用表現] 부지런한 사람 勤勉な人
부지런하게 일하다 勤勉に働く

[反意語] 게으르다 怠ける

[例文] 부지런하게 일해야 오늘 끝낼 수 있어요. 서두르세요!
勤勉に働けば今日中に終わらせることができます。急いでください！

매일 아침 일찍 일어나서 운동도 하고 방 청소도 하는 걸 보니까 영수 씨는 참 부지런한 것 같아요.
毎日朝早く起きて運動をし、部屋の掃除もしているのを見ると、ヨンスさんは本当に勤勉な人みたいです。

057
성격

[성껵] 명사 性格

[活用表現] 성격이 밝다 性格が明るい
성격이 좋다 性格がいい
성격이 급하다 せっかちだ

[例文] 영희는 성격이 밝아서 친구들이 많다.
ヨンヒは性格が明るいので友達が多い。

이번에 새로 들어온 직원은 일을 참 잘 하더군요. 성격은 어떤 것 같아요?
今回新しく入ってきた社員は、すごく仕事ができますね。性格はどうですか？

058
예쁘다

[예쁘다] 형용사 きれいだ、かわいい
見た目が美しく、きれいだ。または行動が愛らしくかわいらしい。으動詞

[活用構文] 名 이/가 예쁘다

[活用表現] 예쁜 구두 かわいい靴
얼굴이 예쁘다 顔がきれいだ

[関連語] 귀엽다 かわいい
아름답다 美しい

[例文] 딸아이가 눈이 참 크고 예쁘네요.
娘さんは目がすごく大きくてかわいいですね。

예쁜 여자 친구가 하나 있었으면 정말 좋겠다.
かわいい彼女が一人いたら、どんなにいいだろう。

059
잘생기다

[잘생기다] 형용사 かっこいい、ハンサムだ

[活用構文] 名 이/가 잘생기다

[活用表現] 잘생긴 남자 かっこいい男

[反意語] 못생기다 不細工だ

[例文] 오늘 새로 전학온 남학생이 진짜 잘생겼지?
今日転校してきた男子生徒、本当にかっこいいよね？

요즘 텔레비전에 나오는 연예인들은 다 잘생겼어요.
最近テレビに出てくる芸能人達は、みんなかっこいいです。

060
착하다

[차카다] 형용사 優しい、善良だ
言葉や行動、心が正しくて優しい。

[活用構文] 名 이/가 착하다

[活用表現] 착한 사람 優しい人

마음이 착하다 心が優しい

착하게 살다 善良に生きる

[反意語] 못되다 出来損ない、不良だ

[例文] 내 여자 친구는 마음도 착하고 얼굴도 예쁘다.
僕の彼女は心も優しくて、顔もかわいいです。

착한 마음으로 열심히 살면 언젠가 좋은 날이 올 거예요.
善良な心で一生懸命生きていれば、いつか幸せになりますよ。

061
친절하다

[친절하다] 형용사 親切だ

[活用構文] 名 이/가 친절하다

[活用表現] 친절한 사람 親切な人

친절하게 대답하다 親切に答える

[例文] 여기 종업원들이 모두 친절하군요.
ここの従業員たちはみんな親切ですね。

학생이 질문을 하니까 선생님이 친절하게 가르쳐 주셨다.
学生が質問をすると、先生は親切に教えてくれた。

05 연습문제

[1~15] 다음 단어를 한국어로 바꿔 쓰십시오. 次の単語を韓国語に変えて書きなさい。

1. 兄 (　　　　)
2. (父方の)おばさん (　　　　)
3. 誰 (　　　　)
4. 性格 (　　　　)
5. 誰も (　　　　)
6. 女 (　　　　)
7. 友達 (　　　　)
8. 兄弟 (　　　　)
9. かわいい (　　　　)
10. 召し上がる (　　　　)
11. かっこいい (　　　　)
12. 親しい (　　　　)
13. お嬢さん (　　　　)
14. (主に独身の)おじさん (　　　　)
15. ルームメート (　　　　)

[16~20] 그림을 보고 (　　)에 알맞은 것을 고르십시오.

絵を見て(　　)の中に当てはまるものを選びなさい。

16.

가 : 학생이 있어요?

나 : 아니요, 선생님만 (　　　)으세요/세요.

❶ 계시다　　❷ 마시다

❸ 드시다　　❹ 가르치다

17.

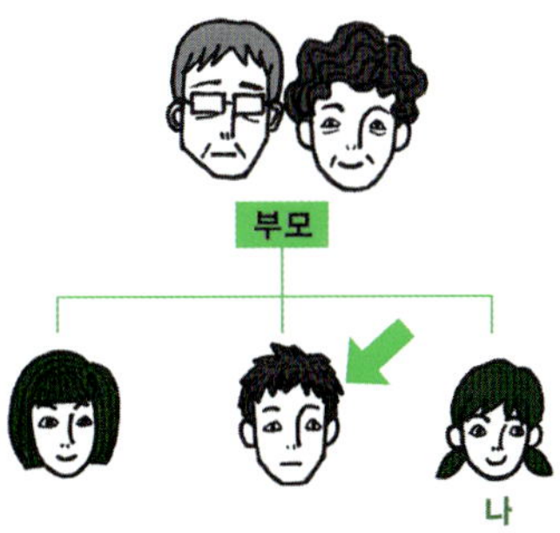

가 : 누구예요?

나 : 제 (　　　)이에요/예요.

❶ 형　　❷ 오빠

❸ 누나　　❹ 아빠

18.

가 : (　　　)이/가 어떻게 되세요?

나 : 김영수입니다.

❶ 이름　　❷ 나이
❸ 주소　　❹ 전화번호

19.

가 : 참 잘 어울리네요.

나 : 네, 이제 두 사람이 (　　　)이/가 되었어요.

❶ 부모　　❷ 형제
❸ 부부　　❹ 친척

20.

가 : 할아버지께서 뭘 하세요?

나 : 지금 (　　　)고 계세요.

❶ 자다　　❷ 드시다
❸ 주무시다　　❹ 말씀하다

[21~30] 다음 문장을 읽고 알맞은 어휘를 골라 쓰십시오. 어휘는 한 번만 쓰십시오.

次の文章を読んで(　　)に当てはまる単語を選んで書きなさい。単語はそれぞれ1回だけ使えます。

아기	아이	노인	말씀	서로
생신	남자	멋있다	착하다	계시다
부르다	드리다	유명하다	친절하다	잡수시다

21. 선생님 (　　　　　)을/를 잘 들으세요.

22. 두 분 (　　　　　) 인사도 하고 얘기도 해 보세요.

23. 아버지의 (　　　　　) 선물을 사러 백화점에 갑니다.

24. 할아버지, 저녁을 (　　　　　)었어요/았어요/였어요?

25. 우리 (　　　　　)이/가 오늘 고등학교를 졸업했어요.

26. 제 한국 친구가 아주 예쁘고 (　　　　　)습니다/ㅂ니다.

27. 양복을 입은 모습이 아주 (　　　　　)어요/아요/여요.

28. (　　　　　)이/가 참 귀엽네요. 태어난 지 몇 개월 됐어요?

29. 정희는 부모님의 말씀을 잘 듣는 (　　　　　)은/ㄴ 아이예요.

30. 저도 다 컸어요. 그러니까 이제 엄마하고 같이 여자 목욕탕에 안 갈 거예요. 이제부터 혼자 (　　　　　) 목욕탕에 갈 거예요.

[31~35] (　　) 안에 알맞은 것을 고르십시오. (　　)の中に当てはまるものを選びなさい。

31. 엄마의 여동생을 (　　)이라고/라고 불러요.

　❶ 이모　❷ 고모　❸ 숙모　❹ 아줌마

32. 아주머니, 좀 도와 (　　)을까요/ㄹ까요?

　❶ 보다　❷ 주시다　❸ 시키다　❹ 드리다

33. 오늘 우리 처음 만났으니까 서로 자기(　　　)을/를 해 봅시다.

❶ 말　❷ 소개　❸ 운동　❹ 대답

34. 안녕하세요? 처음 (　　　)겠습니다. 제 이름은 김미선입니다.

❶ 보다　❷ 뵙다　❸ 사귀다　❹ 만나다

35. 선생님 (　　　) 주소를 좀 가르쳐 주세요.

❶ 댁　❷ 전화　❸ 연세　❹ 성함

[36~40] 밑줄 친 부분과 반대되는 뜻을 가진 것을 고르십시오.

下線を引いた部分と反対の意味を持ったものを選びなさい。

36. **가 :** 영준이가 게을러요?
나 : 아니요, 아주 (　　　)어요/아요/여요.

❶ 착하다　❷ 다정하다　❸ 아름답다　❹ 부지런하다

37. **가 :** 영희가 머리가 나빠요?
나 : 아니요, 아주 (　　　)어요/아요/여요.

❶ 착하다　❷ 똑똑하다　❸ 유명하다　❹ 친절하다

38. **가 :** 영수의 여자 친구가 못생겼어요?
나 : 아니요, 아주 (　　　)어요/아요/여요.

❶ 멋지다　❷ 예쁘다　❸ 다정하다　❹ 친절하다

39. **가 :** 제 딸은 곧 스무 살이 되지만 아직 어린아이 같아요.
나 : 제가 보기에는 (　　　)이/가 다 된 것 같은데요.

❶ 부모　❷ 어른　❸ 학생　❹ 할머니

40. **가 :** 우리나라에서 그 가수를 아는 사람이 별로 없어요.
나 : 그래요? 한국에서는 아주 ( )은데요/ㄴ데요.

❶ 비싸다 ❷ 모르다 ❸ 불편하다 ❹ 유명하다

[41~45] 밑줄 친 부분과 의미가 가장 가까운 것을 고르십시오.
下線を引いた部分と意味が一番近いものを選びなさい。

41. **가 :** 영수 씨가 오늘도 여자 친구를 만나러 갔어요?
나 : 네, 요즘 날마다 ( )을/를 만나는 것 같아요.

❶ 가족 ❷ 애인 ❸ 학생 ❹ 형제

42. **가 :** 우리 반에서 누구하고 가깝게 지내요?
나 : 저는 영수하고 가장 ( )어요/아요/여요.

❶ 같다 ❷ 친하다 ❸ 똑똑하다 ❹ 다정하다

43. **가 :** 뭘 드릴까요?
나 : 커피 한 잔 ( )으세요/세요.

❶ 주다 ❷ 드시다 ❸ 보이다 ❹ 시키다

44. **가 :** 오늘 아침에 뭘 드셨어요?
나 : 간단하게 김밥을 ( )었어요/았어요/였어요.

❶ 먹다 ❷ 뵙다 ❸ 계시다 ❹ 말씀하시다

45. **가 :** 형제가 몇 명 있어요?
나 : 저는 ( )이/가 한 명 있어요.

❶ 삼촌 ❷ 동생 ❸ 친구 ❹ 할머니

[46~50] 밑줄 친 단어의 쓰임이 잘못된 것을 고르십시오.
下線部の使い方が間違っているものを選びなさい。

46. ❶ 사람은 착하게 살아야 한다. (　　　)
❷ 내 친구는 참 착한 사람이다.
❸ 저 여자는 옷을 착하게 입었다.
❹ 그 사람은 착한 일을 많이 했다.

47. ❶ 아버지께 말씀을 드렸어요. (　　　)
❷ 아버지, 뭘 사다 드릴까요?
❸ 아버지께서 용돈을 드렸어요.
❹ 아버지께 물을 갖다 드렸어요.

48. ❶ 누가 제 이름을 불렀어요? (　　　)
❷ 좀 더 큰 소리로 불러 보세요.
❸ 노래방에 가서 노래를 부릅시다.
❹ 그 문제는 선생님과 부르는 게 좋겠어요.

49. ❶ 내가 말씀드리겠습니다. (　　　)
❷ 우리 같이 선생님 댁에 갑시다.
❸ 선생님, 저희가 뭘 잘못했어요?
❹ 조금 전에 여기 계셨던 분이 누구세요?

50. ❶ 너 나이가 몇 살이니? (　　　)
❷ 저 아이가 참 잘생겼어요.
❸ 선생님 성격이 참 빠른 것 같아요.
❹ 어른이 말씀하실 때는 조용히 해라.

사람 Ⅱ

06

人 Ⅱ

1 / 감정 · 생각
2 / 직업
3 / 자세 · 움직임

06-1 감정・생각

001
감사

[감사] 명사 感謝

[活用表現] 감사 인사 感謝の挨拶
감사 편지 感謝の手紙
감사하다 感謝する
감사를 전하다 感謝を伝える

[関連語] 고맙다 ありがとう

[例文] 짐을 여기까지 들어 주셔서 정말 감사합니다.
荷物をここまで運んでくれて、本当にありがとうございます。

선생님께 편지를 써서 감사의 마음을 전했다.
先生に手紙を書いて、感謝の気持ちを伝えた。

002
걱정

[걱쩡] 명사 心配

[活用表現] 걱정이 있다 心配がある
걱정이 많다 とても心配だ
걱정하다 心配する

[例文] 요즘 아이가 아파서 걱정이 많아요.
最近子供の体調が悪いので、すごく心配です。

이번 시험을 또 못 보면 어떻게 하지요? 정말 걱정이에요.
今度のテストにまた落ちたらどうしましょう。本当に心配です。

003
관심

[관심] 명사 関心、興味

[活用表現] 관심이 많다 とても興味がある
관심이 없다 興味がない
관심을 갖다 関心を持つ

[例文] 요즘 학생들은 유명한 연예인들에게 관심이 많다.
最近の学生たちは有名な芸能人にとても興味がある。

우리 아이는 공부에 너무 관심이 없어서 걱정이에요.
私の子は勉強に対して興味がないので、心配です。

004
괜찮다

[괜찬타] 형용사 1. まあまあだ 2. 大丈夫だ

1. 特に悪くなく、普通以上だ。

[活用構文] 名이/가 괜찮다

[活用表現] 집이 괜찮다 家がなかなかだ

성적이 괜찮다 成績がまあまあいい

사람이 괜찮다 人となりがまあまあいい

[例文] 지난 번 시험은 잘 못 봤는데, 이번에는 성적이 괜찮아요.
前回のテストはだめでしたが、今回は成績がまあまあでした。

2. 問題や心配することがない。

[活用構文] 形/動어도/아도/여도 괜찮다

[活用表現] 좁아도 괜찮다 狭くても大丈夫だ

나가도 괜찮다 出て行っても大丈夫だ

힘들어도 괜찮다 辛くても大丈夫だ

[例文] 시간이 지나면 괜찮아질 거예요. 너무 걱정하지 마세요.
時間が経てば大丈夫になりますよ。あまり心配しないでください。

005
기분

[기분] 명사 気分

[活用構文] 形은/ㄴ 기분

[活用表現] 이상한 기분 変な気分

기분이 좋다 気分がいい

기분이 들다 気がする

[例文] 오늘 기분이 나빠 보여요. 무슨 안 좋은 일이 있어요?
今日は気分がよくないようですね。何か悪いことがあったんですか？

오늘 친구들한테서 선물을 많이 받아서 진짜 기분이 좋다.
今日は友達にプレゼントをたくさんもらって、本当に気分がいい。

006
기쁘다

[기쁘다] 형용사 嬉しい 으動詞

[活用構文] 名이/가 기쁘다

[関連語] 즐겁다 楽しい

[例文] 대학교에 합격해서 너무 기뻐요.
大学に合格してすごく嬉しいです。

어머니는 선물을 받고 기뻐하셨다.
母はプレゼントをもらって嬉しがった。

007
놀라다

[놀라다] 동사 驚く、ドキドキする

[活用構文] 名이/가 놀라다

[活用表現] 놀란 가슴 ドキドキした心

깜짝 놀라다 ビックリする

[例文] 갑자기 밖에서 큰 소리가 나서 깜짝 놀랐어요.
突然外で大きい音がしたので、ビックリしました。

여자 친구에게 반지를 선물하니까 여자 친구가 깜짝 놀란 얼굴로 나를 보았다.
彼女に指輪をプレゼントしたら､彼女がビックリした顔で私を見た。

008
무섭다

[무섭따] 형용사 恐い ㅂ動詞

[活用構文] 名이/가 무섭다

[活用表現] 무서운 영화 恐い映画
개가 무섭다 犬が怖い
무섭게 화내다 恐ろしく怒る

[例文] 늦은 밤 혼자 집으로 걸어갈 때가 제일 무섭다.
夜遅くひとりで家に帰る時が一番怖い。

거짓말을 했다고 엄마가 저를 무섭게 야단치셨어요.
嘘をついたといって､母が私を恐ろしく叱りつけました。

009
물론

[물론] 명사 もちろん

[活用構文] 名은/는 물론이고 名도 形/動

[例文] 부모님은 물론이고 친구들도 모두 내 생일을 축하해 주었다.
両親はもちろん､友達もみんな私の誕生日を祝ってくれた。

파티에 올 거냐고? 물론이지. 내 제일 친한 친구인데 당연히 가야지.
パーティーに来るかって？もちろんさ｡僕の一番仲のいい友達なんだから当然行くさ。

010
반갑다

[반갑따] 형용사 うれしい ㅂ動詞

[活用構文] 名이/가 반갑다

[活用表現] 반가운 소식 うれしい知らせ
반가운 손님 うれしいお客さん
만나서 반갑다 会えて嬉しい
반갑게 맞다 よろこんで迎え(入れ)る
반갑게 인사하다 嬉しい気持ちで挨拶する

[例文] 어머니는 내 친구들을 반갑게 맞아 주셨다.
母は私の友だちをよろこんで迎えてくれた。

오랜만에 친구들을 만나서 아주 반가웠어요.
久しぶりに友だちに会って､とても嬉しかった。

011
사랑

[사랑] 명사 愛､恋

[活用表現] 사랑하다 愛している
사랑에 빠지다 恋に落ちる

【例文】 미선 씨를 진심으로 사랑합니다. 저와 결혼해 주시겠어요?
ミソンさんを心から愛しています。僕と結婚してくれますか？

저는 이 세상에 사랑보다 중요한 것은 없다고 생각합니다.
私はこの世に愛よりも大切なものはないと思います。

012
생각

[생각] 명사 1. 考え 2. 考え 3. 考え 4. 思い

1. 人が頭を使って物事を判断する作用。

【活用表現】 생각하다 考える

【例文】 뭐가 맞는지 잘 생각해 보고 대답해라.
何が正しいのか、よく考えて見て答えなさい。

2. あることや人に対する記憶。

【活用表現】 친구 생각 友達の考え

생각이 나다 思い出す

【例文】 엄마가 해 주셨던 맛있는 음식이 생각난다.
母が作ってくれたおいしい料理を思い出す。

3. 何かしたい気持ち。またはあることをしようとする気持ち。

【活用構文】 動 을/ㄹ 생각이다

名 을/를 할 생각이 있다

【例文】 너는 졸업하면 뭘 할 생각이니?
君は卒業したら何をするつもりだい？

4. ある意見や感じ。

【活用表現】 생각이 들다 思いつく

【例文】 집에 아무도 없을 때 가끔 외롭다는 생각이 든다.
家に誰もいない時、時々寂しいと思う。

013
슬프다

[슬프다] 형용사 悲しい 으動詞

【活用構文】 名 이/가 슬프다

【活用表現】 슬픈 영화 悲しい映画

슬프게 울다 悲しそうに泣く

【例文】 시험에 떨어져서 너무 슬프다.
試験に落ちてすごく悲しい。

슬픈 영화를 보니까 눈물이 나요.
悲しい映画を見たので涙が出ます。

014
싫다

[실타] 형용사 嫌だ

[活用構文] 名 이/가 싫다

[活用表現] 공부가 싫다 勉強が嫌いだ

싫어하다 嫌いである

[反意語] 좋다 好きだ

[例文] 말이 너무 많은 사람은 시끄러워서 싫다.
おしゃべりな人はうるさいので嫌いだ。

하기 싫은 마음으로 일을 하면 일이 잘 되지 않아요.
やりたくないと思ってすると、うまくいきませんよ。

015
싫증

[실쯩] 명사 嫌気

[活用表現] 싫증이 나다 嫌気がさす

싫증을 느끼다 嫌気を感じる

[例文] 맛있는 음식도 매일 먹으면 싫증이 나요.
おいしいものも、毎日食べると嫌気がさします。

매일 하는 똑같은 생활에 싫증이 날 때는 새로운 일을 시작해 보세요.
毎日の同じ生活に嫌気がさした時は、新しいことを始めてみて下さい。

016
심심하다

[심심하다] 형용사 退屈だ

[関連語] 지루하다 うんざりする

[例文] 심심한데 우리 비디오나 빌려서 볼까?
退屈だし、ビデオでも借りて見ようか？

토요일인데 약속도 없고 할 일도 없어서 참 심심하다.
土曜日なのに約束もないし、することもなくて本当に退屈だ。

017
아마

[아마] 부사 たぶん

[例文] 오빠는 아마 지금 도서관에서 공부하고 있을 거예요.
兄はたぶん今図書館で勉強しているでしょう。

지금 출발하면 아마 오후 1(한)시쯤에는 도착할 수 있을 거예요.
今出発すればたぶん午後の1時くらいには到着することができるでしょう。

018
외롭다

[외롭따] 형용사 寂しい ㅂ動詞

[活用構文] 名 이/가 외롭다

[活用表現] 외로운 생활 寂しい生活

마음이 외롭다 心が寂しい

[類義語] 쓸쓸하다 寂しい

[例文] 가족과 함께 살지 않고 혼자 살면 외롭지 않아요?
家族と一緒に暮らさず、ひとりで暮らすと寂しくないですか?

유학 생활은 가족과 친한 친구가 옆에 없어서 외로울 때가 많다.
留学生活は家族と親しい友達がそばにいないので、寂しいことが多かった。

019
잊다 [읻따] 동사 忘れる

[活用構文] 名을/를 잊다

[活用表現] 깜빡 잊다 すっかり忘れる
잊어버리다 忘れてしまう
약속을 잊다 約束を忘れる

[例文] 어디에 지갑을 두었는지 잊어버렸어요.
どこに財布を置いたのか、忘れてしまいました。

오늘이 엄마 생일이라는 것을 깜빡 잊었다.
今日が母の誕生日だということをすっかり忘れていた。

020
재미있다 [재미읻따] 형용사 面白い

[活用構文] 名이/가 재미있다

[活用表現] 재미있는 영화 面白い映画
책이 재미있다 本が面白い
요리가 재미있다 料理が面白い

[反意語] 재미없다 つまらない

[例文] 이 영화가 정말 재미있으니까 꼭 보세요.
この映画は本当に面白いので、絶対見て下さい。

내가 어렸을 때 어머니는 재미있는 옛날이야기를 많이 해 주셨다.
私が幼い時、母は面白い昔話をたくさんしてくれた。

021
좋아하다 [조아하다] 동사 好きだ

[活用構文] 名을/를 좋아하다

[活用表現] 좋아하는 사람 好きな人
공부를 좋아하다 勉強が好きだ
여행을 좋아하다 旅行が好きだ

[反意語] 싫어하다 嫌いだ

[例文] 저는 혼자 산책하는 것을 좋아해요.
私はひとりで散歩するのが好きです。

좋아하는 사람이 생겼는데 어떻게 이야기하면 좋을까요?
好きな人ができたのですが、どうやって話せばいいでしょうか?

022
죄송하다

[죄송하다] 형용사 申し訳ない

[活用構文] 形/動 어서/아서/여서 죄송하다

[活用表現] 늦어서 죄송하다 遅れてすみません

[類義語] 미안하다 すまない

[例文] 약속에 늦어서 정말 죄송합니다.
約束時間に遅れて、本当にすみません。

죄송해서 아무 말도 하지 못했다.
申し訳なくて、何も言えなかった。

023
즐겁다

[즐겁따] 형용사 楽しい ㅂ動詞

[活用構文] 名 이/가 즐겁다

[活用表現] 즐거운 여행 楽しい旅行

즐거운 마음 楽しい気持ち

요리가 즐겁다 料理が楽しい

즐겁게 지내다 楽しく過ごす

[例文] 즐거운 마음으로 여행을 떠났다.
楽しい気持ちで旅行に旅立った。

따뜻한 봄날 가족들과 소풍갈 생각으로 마음이 즐겁다.
暖かい春の日に、家族たちと遠足に行くことを考えると、楽しい気持ちになる。

024
필요

[피료] 명사 必要

[活用構文] 形/動 을/ㄹ 필요가 있다

[活用表現] 필요하다 必要だ

[例文] 지금 네게 필요한 것은 잠깐의 휴식이다.
今あなたに必要なことは、わずかな休息です。

아이가 스스로 하는 게 중요해요. 도와 줄 필요가 없어요.
子供が自らするのが大切です。手伝ってあげる必要はありません。

025
행복하다

[행보카다] 형용사 幸せだ

[活用構文] 名 이/가 행복하다

[活用表現] 행복한 삶 幸せな人生

행복한 사람 幸せな人

[反意語] 불행하다 不幸だ

[例文] 돈이 많으면 행복할까요?
お金がたくさんあれば、幸せでしょうか？

사랑하는 사람 옆에 서 있는 친구의 얼굴이 행복해 보였다.
愛する人の横に立っている友達の顔が幸せそうに見えた。

026
화

[화] 명사 怒り

【活用表現】 화가 나다 腹が立つ

화를 내다 腹を立てる

【例文】 친구가 약속 시간에 늦어서 화가 났다.
友達が約束時間に遅れてきたので腹が立った。

너한테 미안한 일이 하나 있는데, 화내지 말고 끝까지 내 말을 들어줘.
お前にすまないことを1つしてしまった.怒らないで最後まで僕の話を聞いてくれ。

06-2 직업

027
가수

[가수] 명사 歌手

【関連語】 가요 歌謡

【例文】 노래를 잘해야 가수가 될 수 있어요.
歌が上手であるなら歌手になれますよ。

요즘 학생들이 제일 좋아하는 가수가 누구예요?
最近の学生たちが一番好きな歌手は誰ですか？

028
간호사

[간호사] 명사 看護士

【関連語】 의사 医者

환자 患者

【例文】 간호사 선생님이 주사를 놓으려고 올 때가 제일 무서워요.
看護士さんが注射を打ちに来る時が、一番怖いです。

입원했을 때 간호사 선생님이 친절하게 나를 돌봐 주셨다.
入院した時、看護士の先生が親切に私の面倒を見てくれた。

029
경찰

[경찰] 명사 警察

[活用表現] 경찰관 警察官

경찰서 警察署

[例文] 경찰인 아버지가 아주 자랑스럽다.
警察の父がとても誇らしい。

우리 아이는 경찰을 보면 무서워해요.
私の子は警察を見ると、怖がります。

030
공무원

[공무원] 명사 公務員

[例文] 요즘 대학생들에게 인기 있는 직업은 공무원이다.
最近、大学生たちに人気のある職業は公務員だ。

우리 아들은 지난달부터 공무원 시험을 준비하고 있어요.
私の息子は先月から公務員の試験を準備しています。

031
교사

[교사] 명사 教師

[類義語] 선생님 先生

[関連語] 학교 学校

[例文] 저는 나중에 커서 아이를 가르치는 교사가 되고 싶어요.
私は後々大きくなったら、子供たちに教える先生になりたいです。

시골에 있는 초등학교는 학생이 적어서 교사가 한두 명뿐이라고 한다.
田舎にある小学校は、学生が少ないので教師が1，2名くらいだという。

032
교수

[교수] 명사 教授

[活用表現] 교수님 教授

[関連語] 대학교 大学

[例文] 교수님께서 이번에 너무 어려운 숙제를 내 주셨다.
教授が今回とても難しい宿題を出した。

이번 주에 졸업 여행을 가는데 교수님도 저희하고 함께 가실 거지요?
今週卒業旅行に行くのですが、教授も私達と一緒に行きますよね？

033
군인

[구닌] 명사 軍人

[関連語] 군대 軍隊

[例文] 초등학교 때 군인 아저씨들에게 편지를 쓰곤 했다.
小学校の時、軍人さんたちに手紙を書いたりした。

아버지가 군인이기 때문에 우리 가족은 자주 이사를 가요.
父が軍人なので、私の家族はよく引越しをします。

034
기사[1]

[기사] 명사 運転手

【活用表現】 운전기사 運転手

【関連語】 승객 乗客

【例文】 기사 아저씨, 저 육교 앞에 세워 주세요.
運転手さん,あの歩道橋の前にとめて下さい。

친절한 운전기사 아저씨가 약속 장소까지 저를 잘 안내해 주었어요.
親切な運転手さんが約束の場所まで私を案内してくれました。

035
기사[2]

[기사] 명사 ~屋さん,技師
専門知識が必要な特別な技術任務を任されている人。

【類義語】 엔지니어 エンジニア

【例文】 기사 아저씨, 이 텔레비전이 왜 고장이 났지요?
修理屋さん,このテレビはなんで故障したんですか?

우리 집만 불이 나갔네. 전기 기사를 불러야겠다.
うちだけ停電か?電気屋さんを呼ばなければ。

036
기자

[기자] 명사 記者

【例文】 글을 잘 쓰는 사람은 기자가 될 수 있어요.
文章がうまい人は記者になることができます。

대학교를 졸업한 후에 신문사에 기자로 취직했습니다.
大学を卒業した後に,新聞社に記者として就職した。

037
농부

[농부] 명사 農夫

【関連語】 농사 農業
농촌 農村

【例文】 농사일이 많은데 일할 농부가 적다.
農業の仕事は多いのに,仕事をする農夫が少ない。

영수는 도시에서 살다가 갑자기 농부가 되겠다고 시골로 내려갔다.
ヨンスは都市で暮らしていたが,突然農夫になるといって田舎に行った。

038
되다

[되다] 동사 1. なる 2. なる 3. なる 4. なる
1. 新しい身分や地位を持つ。

【活用構文】 名이/가 되다

【活用表現】 의사가 되다 医者になる
교사가 되다 教師になる

[例文] 대학교 4(사)년 동안 열심히 공부해서 선생님이 되었다.
大学4年間、一生懸命勉強して先生になった。

2. ある時や時期になる。またはある数量になる。

[活用構文] 名이/가 되다

[活用表現] 봄이 되다 春になる

열 명이 되다 10人になる

[例文] 봄이 되니까 날씨가 따뜻해졌어요.
春になったので、暖かくなりました。

3. ある事柄が作られたり、あることがうまくいく。

[活用構文] 名이/가 되다

[活用表現] 밥이 되다 ごはんが焼き上がる

일이 되다 仕事になる

[例文] 밥이 다 됐다. 어서 와서 먹어라.
ごはんができたよ。早く来て食べなさい。

4. ('-게'と共に使われ)ある状況や状態になる。

[活用構文] 形/動게 되다

[活用表現] 잘하게 되다 上手になる

유학가게 되다 留学することになる

[例文] 해외로 유학을 갈 수 있는 장학금을 받게 되었습니다.
海外に留学できる奨学金をもらうことになった。

039
모델

[모델] 명사 モデル

[活用表現] 모델료 モデル料

패션모델 ファッションモデル

[例文] 이번 광고에는 키가 크고 잘 생긴 모델이 필요합니다.
今回の広告には背が高くて、ハンサムなモデルが必要です。

미술 학원에서 모델이 필요하다고 하는데 한 번 해 보시겠어요?
美術塾でモデルが必要だというのですが、一度やってみますか?

040
배우

[배우] 명사 俳優

[活用表現] 영화배우 映画俳優

신인 배우 新人俳優

[関連語] 연극 演劇

영화 映画

연기하다[1] 演技する

[例文] 나는 좋아하는 배우가 나온 영화 DVD를 모두 모은다.
私は好きな俳優が出てくる映画の形DVDを全部集めている。

배우는 외모보다 연기를 잘 하는 것이 더 중요하다고 생각해요.
俳優は外見よりも演技力が大切だと思います。

041
변호사 [변호사] 명사 弁護士

[関連語] 검사 検事
판사 裁判官
법원 裁判所

[例文] 변호사와 의논한 후에 이 일을 처리해야겠다.
弁護士と議論した後で、このことを処理しなければ。

변호사가 옆에 없으면 아무 말도 하지 않겠습니다.
弁護士が横にいないなら、一言も話しません。

042
비서 [비서] 명사 秘書

[関連語] 회장 会長
사장 社長

[例文] 김 비서, 오늘 일정은 어떻게 되지?
キム秘書、今日の日程はどうなってる？

사장님을 만나고 싶으시면 먼저 비서에게 말해야 합니다.
社長に会いたければ、まず秘書に話さなければなりません。

043
선수 [선수] 명사 選手

[活用表現] 운동선수 運動選手
대표 선수 代表選手

[関連語] 운동 運動
스포츠 スポーツ

[例文] 골프를 참 잘 치시네요. 골프 선수예요?
ゴルフが本当に上手ですね。ゴルフ選手ですか？

영수는 축구 국가 대표 선수가 되기 위해서 열심히 훈련을 하고 있다.
ヨンスはサッカーの国の代表選手になるために、一生懸命訓練している。

044
소설가 [소설가] 명사 小説家

[関連語] 책 本
작가 作家

[例文] 한국의 유명한 소설가가 쓴 책을 읽고 있어요.
韓国の有名な小説家が書いた本を読んでいます。

이야기를 좋아하고 글 쓰는 것을 좋아하니까 너는 소설가가 되면 좋겠다.
物語が好きで、文章を書くのも好きだから、君は小説家になればいい。

045
약사

[약싸] 명사 薬剤師

[関連語] 약국 薬局

[例文] 약사가 되려고 약학대학에 들어갔다.
薬剤師になろうと薬学大学に入った。

약사 선생님께서 이 약을 하루에 세 번 식사한 후에 먹으라고 했어요.
薬剤師さんがこの薬を1日3回、食事した後に飲むようにいいました。

046
연예인

[여녜인] 명사 芸能人

[関連語] 방송국 放送局

[例文] 많은 청소년들이 커서 연예인이 되고 싶어 한다.
多くの青少年達が大きくなって芸能人になりたがる。

요즘은 연예인들에 대한 소식을 알려주는 TV 프로그램이 아침에도 있어요.
最近は芸能人に対する情報を知らせるテレビ番組が朝にもやっています。

047
의사

[의사] 명사 医者

[関連語] 병원 病院

환자 患者

[例文] 의사 선생님, 우리 아이가 왜 이렇게 아픈 거예요?
先生、うちの子が何でこんなに具合がわるいのでしょうか?

의사가 되려면 대학에서 6(육)년 동안 열심히 공부해야 한다.
医者になるには、大学で6年間一生懸命勉強しなければならない。

048
주부

[주부] 명사 主婦

[活用表現] 가정주부 専業主婦

[例文] 어머니는 일을 하지 않아요. 가정주부예요.
母は仕事をしていません。専業主婦です。

요즘 일을 하려고 하는 주부가 늘고 있다고 한다.
最近は仕事をしようとする主婦が増えているという。

049
직업 [지겁] 명사 職業

【活用表現】 직업을 갖다 職業を持つ
직업을 구하다 職業を探す

【関連語】 직장 職場

【例文】 제 아버지의 직업은 교사입니다.
私の父の職業は教師です。

요즘 대학생들은 어떤 직업을 갖고 싶어해요?
最近、大学生たちはどんな職業につきたがりますか？

050
화가 [화가] 명사 画家

【関連語】 그림 絵

【例文】 유명한 화가가 그린 그림은 비싸요.
有名な画家が描いた絵は高いです。

그림을 잘 그리는 미선이는 커서 화가가 되고 싶어한다.
絵が上手なミソンは、大きくなったら画家になりたいという。

051
회사원 [회사원] 명사 会社員

【関連語】 직원 社員

【例文】 제 오빠는 무역회사에 다니는 회사원입니다.
私の兄は貿易会社に通う会社員です。

출근하는 회사원들로 지하철이 아주 복잡하네요.
出勤する会社員たちで、地下鉄がとても混んでいますね。

06-3 자세 · 움직임

052
걷다

[걷따] 동사 歩く ㄷ動詞

[活用構文] 名을/를 걷다

[活用表現] 걸어서 가다 歩いていく

길을 걷다 道を歩く

[関連語] 뛰다 走る

[例文] 집에서 학교까지 걸어서 가면 10(십)분쯤 걸려요.
家から学校まで歩いて10分くらいかかります。

날씨가 따뜻해지니까 공원을 걷는 사람들이 많아졌다.
天気が暖かくなってきたので、公園を歩く人達が多くなった。

053
나오다

[나오다] 동사 1. 出て来る　2. 出る　3. 出てくる

1. 中から外に移動する。

[活用構文] 名으로/로 나오다

[例文] 뭐하니? 빨리 나오지 않고. 지금 출발해야 된다!
何してるの、早く出てきなさい！もう出発しないと！

2. 処理や結果がでたり、生じる。

[活用構文] 名이/가 나오다

[活用表現] 결과가 나오다 結果が出る

성적이 나오다 成績が出る

[例文] 선생님께서 시험 본 다음날 성적이 나온다고 하셨어요.
先生がテストを受けた次の日に成績が出るといいました。

3. 食べ物が揃う。

[活用構文] 名이/가 나오다

[活用表現] 음식이 나오다 食べ物が出てくる

[例文] 주문한 지 30(삼십)분이나 지났는데 아직도 음식이 나오지 않네요.
注文してから30分も経ったのに、まだ食べ物が出てきませんね。

054
눕다

[눕따] 동사 寝る、横になる ㅂ動詞

[活用構文] 名에 눕다

[活用表現] 침대에 눕다 ベットに横になる

[反意語] 일어나다 起きる

[関連語] 엎드리다 うつぶせになる

[例文] 누워 계시지 않고 왜 일어나셨어요?
なぜ横にならずに起きておられるのですか。

오늘은 너무 피곤해서 일찍 침대에 누웠다.
今日はすごく疲れたので､早くベットに横になった。

055
들어가다

[들어가다] 동사 1. 入る　2. 入る

1. 外から中に行く。

[活用構文] 名에 들어가다
名으로 들어가다

[活用表現] 집에 들어가다 家に入る
안으로 들어가다 中に入る

[例文] 밖이 춥구나. 빨리 안으로 들어가자.
外は寒いね｡早く中に入ろう。

2. ある団体の構成員になる。

[活用構文] 名에 들어가다

[活用表現] 학교에 들어가다 学校に入る
회사에 들어가다 会社に入る

[例文] 대학교에 들어간다고 축하하던 때가 엊그제 같은데 네가 벌써 졸업할 때가 되었구나.
大学に入るからといって祝ったのが昨日のことのように思えるのに､あんたがもう卒業する時期になったのね。

056
뛰다

[뛰다] 동사 走る

[活用構文] 名을/를 뛰다

[活用表現] 뛰어가다 走っていく
운동장을 뛰다 運動場を走る

[類義語] 달리다 走る

[例文] 수업에 늦어서 교실까지 뛰었어요.
授業に遅れたので､教室まで走りました。

비가 많이 온다. 버스에서 내려서 집까지 뛰어가자!
雨がたくさん降ってる｡バスを降りて家まで走ろう！

057
서다

[서다] 동사 1. 立つ　2. 止まる

1. 足の裏を床に当てて､足を伸ばして体を立てる。

[活用構文] 名이/가 서다

[活用表現] 서 있다 立っている
줄을 서다 列に並ぶ
서서 가다 立って行く

[反意語] 앉다 座る

[例文] 이 영화가 재미있나 봐요. 표를 사려고 줄을 선 사람들이 많아요.
この映画、おもしろいみたいです。チケットを買おうと列に並んでいる人が多いです。

2. ある場所に行っていた対象が止まる。

[活用構文] 名이/가 서다

[活用表現] 차가 서다 車が止まる

시계가 서다 時計が止まる

[例文] 차가 왜 갑자기 섰지요? 앞에 사고가 났나요?
あれ？車が何で急に止まったのでしょうか？前の方で事故でも起きましたか？

058
안다

[안따] 동사 抱く

[活用構文] 名을/를 안다

[活用表現] 안고 가다 抱いて行く

아이를 안다 子供を抱く

[関連語] 업다 背負う

[例文] 아이가 많이 우네요. 빨리 안아 주세요.
子供がやたらと泣きますね。早く抱いて下さい。

이렇게 무거운 가방은 들고 가는 것보다 안고 가는 게 좋겠어요.
これくらい重いかばんは、持つよりも抱いて行った方がいいですよ。

059
앉다

[안따] 동사 座る

[活用構文] 名에 앉다

앉아서 動

[活用表現] 의자에 앉다 椅子に座る

바닥에 앉다 床に座る

앉아서 듣다 座って聞く

앉아서 공부하다 座って勉強する

[反意語] 서다 立つ

일어나다 立ち上がる

[例文] 다리가 아픈데 우리 여기에 좀 앉아서 쉬었다가 갑시다.
足が痛いのですが、ちょっとここに座って休んでから行きましょう。

저기 나무 아래에 앉아서 책을 읽고 있는 사람이 보이세요?
あそこの木の下に座って本を読んでいる人が見えますか？

060
올라가다

[올라가다] 동사 1. 上る、上がる、登る　2. 上京する　3. 上げる

1. 下から上に行く。

[活用構文] 名을/를 올라가다
名에 올라가다
名으로 올라가다

[活用表現] 계단을 올라가다 階段を上る
위로 올라가다 上に上がる
산에 올라가다 山に登る

[反意語] 내려가다 降りる

[例文] 친구가 위층에서 기다리고 있으니까 빨리 올라가 보세요.
友達が上の階で待っているから、早く上がってみて下さい。

2. 地方から中央に行く。

[活用構文] 名에 올라가다
名으로 올라가다

[活用表現] 서울에 올라가다 ソウルに行く(上京する)

[反意語] 내려가다 田舎の方に行く

[例文] 이번 추석에는 아이들을 내려오라고 하지 말고 우리가 서울로 올라갑시다.
今回の旧盆には子供たちに来させないで、私たちがソウルに行きましょう。

3. 等級が高くなる。

[活用構文] 名으로/로 올라가다

[関連語] 승급하다 送金する
진급하다 進級する

[例文] 우리 반 학생 모두 한국말을 열심히 공부해서 4(사)급으로 올라가게 됐다.
私のクラスの学生はみんな韓国語を一生懸命勉強したので、4級に上がった。

도움말

動きの方向を表す動詞を整理すると、次のようになる。

- 안에서 밖으로 : 나가다/나오다
  中から外へ : 出て行く/出てくる
- 밖에서 안으로 : 들어가다/들어오다 外から中へ : 入って行く/入ってくる
- 아래에서 위로 : 올라가다/올라오다
  下から上に : 上って行く/上ってくる
- 위에서 아래로 : 내려가다/내려오다
  上から下に : 降りて行く/降りてくる

'-가다'は話者と聴者の間が遠のいたり、話者と聴者が一緒に動く時使う。

빨리 들어가자. 비가 올 것 같다. (함께 움직이는 경우)
早く入ろう。雨が降ってきそうだ。(一緒に動く場合)

빨리 나가 봐라. 친구가 기다리잖니. (화자와 청자가 멀어지는 경우)
早く出なさい。友達が待っているじゃない。(話者と聴者が遠くなる場合)

'-오다'는 화자와 청자의 사이가 가까워짐을 의미한다.
'-오다'は話者と聴者の間が近くなることを意味する。

정우야! 아버지 들어오신다. 빨리 내려와서 인사 드려라.
ジョンウ！父さんが帰ってきたよ。早く降りて来て挨拶しなさい。

061
잡다

[잡따] 동사 1. 握る　2. つかまえる　3. つかむ

1. 手でつかんで離さない。

[活用構文] 名을/를 잡다

[活用表現] 손을 잡다 手を握る

[例文] 아이는 엄마 손을 꼭 잡고 걸어갔다.
子供は母の手をギュッと握り締めて歩いて行った。

2. 自動車に乗るために止まらせる。

[活用構文] 名을/를 잡다

[活用表現] 택시를 잡다 タクシーをつかまえる

[例文] 여기는 택시가 별로 다니지 않아서 택시를 잡기가 어려워요.
ここはタクシーがあまり通らないので、タクシーをつかまえるのが難しいです。

3. 仕事やチャンスを得る。

[活用構文] 名을/를 잡다

[活用表現] 기회를 잡다 チャンスをつかむ

[反意語] 놓치다 逃す

[例文] 장학금을 받고 유학갈 수 있는 기회니까 이런 기회는 꼭 잡아야 해.
奨学金をもらって留学に行けるチャンスだから、この機会を必ずつかまなければならない。

06 연습문제

[1~15] 다음 단어를 한국어로 바꿔 쓰십시오. 次の単語を韓国語に変えて書きなさい。

1. 心配 (　　　　)
2. 画家 (　　　　)
3. 教授 (　　　　)
4. 秘書 (　　　　)
5. モデル (　　　　)
6. 選手 (　　　　)
7. 必要 (　　　　)
8. 幸せ (　　　　)
9. 歩く (　　　　)
10. 忘れる (　　　　)
11. 嬉しい (　　　　)
12. 寂しい (　　　　)
13. 下りる (　　　　)
14. 退屈だ (　　　　)
15. 面白い (　　　　)

[16~20] 그림을 보고 (　　)에 알맞은 것을 고르십시오.

絵を見て(　　)の中に当てはまるものを選びなさい。

16.

가 : 영화가 어때요?

나 : 아주 (　　　)어요/아요/여요.

❶ 기쁘다　❷ 슬프다

❸ 아프다　❹ 재미있다

17.

가 : 누구예요?

나 : (　　　) 선생님이에요.

❶ 의사　❷ 약사

❸ 간호사　❹ 변호사

18.

가 : 집에서 학교까지 무엇으로 가요?

나 : (   )어서/아서/여서 가요.

❶ 걷다 ❷ 서다

❸ 앉다 ❹ 타다

19.

가 : 엄마, 조금만 기다려 주세요.

나 : 빨리 준비하고 (   )어라/아라/여라.

❶ 나가다 ❷ 나오다

❸ 들어가다 ❹ 들어오다

20.

가 : 한국 생활이 어때요?

나 : 아주 (   )어요/아요/여요.

❶ 놀라다 ❷ 외롭다

❸ 즐겁다 ❹ 심심하다

[21~30] 다음 문장을 읽고 알맞은 어휘를 골라 쓰십시오. 어휘는 한 번만 쓰십시오.

次の文章を読んで(　)に当てはまる単語を選んで書きなさい。単語はそれぞれ1回だけ使えます。

관심	기분	기사	생각	배우
주부	물론	아마	눕다	뛰다
서다	슬프다	사랑하다	감사하다	걱정하다

21. (　　　　) 이번 시험은 어려울 거예요.

22. 이번 주말에는 뭘 할 (　　　　)이에요/예요?

23. 시험을 잘 보지 못해서 (　　　　)이/가 나빴다.

24. 이 책은 아이들은 (　　　　) 어른들도 좋아합니다.

25. 좀 피곤해서 잠깐 (　　　　)어서/아서/여서 잤어요.

26. 지금까지 잘 가르쳐 주셔서 (　　　　)습니다/ㅂ니다.

27. (　　　　)은/는 사람이 생기면 꼭 가고 싶은 곳이 있어요.

28. 어머니는 일을 하지 않으세요. 가정(　　　　)이에요/예요.

29. 이번 주말 드라마에 어느 (　　　　)이/가 나온다고 해요?

30. 지각할까 봐 집에서 학교까지 (　　　　)어서/아서/여서 갔어요.

[31~35] (　　) 안에 알맞은 것을 고르십시오. (　)の中に当てはまるものを選びなさい。

31. 제 남자 친구의 (　　)은/는 경찰이에요.

❶ 일　　❷ 직장　　❸ 직업　　❹ 공무원

32. 열심히 공부해서 의사가 (　　)었어요/았아요/였어요.

❶ 되다　　❷ 보다　　❸ 아니다　　❹ 진찰하다

33. (　　　) 아저씨, 육교 아래에서 세워 주세요.

❶ 기사　　❷ 기자　　❸ 선수　　❹ 의사

34. 늦어서 정말 (　　　)습니다/ㅂ니다.

❶ 괜찮다　　❷ 반갑다　　❸ 감사하다　　❹ 죄송하다

35. 순두부찌개가 맛있어서 날마다 먹었는데 이제는 (　　　)이/가 나요.

❶ 걱정　　❷ 기분　　❸ 싫증　　❹ 짜증

[36~40] 밑줄 친 부분과 반대되는 뜻을 가진 것을 고르십시오.

下線を引いた部分と反対の意味を持ったものを選びなさい。

36. **가 :** 선생님이 <u>앉아서</u> 말씀하세요?

나 : 아니요, (　　　)어서/아서/여서 말씀하세요.

❶ 들다　　❷ 놓다　　❸ 서다　　❹ 세우다

37. **가 :** 한국음식을 <u>싫어해요</u>?

나 : 아니요, 아주 (　　　)어요/아요/여요.

❶ 잊다　　❷ 놀라다　　❸ 걱정하다　　❹ 좋아하다

38. **가 :** 이 책이 <u>필요해요</u>?

나 : 아니요, (　　　)어요/아요/여요.

❶ 없어지다　　❷ 준비하다　　❸ 필요없다　　❹ 심심하다

39. **가 :** 노래방은 위층으로 <u>올라가야</u> 해요?

나 : 아니요, 아래층으로 (　　　)어야/아야/여야 해요.

❶ 나오다　　❷ 내려가다　　❸ 들어가다　　❹ 올라오다

40. 가 : 불고기가 좋아?
나 : 아니, ( )어/아/여.

❶ 싫다 ❷ 나쁘다 ❸ 나오다 ❹ 내리다

[41~45] 밑줄 친 부분과 의미가 가장 가까운 것을 고르십시오.
下線を引いた部分と意味が一番近いものを選びなさい。

41. 가 : 저 위에서 노래 부르는 사람이 누구예요?
나 : 저 유명한 ( )도 모르세요?

❶ 배우 ❷ 기자 ❸ 가수 ❹ 연예인

42. 가 : 선생님이 되고 싶어요?
나 : 네, 제 꿈은 ( )이에요/예요.

❶의사 ❷ 교사 ❸ 화가 ❹ 간호사

43. 가 : 무슨 좋은 일이 있어요? 기분이 좋아 보여요.
나 : 네, 시험 점수가 좋아서 정말 ( )어요/아요/여요.

❶ 기쁘다 ❷ 슬프다 ❸ 심심하다 ❹ 재미있다

44. 가 : 집에만 있으니까 심심하지요?
나 : 네, 좀 ( )어요/아요/여요.

❶ 무섭다 ❷ 싫어하다 ❸ 재미없다 ❹ 죄송하다

45. 가 : 이번 기회는 정말 놓치지 마세요.
나 : 알았어요. 기회를 꼭 ( )을게요/ㄹ게요.

❶ 놓다 ❷ 안다 ❸ 입다 ❹ 잡다

[46~50] 밑줄 친 단어의 쓰임이 잘못된 것을 고르십시오.

下線部の使い方が間違っているものを選びなさい。

46. ❶ 시험 결과가 나왔어요? ( )
❷ 올해 대학교에 나왔어요.
❸ 준비를 다 했어? 빨리 나와.
❹ 왜 이렇게 음식이 안 나오지?

47. ❶ 기분이 좀 괜찮아졌어요? ( )
❷ 이 요리는 맛이 괜찮은데요.
❸ 괜찮은 사람이 있으면 소개해 주세요.
❹ 친구를 오랜만에 만나니까 정말 괜찮았어요.

48. ❶ 즐거운 영화를 보고 사람들이 울었어요. ( )
❷ 혼자 생활하니까 가끔 외로울 때가 있어요.
❸ 제가 약속 시간에 늦어서 친구가 화를 냈어요.
❹ 오래 기다려도 친구가 오지 않으니까 짜증이 나요.

49. ❶ 아이 손을 꼭 잡고 가세요. ( )
❷ 버스에 자리가 없어서 서서 왔어요.
❸ 침대에 누워서 텔레비전을 보고 있어요.
❹ 오랜만에 친구를 만나서 두 팔로 꼭 앉았다.

50. ❶ 저는 영화에 관심이 많아요. ( )
❷ 저는 이 일에 관심이 별로 없어요.
❸ 이번 대회에 대한 사람들의 관심이 작아요.
❹ 학생들이 공부에 대해서 관심을 갖지 않아요.

일상 생활 I

07

日常生活 I

1 / 하루 생활
2 / 연락

07-1 하루 생활

001
가다

[가다] 동사 行く

[活用構文] 名에 가다

名으로/로 가다

[反意語] 오다 来る

[例文] 수업이 끝난 후에 어디에 가세요?

授業が終わった後、どこに行きますか?

이 앞 사거리에서 오른쪽으로 가면 우체국이 있어요.

この前の交差点を右に行けば、郵便局があります。

002
계획

[계획/게획] 명사 計画

[活用構文] 名 계획

動을/ㄹ 계획이다

[活用表現] 계획하다 計画する

계획을 세우다 計画を立てる

[例文] 저는 이번 방학에 한국을 여행할 계획이에요.

私は今回の夏休みに韓国を旅行する予定です。

언니는 시험 공부하기 전에 항상 계획을 세워요.

姉はテストの勉強をする前に、いつも計画を立てます。

003
꾸다

[꾸다] 동사 夢見る

[活用構文] 名을/를 꾸다

[活用表現] 꿈을 꾸다 夢を見る

[例文] 어제 무서운 꿈을 꿔서 잠을 잘 자지 못했다.

昨日怖い夢を見たので、よく眠れなかった。

저는 어렸을 때 변호사가 되는 꿈을 꾸었어요.

私は幼い頃、弁護士を夢見ました。

004
놀다

[놀다] 동사 遊ぶ

面白いことをして、楽しい時間を過ごす。ㄹ動詞

[活用構文] 名이/가 놀다

名을/를 가지고 놀다

[例文] 우리 집에 놀러 오세요.

我が家に遊びに来てください。

제 동생은 공부는 하지 않고 놀기만 해요.
私の弟は勉強しないで､遊んでばかりいます。

005
뉴스

[뉴스] 명사 ニュース

【活用表現】 뉴스를 보다 ニュースを見る

뉴스를 듣다 ニュースを聞く

【例文】 요즘 사람들은 경제 뉴스에 관심이 많다.
最近の人々は経済ニュースに関心がある。

아버지는 저녁 식사 후에 텔레비전 뉴스를 보십니다.
父は夕食後にテレビのニュースを見ます。

006
듣다

[듣따] 동사 1. 聞く　2. 聞く

1. 人や動物が耳で音を認識する。ㄷ動詞

【活用構文】 名을/를 듣다

【活用表現】 음악을 듣다 音楽を聞く

소리를 듣다 音を聞く

【例文】 저는 학교에 갈 때 MP3(엠피스리)로 음악을 듣습니다.
私は学校に行く時､MP3で音楽を聞きます。

2. 講義や授業を選んで､出席する。ㄷ動詞

【活用構文】 名을/를 듣다

【活用表現】 수업을 듣다 授業を聞く

【例文】 김 선생님 수업은 재미있어서 학생들이 많이 듣습니다.
キム先生の授業は面白いので､たくさんの学生達が授業を聞きます。

007
마시다

[마시다] 동사 飲む

【活用構文】 名을/를 마시다

【活用表現】 물을 마시다 水を飲む

술을 마시다 酒を飲む

【関連語】 먹다 食べる

【例文】 한국에서는 회식을 할 때 자주 술을 마셔요.
韓国では会食をする時､よくお酒を飲みます。

중국 사람들은 차를 마시는 것을 좋아하지요?
中国人達はお茶を飲むのが好きでしょう？

008
만나다

[만나다] 동사 会う

[活用構文] 名을/를 만나다

[反意語] 헤어지다 別れる

[例文] 저는 이번 주말에 남자 친구를 만날 거예요.
私は今週末に彼氏に会います。

오늘 저녁에 학교 앞에서 선생님을 만나기로 했다.
今日の夕方、学校の前で先生に会うことにしました。

009
말하다

[말하다] 동사 言う、話す

[活用構文] 名을/를 말하다

[類義語] 이야기하다 話す

[例文] 힘든 일이 있으면 언제든지 나한테 말해.
辛いことがあったら、いつでも私に話してね。

내 생각을 많은 사람들 앞에서 말하는 것은 어려운 일이에요.
自分の考えを多くの人の前で言うことは、難しいことです。

010
먹다

[먹따] 동사 食べる

食べ物やジュースなどを、口を通してお腹の中に入れる。

[活用構文] 名을/를 먹다

[活用表現] 밥을 먹다 ごはんを食べる

빵을 먹다 パンを食べる

[関連語] 식사하다 食事する

[例文] 아침을 먹고 학교에 갔어요.
朝ごはんを食べて、学校に行きました。

오늘 점심에는 뭘 먹을까요?
今日の昼食は何を食べましょうか？

011
면도

[면도] 명사 髭剃り

顔や体に生えた髭やうぶげを剃ること。

[活用表現] 면도기 かみそり

면도하다 髭を剃る

[例文] 남편은 아침마다 면도기로 면도를 해요.
夫は毎朝、かみそりで髭を剃ります。

면도를 할 때에는 피가 나지 않게 조심해야 해요.
髭を剃る時には、血が出ないように気をつけなければいけません。

012
목욕

[모꼭] 명사 お風呂に入る、シャワーする

[活用表現] 목욕탕 浴槽

목욕하다 お風呂に入る

[類義語] 샤워 シャワー

[例文] 목욕을 하니까 기분이 상쾌합니다.
お風呂に入ったので、気分爽快です。

우리 할아버지는 겨울에도 찬물로 목욕을 하십니다.
私の祖父は冬でも冷たい水でお風呂に入ります。

013
바르다

[바르다] 동사 塗る 르動詞

[活用構文] 名을/를 바르다

[例文] 가려운 곳에 이 연고를 바르세요.
かゆい所にこの軟膏を塗って下さい。

빵에 잼을 발라서 먹으면 맛있어요.
パンにジャムを塗って食べるとおいしいです。

014
벗다

[벋따] 동사 脱ぐ

[活用構文] 名을/를 벗다

[活用表現] 옷을 벗다 服を脱ぐ

신발을 벗다 靴を脱ぐ

모자를 벗다 帽子を脱ぐ

[反意語] 입다 着る

신다 履く

쓰다 かぶる

[例文] 수업 시간에는 모자를 벗으세요.
授業時間には帽子を脱いでください。

한국에서는 집에 들어갈 때 신발을 벗습니다.
韓国では家に上がる時、靴を脱ぎます。

015
보다

[보다] 동사 1. 見る 2. 見る 3. 受ける 4. 見る

1. 目で物体を認識したり、感じる。

[活用構文] 名을/를 보다

[例文] 윗집에서 키우는 강아지를 본 적이 있어요?
上の家で飼っている子犬を見たことがありますか？

2. 目で楽しんだり､観賞したり､読む｡

[活用構文] 名을/를 보다

[活用表現] 책을 보다 本を見る

영화를 보다 映画を見る

연극을 보다 演劇を見る

신문을 보다 新聞を見る

[例文] 저는 텔레비전을 보면서 밥을 먹어요.
私はテレビを見ながら､ご飯を食べます｡

3. ('시험'を意味する目的語と一緒に使われ)実力が現れるように行う｡

[活用構文] 名을/를 보다

[活用表現] 시험을 보다 試験を受ける

[例文] 오늘 시험을 잘 봤니?
今日の試験､よくできた？

4. 食べ物の味を知るために少し食べてみる｡

[活用構文] 名을/를 보다

[活用表現] 간을 보다 味を見る

[例文] 간 좀 봐 줘. 맛이 어때?
味見してちょうだい｡味はどう？

016
살다

[살다] 동사 1. 生きる 2. 暮らす

1. 生命を維持している｡ㄹ動詞

[活用構文] 名이/가 살다

[反意語] 죽다 死ぬ

[例文] 우리 할머니는 백 살까지 사셨다.
私の祖母は100歳まで生きた｡

2. あるところに居住する｡ㄹ動詞

[活用構文] 名에 살다

名에서 살다

[例文] 저는 서울에 살아요.
私はソウルで暮らしています｡

017
생활

[생활] 명사 生活

[活用構文] 名 생활

[活用表現] 생활비 生活費

학교생활 学校生活

회사 생활 会社生活

유학 생활 留学生活
생활하다 生活する

[例文] 학교생활이 어때요?
学校生活はどうですか?

유학 생활은 외롭기는 하지만 재미있었다.
留学生活は寂しことも多いが､おもしろかった。

018
샤워

[샤워] 명사 シャワー

[活用表現] 샤워하다 シャワーする

[類義語] 목욕 お風呂

[例文] 저는 피곤할 때 따뜻한 물로 샤워를 해요.
私は疲れた時､温かいお湯でシャワーをします。

지금 사는 하숙집은 샤워 시설이 잘 되어 있어서 마음에 들어요.
今暮らしている下宿は､シャワー施設がきちんとしているので､気に入っています。

019
세수

[세수] 명사 洗顔

[活用表現] 세수하다 顔を洗う

[例文] 오늘 아침에 늦게 일어나서 세수도 못 하고 출근했다.
今朝は寝坊したので､顔も洗わないで出勤した。

쌀을 씻은 물에 세수를 하면 피부가 좋아진다고 해요.
お米を洗った水で洗顔すると､肌がきれいになると言います。

020
세우다

[세우다] 동사 1. 立てる　2. とめる

1. 考えや計画を決める。

[活用構文] 名을/를 세우다

[活用表現] 계획을 세우다 計画を立てる

[例文] 휴가 계획을 세우셨어요?
夏休みの計画を立てましたか?

2. 動いているものを､止まらせる。

[活用構文] 名을/를 세우다

[関連語] 서다 止まる

[例文] 아저씨, 횡단보도 앞에서 세워 주세요.
おじさん､横断歩道の前でとめてください。

021
쉬다

[쉬다] 동사 1. 休む　2. 休む

1. 疲れを取ろうと体を楽にする。

[活用構文] 名이/가 쉬다

[例文] 피곤하면 좀 쉬세요.
疲れたら少し休んでください。

2. 仕事や活動を少しの間止める。

[活用構文] 名이/가 쉬다

[活用表現] 쉬는 날 休みの日
쉬는 시간 休み時間

[関連語] 휴가 休暇
휴일 休日

[例文] 오늘은 회사가 쉬는 날이어서 가족들과 동물원에 갔다.
今日は会社が休みの日なので、家族と一緒に動物園に行った。

022
신문

[신문] 명사 新聞

[活用表現] 신문사 新聞社
신문 기사 新聞記者
신문 한 부 新聞 1 部
신문을 보다 新聞を見る
신문을 읽다 新聞を読む

[例文] 아버지는 아침마다 신문을 보신다.
父は毎朝、新聞を見ます。

요즘은 인터넷에서도 신문을 볼 수 있어요.
最近はインターネットでも新聞をみることができます。

023
쓰다[2]

[쓰다] 동사 書く ㅡ動詞

[活用構文] 名을/를 쓰다

[活用表現] 이름을 쓰다 名前を書く
일기를 쓰다 日記を書く
소설을 쓰다 小説を書く
편지를 쓰다 手紙を書く

[例文] 책에 이름을 썼어요.
本に名前を書きました。

저는 날마다 일기를 씁니다.
私は毎日日記を書きます。

024
씻다

[씯따] 동사 洗う

[活用構文] 名을/를 씻다

[活用表現] 손을 씻다 手を洗う

얼굴을 씻다 顔を洗う

[関連語] 닦다 拭く

[例文] 밥을 먹기 전에 손을 씻어라.
ごはんを食べる前に、手を洗いなさい。

과일은 깨끗한 물에 잘 씻어서 먹어야 해요.
果物は、きれいな水でよく洗って食べなければいけません。

025
일기

[일기] 명사 日記

[活用表現] 일기장 日記帳

일기를 쓰다 日記を書く

[例文] 힘든 일이 있을 때 일기를 쓰면 기분이 좀 좋아진다.
辛いことがある時、日記を書くと気分が少し良くなる。

한국말로 일기를 쓰면 한국어 실력이 좋아질 거예요.
韓国語で日記を書くと、韓国語の実力が上がるでしょう。

026
일어나다

[이러나다] 동사 1. 起きる、起き上がる　2. 起きる

1. 横になっている状態から座ったり、座った状態から立つ。

[活用構文] 名이/가 일어나다

[反意語] 앉다 座る

눕다 横になる

[関連語] 서다 立つ

[例文] 사장님이 오셔서 사람들이 모두 의자에서 일어났어요.
社長が来たので、人々がみんな椅子から立ち上がりました。

2. 眠りから覚める。

[活用構文] 名이/가 일어나다

[関連語] 자다 寝る

[例文] 저는 아침 일찍 일어나는 것이 너무 힘들어요.
私は朝早く起きるのが、すごく辛いです。

027
하다

[하다] 동사 する

[活用構文] 名을/를 하다

[例文] 제 취미는 운동을 하는 것입니다.
私の趣味は運動をすることです。

아버지는 신문을 읽으시고 어머니는 요리를 하신다.
父は新聞を読み,母は料理をしている。

028
화장 [화장] 명사 化粧

[活用表現] 화장품 化粧品
화장하다 化粧する
화장을 지우다 化粧を落とす

[例文] 화장을 지우니까 다른 사람 같아요.
化粧を落としたら,違う人みたいです。

지금 출발했으면 좋겠는데 아내가 아직도 화장을 해요.
今出発したいのに,妻がまだ化粧をしています。

07-2 연락

029
공중전화 [공중전화] 명사 公衆電話

[例文] 전화를 하고 싶은데 이 근처에 공중전화가 있어요?
電話をしたいのですが,この近くに公衆電話がありますか?

요즘 사람들이 휴대전화를 가지고 다녀서 공중전화를 쓰는 사람이 별로 없어요.
最近はみんな携帯電話を持っているので,公衆電話を使うひとはあまりいません。

030
국제전화 [국쩨전화] 명사 国際電話

[活用表現] 국제전화 요금 国際電話料金

[関連語] 시외전화 市外電話

[例文] 중국에서 한국으로 국제전화를 걸면 얼마예요?
中国から韓国に国際電話をかけると,いくらかかりますか?

인터넷에서 국제전화를 싸게 거는 방법을 찾아 보세요.
インターネットで国際電話を安くかける方法を,探してみて下さい。

031
끊다 [끈타] 동사 1. 切る 2. やめる

1. 電話での通話を終わりにする。

[活用構文] 名을/를 끊다

[活用表現] 전화를 끊다 電話を切る

[例文] 통화가 끝났으면 어서 끊어라.
話が終わったなら、早く切りなさい。

2. 習慣のように続けていた行動をやめる。

[活用構文] 名을/를 끊다

[活用表現] 술을 끊다 お酒をやめる
담배를 끊다 たばこをやめる

[例文] 이제부터 술을 끊기로 했어요.
これからお酒をやめることにしました。

032
누르다 [누르다] 동사 押す 르動詞

[活用構文] 名을/를 누르다

[例文] 버스에서 내리려면 미리 벨을 눌러야 합니다.
バスから降りる時は、前もってベルを押さなければなりません。

전화번호를 잘못 누르신 것 같아요. 다시 확인해 보세요.
電話番号をお間違えのようです。もう一度確認してみてください。

033
답장 [답짱] 명사 返事

手紙を貰った後で、その手紙の返事として送る手紙。

[活用表現] 답장하다 返信する
답장이 오다 返事が来る
답장을 쓰다 返事を書く
답장을 보내다 返事を送る

[例文] 이메일을 받으면 빨리 답장을 보내 주세요.
Eメールを見たら、早く返信してください。

초등학교 때 친구에게서 편지가 와서 답장을 썼다.
小学校時代の友達から手紙が来たので、返事を書いた。

034
문자메시지 [문짜메시지] 명사 携帯メール

[活用表現] 문자 메시지를 받다 携帯メールをもらう
문자 메시지를 보내다 携帯メールを送る
문자 메시지를 확인하다 携帯メールを確認する

[例文] 문자 메시지가 왔나 봐요. 확인해 보세요.
携帯メールがきたようです。確認してみて下さい。

전화하지 않고 문자 메시지를 보내는 것이 편할 때가 많다.
電話ではなく携帯メールを送るのが楽な時が多い。

035
발신자

[발씬자] 명사 発信者

手紙、小包、携帯メールを送ったり、電話を掛けた人を指す言葉。

[反意語] 수신자 受信者

[例文] 발신자 번호를 보니까 광고 전화인 것 같아서 받지 않았어요.
発信者の電話番号からして、勧誘の電話みたいだから出ませんでした。

편지에 발신자 이름과 주소가 없어서 누가 보냈는지 모르겠어요.
手紙に差し出し人の名前と住所がないので、誰から送られて来たのかわかりません。

036
버튼

[버튼] 명사 ボタン

[活用表現] 버튼을 누르다 ボタンを押す

[例文] 전자사전을 켜려면 이 버튼을 누르세요.
電子辞書に電源を入れるには、このボタンを押してください。

휴대전화 버튼이 고장이 나서 잘 눌러지지 않아요.
携帯電話のボタンが故障したから、うまく押せません。

037
번

[번] 명사 1. 回　2. 番

1. 回数や順番。

[活用構文] 数 번

[活用表現] 1(한)번 1回

10(열)번 10回

[例文] 오늘 너한테 다섯 번이나 전화했는데 왜 전화를 안 받았어?
今日あなたに5回も電話したのに、なぜ電話に出なかったの？

2. ある数字に該当する番号。

[活用構文] 数 번

[活用表現] 1(일)번 1番

10(십)번 10番

[関連語] 번호 番号

[例文] 선생님, 전화번호가 몇 번이에요?
先生、電話番号を教えて下さい。

038
별표

[별표] 명사 星印

【関連語】 우물 정자(#) シャープ

【例文】 저는 공부할 때 중요한 내용에는 별표를 해요.
私は勉強する時、大切な内容には星印をつけます。

녹음이 끝난 후에는 별표나 우물정자를 누르십시오.
録音が終わった後に、星印やシャープを押してください。

039
부치다

[부치다] 동사 送る
手紙や小包を送る。

【活用構文】 名 을/를 부치다

【活用表現】 편지를 부치다 手紙を送る
소포를 부치다 小包を送る

【類義語】 보내다 送る

【例文】 편지를 부치려고 우체국에 가고 있어요.
手紙を送ろうと郵便局に行っています。

빠른 우편으로 소포를 부치면 얼마나 걸려요?
速達で小包を送ると、どのくらいかかりますか？

040
붙이다

[부치다] 동사 貼る

【活用構文】 名 에 名 을/를 붙이다

【関連語】 붙다 付く

【例文】 편지 봉투에 우표를 붙이세요.
手紙の封筒に切手を貼りました。

한국어 단어를 적은 종이를 벽에 붙여 놓았어요.
韓国語の単語を書いた紙を、壁に貼っておきました。

041
소포

[소포] 명사 小包

【活用表現】 소포를 받다 小包を受け取る
소포를 보내다 小包を送る
소포를 부치다 小包を送る

【例文】 이 소포를 배편으로 보내려고 합니다.
この小包を船便で送ろうと思います。

어머니에게서 겨울에 입을 옷이 들어 있는 소포를 받았다.
母から冬服が入っている小包を受け取った。

042
신호

[신호] 명사 信号

電話をかけて、相手が出るまでの間、受話器から聞こえてくる音。

[活用表現] 신호 소리 発信音

신호가 가다 (電話が)繋がる

[例文] 신호는 가는데 전화를 안 받아요.

繋がるんだけど、電話に出ません。

핸드폰으로 전화를 걸면 신호가 가는 소리는 들리지 않고 음악 소리가 들릴 때도 있어요.

携帯電話で電話をかけると、発信音は聞こえなく音楽が聞こえてくる時もあります。

043
여보세요

[여보세요] [感嘆詞] もしもし、すみません

電話する時、相手を呼ぶ言葉。または道や食堂などで誰かを呼ぶ時に使う言葉。

[例文] 여보세요, 전화 바꿨습니다.

もしもし、お電話代わりました。

여보세요, 여기 물 한 잔 좀 갖다 주세요.

すみません、ここに水を一杯お願いします。

044
연락

[열락] 명사 連絡

[活用表現] 연락처 連絡先

연락하다 連絡する

연락이 오다 連絡が来る

연락을 받다 連絡を受ける

[例文] 어려운 일이 있으면 저에게 연락하세요.

辛いことがあったら、私に連絡してください。

죄송합니다. 요즘 너무 바빠서 자주 연락을 드리지 못했어요.

すみません。最近とても忙しくてあまり連絡できませんでした。

045
엽서

[엽써] 명사 はがき

[活用表現] 그림엽서 絵葉書

엽서를 보내다 はがきを送る

[関連語] 편지 手紙

[例文] 고향 친구에게서 엽서를 받았어요.

地元の友達からはがきをもらいました。

저는 여행을 가면 가족들에게 엽서로 소식을 전해요.

私は旅行に行くと、家族にはがきで安否を伝えます。

046
우표

[우표] 명사 切手

[活用表現] 우표 한 장 切手1枚

우표를 붙이다 切手を貼る

[例文] 여기에 우표를 붙이세요.
ここに切手を貼って下さい。

제 취미는 우표 수집입니다.
私の趣味は切手の収集です。

047
인터넷

[인터넷] 명사 インターネット

[活用表現] 인터넷 홈페이지 インターネットホームページ

[例文] 인터넷으로 영화표를 예매했어요.
インターネットで映画のチケットを予約しました。

저는 집에 들어가면 먼저 컴퓨터를 켜고 인터넷을 합니다.
私は家に帰ったら、まずはパソコンに電源を入れてインターネットをします。

048
전화

[전화] 명사 1. 電話　2. 電話

1. 受話器を使って人々が会話するもの。

[活用表現] 전화번호 電話番号

전화 한 통 電話1通

전화하다 電話する

전화가 오다 電話がかかって来る

전화를 끊다 電話を切る

[関連語] 통화 通話

[例文] 조금 전에 부모님께 전화가 왔어요.
少し前に両親から電話が来ました。

2. 人々が会話することができるようにしてくれる機械。

[活用表現] 전화 한 대 電話1台

[類義語] 전화기 電話器

[関連語] 핸드폰 携帯

휴대전화 携帯電話

[例文] 전화가 고장이 났어요.
電話が故障しました。

049
전화번호 [전화번호] 명사 電話番号

[関連語] 지역 번호 地域番号

[例文] 전화번호 좀 가르쳐 주세요.
電話番号を教えて下さい。

친구의 전화번호가 바뀌어서 통화를 하지 못했어요.
友達の電話番号が変わっていて,繋がりませんでした。

050
주소 [주소] 명사 住所

[活用表現] 주소를 적다 住所を書く

주소를 찾다 住所を探す

[例文] 주소가 어떻게 되세요?
住所はどこですか?

여기에다가 받으실 분의 주소를 적으세요.
ここに受取人の住所を書いて下さい。

051
진동 [진동] 명사 振動,マナーモード

携帯電話で受信するひとつの方法として,電話器が揺れて動くこと。

[活用表現] 진동이 울리다 振動が鳴る

진동으로 바꾸다 マナーモードにする

[例文] 휴대전화가 왔나 봐요. 진동이 울려요.
電話がかかって来たみたいです。振動してますよ。

도서관에서는 휴대전화를 진동으로 해 놓아야 합니다.
図書館では携帯電話をマナーモードにしなければなりません。

052
켜다 [켜다] 동사 つける,電源を入れる

機械や電灯などが作動するようにする。

[活用構文] 名을/를 켜다

[活用表現] 불을 켜다 電気をつける

컴퓨터를 켜다 パソコンの電源を入れる

[反意語] 끄다 切る

[例文] 방이 어두워서 불을 켰다.
部屋が暗いので,電気をつけた。

휴대전화를 켜니까 문자 메시지가 와 있었어요.
携帯電話に電源を入れたら,メールが来ていました。

053
택배

[택빼] 명사 宅配

[活用表現] 택배 기사 宅配のおじさん
택배 서비스 宅配サービス
택배를 보내다 宅配を送る

[関連語] 배달 配達

[例文] 요즘은 우체국에도 택배 서비스가 있어서 편리해요.
最近は郵便局も宅配サービスがあるので便利です。

물건을 소포로 보내면 며칠 걸리지만 택배로 보내면 내일 도착할 거예요.
ものを小包で送ると数日かかりますが､宅配で送れば明日到着します。

054
통화

[통화] 명사 通話

[活用表現] 통화료 通話料
통화 중 通話中
전화 통화 電話での通話
화상 통화 テレビ電話
통화하다 通話する

[例文] 지금 통화 중이니까 조금만 기다려 주세요.
今通話中なので､少し待ってください。

요즘은 인터넷으로 화상 통화도 할 수 있어요.
最近はインターネットでテレビ電話もできます。

055
편지

[편지] 명사 手紙

[活用表現] 편지 한 통 手紙1通
편지를 쓰다 手紙を書く
편지를 보내다 手紙を送る
편지를 부치다 手紙を送る

[関連語] 이메일 Eメール

[例文] 고향에 계신 부모님께 편지를 써서 보냈어요.
ふるさとにいる両親に手紙を書いて送りました。

요즘 사람들은 편지를 많이 쓰지 않는 것 같아요. 인터넷으로 메일을 보내면 간단하니까요.
最近人はみんな手紙を書かないみたいです｡インターネットでメールを送る方が簡単だからです。

056
확인 [화긴] 명사 確認

[活用表現] 이메일 확인 Eメール確認
메시지 확인 メッセージ確認
확인하다 確認する

[例文] 제가 문자 메시지를 보냈는데 확인했어요?
私が携帯でメールを送ったのですが,確認しましたか?

출발하기 전에 빠진 물건이 없는지 짐을 다시 한 번 확인해 보세요.
出発する前に,忘れているものがないか,荷物をもう一度確認して見て下さい。

07 연습문제

[1~15] 다음 단어를 한국어로 바꿔 쓰십시오. 次の単語を韓国語に変えて書きなさい。

1. ニュース	(　　　　)	2. 返事	(　　　　)
3. 切手	(　　　　)	4. 住所	(　　　　)
5. お風呂	(　　　　)	6. 日記	(　　　　)
7. 洗顔	(　　　　)	8. 休む	(　　　　)
9. 書く	(　　　　)	10. 洗う	(　　　　)
11. つける､電源を入れる	(　　　　)	12. 切る	(　　　　)
13. 立てる	(　　　　)	14. 送る	(　　　　)
15. 貼る	(　　　　)		

[16~20] 그림을 보고 (　　　)에 알맞은 것을 고르십시오.

絵を見て(　　　)の中に当てはまるものを選びなさい。

16.

가 : 아침에 일어나면 제일 먼저 뭘 해요?

나 : 제일 먼저 (　　　　)부터 해요.

❶ 목욕　　　　❷ 면도

❸ 샤워　　　　❹ 세수

17.

가 : 이 (　　　　)을/를 미국에 보내고 싶어요.
얼마예요?

나 : 2㎏이군요. 2만 원입니다.

❶ 소포　　　　❷ 엽서

❸ 편지　　　　❹ 문자메시지

18.

가 : 동생이 뭘 해요?

나 : 거실에서 텔레비전을 (   )고 있어요.

❶ 놀다 ❷ 듣다
❸ 보다 ❹ 하다

19.

가 : 지금 뭘 하고 있어요?

나 : (   )을/를 하고 있어요.

❶ 노래 ❷ 전화
❸ 운동 ❹ 인터넷

20.

가 : 뭘 해요?

나 : 한국말을 (   )고 있어요.

❶ 듣다 ❷ 보다
❸ 쓰다 ❹ 하다

[21~30] 다음 문장을 읽고 알맞은 어휘를 골라 쓰십시오. 어휘는 한 번만 쓰십시오.

次の文章を読んで(　　)に当てはまる単語を選んで書きなさい。単語はそれぞれ1回だけ使えます。

번	뉴스	진동	생활	인터넷
국제전화	놀다	쉬다	듣다	누르다
바르다	세우다	연락하다	일어나다	여보세요

21. 초등학교 때 친구와 아직도 (　　　　　)고 지내요.
22. 아저씨, 저 학교 앞에서 (　　　　　)어/아/여 주세요.
23. 저는 아침에 (　　　　　)으면/면 제일 먼저 이를 닦아요.
24. 요즘 사람들이 많이 (　　　　　)는/은/는 노래가 뭐예요?
25. 한국 아파트에 가려면 몇 (　　　　　)버스를 타야 해요?
26. 아이들이 공원에서 공을 가지고 재미있게 (　　　　　)고 있어요.
27. 세수를 한 후에 얼굴에 로션을 (　　　　　)었어요/았어요/였어요.
28. 전화번호를 잘못 (　　　　　)어서/아서/여서 다른 곳으로 전화했어요.
29. 저는 지금 한국에서 공부하고 있어서 중국에 계신 부모님과 일주일에 한 번 (　　　　　) 을/를 해요.
30. 그 사람은 한국에 온 지 6개월 되었는데 한국 음식도 좋아하고 한국 친구들도 많이 사귀어서 한국 (　　　　　)이/가 아주 재미있다고 해요.

[31~35] (　　) 안에 알맞은 것을 고르십시오. (　　)の中に当てはまるものを選びなさい。

31. 도서관에서는 전화를 하면 안 되니까 휴대전화를 (　　　　　)어/아/여 놓으세요.

❶ 끄다　❷ 끊다　❸ 켜다　❹ 누르다

32. 편지를 보낼 때에는 우표를 (　　　　　)어야/아야/여야 해요.

❶ 쓰다　❷ 보내다　❸ 부치다　❹ 붙이다

33. 사람들은 1월 1일이 되면 1년 (　　　　　)을/를 세웁니다.

❶ 계획　　❷ 생활　　❸ 일기　　❹ 확인

34. 집에 돌아오면 제일 먼저 손을 (　　　　　)으세요/세요.

❶ 쉬다　　❷ 쓰다　　❸ 씻다　　❹ 바르다

35. 어제 밤에 꿈을 (　　　　　)었는데/았는데/였는데 너무 무서웠어요.

❶ 놀다　　❷ 꾸다　　❸ 보다　　❹ 살다

[36~40] 밑줄 친 부분과 반대되는 뜻을 가진 것을 고르십시오.

下線を引いた部分と反対の意味を持ったものを選びなさい。

36. **가 :** 휴대전화를 껐어요?
나 : 아니요, 조금 전에 (　　　　)었는데요/았는데요/였는데요.

❶ 꾸다　　❷ 켜다　　❸ 끊다　　❹ 쓰다

37. **가 :** 언제 한국에 올 거예요?
나 : 다음 달에 한국에 (　　　　)을/ㄹ 거예요.

❶ 가다　　❷ 보다　　❸ 쉬다　　❹ 하다

38. **가 :** 주말에 친구를 만나서 뭘 했어요?
나 : 영화를 보고 저녁을 먹었어요. 그리고 8시쯤에 (　　　　)었어요/았어요/였어요.

❶ 놀다　　❷ 쉬다　　❸ 공부하다　　❹ 헤어지다

39. **가 :** 한국에서는 신발을 신고 방에 들어가도 돼요?
나 : 아니요, (　　　　)어야/아야/여야 해요.

❶ 들다　　❷ 먹다　　❸ 벗다　　❹ 씻다

40. **가 :** 그 호랑이는 몇 살까지 살았어요?
나 : 15살까지요. 작년에 (　　　)었어요/았어요/였어요.

❶ 가다　❷ 놀다　❸ 쉬다　❹ 죽다

[41~45] 밑줄 친 부분과 의미가 가장 가까운 것을 고르십시오.
下線を引いた部分と意味が一番近いものを選びなさい。

41. **가 :** 지금 뭘 읽고 있어요?
나 : 소설책을 (　　　)고 있어요.

❶ 보다　❷ 듣다　❸ 놀다　❹ 하다

42. **가 :** 아침에 뭘 드세요?
나 : 시간이 없어서 보통 주스를 한 잔 (　　　)어요/아요/여요.

❶ 듣다　❷ 보다　❸ 쓰다　❹ 마시다

43. **가 :** 우체국에 가서 뭘 부쳤어요?
나 : 유학을 간 동생에게 겨울에 입을 옷을 (　　　)었어요/았어요/였어요.

❶ 누르다　❷ 바르다　❸ 보내다　❹ 세우다

44. **가 :** 이건 비밀이니까 다른 사람에게 이야기하지 마세요.
나 : 걱정하지 마세요. 다른 사람에게 (　　　)지 않을게요.

❶ 만나다　❷ 말하다　❸ 연락하다　❹ 확인하다

45. **가 :** 누구와 전화했어요?
나 : 고향에 계신 어머니와 (　　　)었어요/았어요/였어요.

❶ 계획하다　❷ 생활하다　❸ 통화하다　❹ 확인하다

[46~50] 밑줄 친 단어의 쓰임이 잘못된 것을 고르십시오.
下線部の使い方が間違っているものを選びなさい。

46. ❶ 문자메시지를 썼어요? ( )
❷ 편지를 받으면 답장을 쓰세요.
❸ 저는 자기 전에 항상 일기를 써요.
❹ 요즘 사람들은 편지를 많이 쓰지 않아요.

47. ❶ 신발을 벗고 들어가세요. ( )
❷ 손을 씻으려고 반지를 벗었다.
❸ 모자를 벗어서 책상 위에 놓았어요.
❹ 옷을 벗고 수영복으로 갈아입으세요.

48. ❶ 샤워를 하니까 참 상쾌해요. ( )
❷ 어제 밤에 무슨 꿈을 꿨어요?
❸ 초등학생은 화장을 그리면 안 됩니다.
❹ 저는 저녁 식사를 하면서 뉴스를 봐요.

49. ❶ 집에 오면 인터넷을 놀아요. ( )
❷ 그 분은 바빠서 통화를 하기가 어려워요.
❸ 목욕을 한 후에 문자메시지를 확인했어요.
❹ 중학교 때 친구에게서 연락을 받고 정말 반가웠어요.

50. ❶ 샤워를 한 후에 로션을 발랐어요. ( )
❷ 남자들은 아침마다 면도를 벗어요.
❸ 건강에 나쁘니까 담배를 끊으세요.
❹ 집에 오면 손을 깨끗하게 씻어야지.

일상 생활 Ⅱ

08

日常生活 Ⅱ

08-1 만남

001
같이

[가치] 부사 一緒に

[活用構文] 名하고 같이
名과/와 같이

[活用表現] 친구와 같이 友達と一緒に
동생하고 같이 弟と一緒に

[類義語] 함께 一緒に

[例文] 저는 일요일마다 친구와 같이 등산을 해요.
私は毎週日曜日に友達と一緒に登山します。

주말에 부산에 가려고 하는데 너도 같이 갈래?
週末にプサンに行こうとしているんだけど、お前も一緒に行くか？

002
기다리다

[기다리다] 동사 待つ

[活用構文] 名을/를 기다리다

[活用表現] 친구를 기다리다 友達を待つ
결과를 기다리다 結果を待つ

[例文] 한 시간 동안 기다렸는데 왜 전화하지 않았어요?
1時間も待っていたのに、何で電話しなかったんですか？

출퇴근 시간에는 지하철역에 지하철을 타려고 기다리는 사람들이 많아요.
通勤時間には地下鉄駅で地下鉄に乗ろうと待っている人達が多いです。

003
꼭

[꼭] 부사 必ず

[例文] 약속은 꼭 지켜야 해요.
約束は必ず守らなければなりません。

힘든 일이 있으면 나한테 꼭 전화해.
辛いことがあったら、絶対私に電話してね。

004
데이트

[데이트] 명사 デート

[活用表現] 데이트를 하다 デートをする
데이트를 신청하다 デートに誘う

[関連語] 애인 恋人
남자 친구 彼氏
여자 친구 彼女

[例文] 주말에 남자 친구와 데이트를 했어요.
週末に彼氏とデートをしました。

데이트를 할 때 보통 어디에서 만나요?
デートをする時､普段どこで会いますか？

005
미루다

[미루다] 동사 先延ばしにする

[活用構文] 名 을/를 미루다

[活用表現] 일을 미루다 仕事を先延ばしにする
약속을 미루다 約束を先延ばしにする

[関連語] 연기하다[2] 延期する

[例文] 오늘 일을 내일로 미루지 마세요.
今日の仕事を明日にまわさないで下さい。

회의 시간을 한 시간 뒤로 미룰 수 있을까요?
会議の時間を１時間後ろに延ばすことはできますか？

006
생기다

[생기다] 동사 生じる､できる

[活用構文] 名 이/가 생기다

[活用表現] 친구가 생기다 友達ができる
약속이 생기다 約束ができる

[関連語] 나다 出る
있다 ある

[例文] 학교 근처에 새로 생긴 식당에 가 봤어요?
学校の近くに新しくできた食堂に行ってみましたか？

외국인 친구가 많이 생겨서 유학생활이 재미있어요.
外国人の友達がたくさんできて､留学生活が楽しいです。

007
선물

[선물] 명사 プレゼント

[活用構文] 名 선물

[活用表現] 생일 선물 誕生日プレゼント
선물하다 プレゼントする
선물을 받다 プレゼントをもらう
선물을 주다 プレゼントをあげる

[例文] 남자 친구에게서 꽃다발을 선물로 받았어요.
彼氏からプレゼントで花束をもらいました。

어머니 생신인데 어떤 선물을 드리면 좋을까요?
母の誕生日なのだけど､どんなプレゼントをあげればいいでしょうか？

008
선약 [서냑] 명사 先約

[活用表現] 선약이 있다 先約がある

[例文] 죄송합니다. 선약이 있어서 반 모임에 갈 수 없을 것 같아요.
すみません。先約があるので飲み会にいけないと思います。

내일 반 친구들과 만나려고 했는데 친구 한 명이 선약이 있대요. 다음 주로 미루어야 할 것 같아요.
明日クラスメートたちと会うことにしたのですが、友達の1人が先約があるそうです。次の週に延ばさなければならないでしょう。

009
송별회 [송별회] 명사 送別会

[活用表現] 송별회를 열다 送別会を開く

송별회를 하다 送別会をする

[関連語] 환송회 歓送会

환영회 歓迎会

[例文] 오늘 저녁에 고향으로 돌아가는 친구의 송별회가 있습니다.
今夜、故郷に帰る友達の送別会があります。

친구들이 저를 위해 송별회를 열어 주어서 정말 고마웠어요.
友達が私のために送別会を開いてくれて、本当に嬉しかったです。

010
안녕 [안녕] 명사 元気

心配や問題がなく、平和である。

[活用表現] 안녕히 お元気で

안녕하다 元気だ

[例文] 선생님, 안녕하세요?
先生、こんにちは。

안녕! 주말 잘 보냈니?
やあ！週末はどうだった？

011
약속 [약쏙] 명사 約束

[活用表現] 약속이 있다 約束がある

약속하다 約束する

약속을 지키다 約束を守る

약속을 취소하다 約束をキャンセルする

[例文] 약속 시간에 늦으면 안 됩니다.
約束の時間に遅れてはいけません。

친구하고 커피숍에서 만나기로 약속했어요.
友達とカフェで会う約束をしました。

012
이야기

[이야기] 명사 話、物語

[活用構文] 形은/ㄴ 이야기

[活用表現] 슬픈 이야기 悲しい物語

재미있는 이야기 おもしろい話

이야기하다 話をする

이야기를 나누다 話し合う

[例文] 내가 재미있는 이야기를 해 줄까?
僕がおもしろい話をしてあげようか？

이건 비밀이니까 다른 사람에게 이야기하지 마세요.
これは秘密だから、他の人に話したらだめですよ。

013
인사

[인사] 명사 挨拶

[活用表現] 인사하다 挨拶する

인사를 받다 挨拶を受ける

인사를 드리다 ご挨拶する

[例文] 1(일)월 1(일)일에는 친척 어른들께 새해 인사를 드리러 다닙니다.
1月1日には、親戚の方々にお正月の挨拶回りをします。

한국에서 처음 만나는 사람과 인사할 때에는 "처음 뵙겠습니다."라고 해요.
韓国では、初めて会った人と挨拶するとき、"처음 뵙겠습니다."と言います。

014
지키다

[지키다] 동사 守る

[活用構文] 名을/를 지키다

[活用表現] 시간을 지키다 時間を守る

약속을 지키다 約束を守る

예의를 지키다 礼儀を守る

[関連語] 어기다 約束を破る

[例文] 교실에서 지켜야 하는 규칙은 뭐예요?
教室で守らなければいけない規則は何ですか？

아주 친한 친구 사이에서도 예의를 지켜야 해요.
すごく親しい間柄でも、礼儀は守らなければなりません。

015
초대

[초대] 명사 招待

[活用表現] 초대권 招待券

초대장 招待状

초대하다 招待する

초대를 받다 招待を受ける

[例文] 생일이어서 친구들을 집에 초대했어요.
誕生日なので友達を家に招待しました。

한국에서는 이사를 한 후에 친한 사람들을 집에 초대한다.
韓国では引っ越しをした後に、親しい友達を家に招待します。

016
축하

[추카] 명사 祝賀

[活用表現] 축하하다 お祝いする

[例文] 가족들이 졸업을 축하해 줬어요.
家族が卒業を祝ってくれました。

저희의 결혼을 축하해 주기 위해 이렇게 와 주셔서 감사합니다.
私たちの結婚を祝うために、こうして来て頂き、ありがとうございます。

017
취소

[취소] 명사 キャンセル

[活用表現] 취소하다 キャンセルする

취소되다 キャンセルになる

[例文] 비행기 표를 취소했어요.
飛行機のチケットをキャンセルしました。

비가 와서 공연이 취소되었습니다.
雨が降ったので、公演がキャンセルになりました。

018
파티

[파티] 명사 パーティー

[活用表現] 생일 파티 誕生日パーティー

파티가 있다 パーティーがある

파티를 열다 パーティーを開く

파티를 하다 パーティーをする

[類義語] 잔치 祝宴

[例文] 내 생일 파티에 반 친구들을 초대했어요.
私の誕生日パーティーにクラスメイトたちを招待しました。

졸업 파티에는 선생님들도 오시니까 꼭 오십시오.
卒業パーティーには先生たちも参加するので、絶対来てください。

019
환영하다 [화녕하다] 동사 歓迎する

[活用構文] 名을/를 환영하다

[例文] 어서 오세요. 환영합니다.
いらっしゃい。歓迎致します。

입국하는 선수들을 환영하려고 온 사람들 때문에 공항이 아주 복잡하다.
入国する選手たちを歓迎しに来た人たちで、空港がとても混雑している。

08-2 쇼핑

020
값 [갑] 명사 値段

[活用表現] 값이 싸다 値段が安い
값이 비싸다 値段が高い
값이 내리다 値段が下がる
값이 오르다 値段が上がる
값을 깎다 値切りる

[類義語] 가격 価格

[例文] 요즘 과일 값이 많이 올랐다.
最近果物の値段がとても上がった。

시장은 값도 싸고 가끔 값을 깎을 수도 있어서 좋아요.
市場は値段も安いし、時々値切りもできるので良いです。

021
거스름돈 [거스름똔] 명사 おつり

[関連語] 잔돈 小銭

[例文] 만 원을 내고 이천 원을 거스름돈으로 받았어요.
1万ウォンを払って2千ウォンのおつりをもらいました。

택시 아저씨가 계산을 잘못해서 거스름돈을 조금 줬어요.
タクシーの運転手さんが計算を間違えて、おつりを少なくくれました。

022
계산하다 [게산하다.] 동사 1. 計算する 2. 支払う

1. 数を足したり引いたり、かけたり割ったりする。

【活用構文】 名을/를 계산하다

【活用表現】 돈을 계산하다 お金を計算する

【関連語】 계산기 計算機

【例文】 수학 문제를 풀 때에는 정확하게 계산해야 해요.
数学の問題を解く時には正確に計算しなければなりません。

2. 買ったものや食べたもののお金を支払う。

【活用構文】 名을/를 계산하다
名으로/로 계산하다

【活用表現】 식사비를 계산하다 食事代を計算する
현금으로 계산하다 現金で支払う

【例文】 카드로 계산하시겠어요? 현금으로 계산하시겠어요?
カードで支払いますか？現金で支払いますか？

023
고르다 [고르다] 동사 選ぶ

【活用構文】 名을/를 고르다

【類義語】 선택하다 選択する

【例文】 알맞은 대답을 고르십시오.
当てはまる答えを選びなさい。

마음에 드는 것을 하나 골라 봐.
気に入ったのを、ひとつ選んで。

024
교환하다 [교환하다] 동사 交換する

【活用構文】 (名을/를) 名으로/로 교환하다

【類義語】 바꾸다 変える

【例文】 어제 산 옷이 작아서 큰 치수로 교환했어요.
昨日買った洋服が小さかったので、大きいサイズに交換しました。

마음에 안 들면 1(일)주일 안에 교환할 수 있습니다.
気に入らなければ１週間以内に交換できます。

025
깎다 [깍따] 동사 値切る

【活用構文】 名을/를 깎다

【活用表現】 값을 깎다 値切りする

【例文】 값이 비싸요. 좀 깎아 주세요.
高いです。少し安くしてください。

어머니는 수박 값을 삼천 원이나 깎았다.
母はスイカの値段を３千ウォンも値引きさせた。

026
돈

[돈] 명사 お金

[活用表現] 돈이 많다 お金持ちだ
돈을 벌다 お金を稼ぐ
돈을 쓰다 お金を使う
돈을 모으다 お金を貯める
돈을 빌리다 お金を借りる

[関連語] 동전 コイン
수표 小切手

[例文] 아르바이트를 해서 돈을 모았어요.
アルバイトをしてお金を貯めました。

돈은 생활에 꼭 필요한 것이지만 가장 중요한 것은 아니다.
お金は生活に必要なものだが、1番大切なものではない。

027
무료

[무료] 명사 無料

[類義語] 공짜 タダ

[反意語] 유료 有料

[例文] 오늘은 무료로 박물관을 관람할 수 있다고 합니다.
今日は無料で博物館を観覧できるといいます。

저쪽에서 무료로 음료수를 주는 행사를 하고 있어요.
あそこでジュースを無料で配っています。

028
무엇

[무얻] 명사 何

知らない事実や、ものごとを尋ねるときに使う指示代名詞。口語では'뭐'と言う。

[関連語] 무슨 何の

[例文] 이것을 한국말로 뭐라고 해요?
これは韓国で何といいますか？

내 취미는 사진 찍기인데 넌 취미가 뭐야?
私の趣味は写真を撮ることなんだけど、君の趣味は何？

029
바꾸다

[바꾸다] 동사 変える

[活用構文] 名을/를 바꾸다
名으로/로 바꾸다

[活用表現] 계획을 바꾸다 計画を変える

자리를 바꾸다 場所を変える

다른 것으로 바꾸다 他の物に変える

[類義語] 교환하다 交換する

[例文] 습관을 바꾸는 것은 정말 어려운 일이에요.
習慣を変えることは本当に難しいことです。

옷이 마음에 들지 않으면 다른 옷으로 바꿔도 돼요.
服が気に入らなければ,他の服に変えてもいいですよ。

030
보이다 [보이다] 동사 見える

[活用構文] 名 이/가 보이다

[活用表現] 보여 주다 見せてあげる

[関連語] 보다 見る

[例文] 우리 집에서 한강이 보여요.
私の家からは漢江が見えます。

뒤에 앉으면 칠판 글씨가 잘 안 보이니까 앞에 앉으세요.
後ろに座ると黒板の字がよく見えないので,前に座ってください。

031
사다 [사다] 동사 買う

[活用構文] 名 을/를 사다

[反意語] 팔다 売る

[例文] 저는 멋있는 자동차를 사고 싶어요.
私はかっこいい車が買いたいです。

슈퍼마켓에서 채소를 세일해서 싸게 샀어요.
スーパーマーケットで野菜のセールをしていたので,安く買いました。

032
상품 [상품] 명사 商品

[活用表現] 상품권 商品券

신상품 新商品

[例文] 신상품이 나왔는데 보여드릴까요?
新商品が出たのですが,お見せしましょうか?

백화점에는 여러 가지 상품이 있어서 구경하는 것이 재미있어요.
デパートにはいろいろな商品があるので,見るのも楽しいです。

033
손님 [손님] 명사 お客さん

[関連語] 주인 店の主人

고객 顧客

[例文] 식당에 항상 손님이 많네요.
食堂にいつもお客さんが多いですね。

오늘 집에 손님이 오시니까 집을 깨끗하게 청소해야 한다.
今日は家にお客さんが来るので、家をきれいに掃除しなければならない。

034
쇼핑

[쇼핑] 명사 ショッピング

[活用表現] 인터넷 쇼핑 インターネットショッピング、通信販売
쇼핑하다 ショッピングする

[例文] 수업이 끝난 후에 친구와 쇼핑을 했어요.
授業が終わった後、友達とショッピングをしました。

백화점 세일 기간에는 쇼핑을 하려고 백화점에 오는 사람들이 많습니다.
デパートのセール期間にはショッピングしようとデパートに来る人が多いです。

035
신용카드

[시뇽카드] 명사 クレジットカード

[活用表現] 신용카드로 계산하다 クレジットカードで計算する

[例文] 신용카드가 있으면 현금이 없어도 물건을 살 수 있어서 아주 편리해요.
クレジットカードがあれば、現金がなくても物を買うことができるので、すごく便利です。

잃어버린 지갑을 찾았는데 신분증과 신용카드가 그대로 있어서 다행이었다.
失くした財布を見つけたのだが、身分証明書とクレジットカードがそのままあって幸いだった。

036
싸다

[싸다] 형용사 安い

[活用構文] 名 이/가 싸다

[活用表現] 값이 싸다 値段が安い
물건이 싸다 ものが安い

[反意語] 비싸다 高い

[例文] 어디에 가면 옷을 싸게 살 수 있어요?
どこに行けば、洋服を安く買えますか?

학생 식당은 음식 값이 싸고 맛있어서 학생들이 좋아해요.
学生食堂は食べ物の値段が安くておいしいので、学生たちに人気があります。

037
쓰다[3]

[쓰다] 동사 使う

[活用構文] 名 을/를 쓰다

[活用表現] 물건을 쓰다 ものを使う

[類義語] 사용하다 使用する

[例文] 로봇 청소기를 써 본 적이 있어요?
ロボット掃除機を使ってみたことがありますか？

한국 사람들은 식사할 때 숟가락과 젓가락을 씁니다.
韓国人は食事する時、スプーンとお箸を使います。

038
어느

[어느] 관형사 どの
いくつかの中の何なのかを、尋ねるときに使う言葉。

[活用構文] 어느 名

[関連語] 무슨 何の

[例文] 어느 나라에서 오셨어요?
どこの国から来来られたんですか？

두 개 중에서 어느 것이 더 마음에 들어요?
2つの中で、どっちが気に入りましたか？

039
어울리다

[어울리다] 동사 似合う

[活用構文] 名에 어울리다
名에게 어울리다

[例文] 청바지에는 흰 티셔츠가 잘 어울려요.
ジーパンには白いTシャツがよく似合います。

이 원피스는 제 딸아이에게 잘 어울릴 것 같아요.
このワンピースは私の娘によく似合いそうです。

040
얼마

[얼마] 명사 いくら

[例文] 한국어 교과서가 얼마예요?
韓国語の教科書はいくらですか？

하숙비는 한 달에 얼마입니까?
下宿代は１ヶ月にいくらですか？

041
점원

[점원] 명사 店員

[関連語] 주인 店の主人

[例文] 저는 서점에서 점원으로 일한 적이 있어요.
私は本屋で店員として働いたことがあります。

가게의 점원이 모두 친절해서 기분이 좋았다.
お店の店員がみんな親切で、気分がよかった。

042
주다

[주다] 동사 あげる

[活用構文] 名 을/를 주다

[反意語] 받다 もらう

[例文] 생일 선물로 무엇을 줬어요?
誕生日のプレゼントに何をあげましたか？

동생에게 주려고 CD를 샀다.
弟にあげようと思ってCDを買った。

043
짜리

[짜리] [接尾詞] ～の

(数、量、値段を表す言葉の後ろに使い)その程度の数や量、価値を持ったことの意味を与える接尾詞。

[活用構文] 名 짜리

[活用表現] 세 살짜리 3歳の子
두 개짜리 2つの
천 원짜리 千ウォンの
오백 원짜리 500ウォンの

[例文] 미안한데 백 원짜리 동전이 있어?
悪いんだけど、100ウォン玉ある？

선생님에게 열 살짜리 딸이 있는데 귀엽고 똑똑해요.
先生に10歳になる娘さんがいるのですが、かわいくて賢いんですよ。

044
치수

[치수] 명사 サイズ

[活用構文] 名 치수

[活用表現] 옷 치수 洋服のサイズ
신발 치수 靴のサイズ
치수가 크다 サイズが大きい
치수가 맞다 サイズが合う

[関連語] 사이즈 サイズ

[例文] 신발 치수가 어떻게 되세요?
靴のサイズはいくつですか？

선물로 받은 옷이 치수가 커서 입을 수 없어요.
プレゼントでもらった洋服のサイズが大きくて着れません。

045

현금

[현금] 명사 現金

【活用表現】 현금영수증 現金領収証

현금을 쓰다 現金を使う

【関連語】 수표 小切手

신용카드 クレジットカード

【例文】 여행을 갈 때 현금을 많이 가지고 가면 위험해요.
旅行に行くとき,現金をたくさん持って行くと危険です。

돈을 얼마나 쓰는지 정확하게 알기 위해서는 현금을 사용하는 것이 좋아요.
お金をどれくらい使ったのか,正確に知るためには現金を使用すると良いです。

08 연습문제

[1~15] 다음 단어를 한국어로 바꿔 쓰십시오. 次の単語を韓国語に変えて書きなさい。

1. お金	(　　　　　)	2. 必ず	(　　　　　)
3. 商品	(　　　　　)	4. 先約	(　　　　　)
5. お客さん	(　　　　　)	6. 店員	(　　　　　)
7. パーティー	(　　　　　)	8. 現金	(　　　　　)
9. 招待	(　　　　　)	10. キャンセル	(　　　　　)
11. 歓迎	(　　　　　)	12. 物語	(　　　　　)
13. あげる	(　　　　　)	14. 買う	(　　　　　)
15. 見える	(　　　　　)		

[16~20] 그림을 보고 (　　)에 알맞은 것을 고르십시오.

絵を見て(　　)の中に当てはまるものを選びなさい。

16.

가 : 주말에 뭘 했어요?

나 : 백화점에서 (　　　　)을/를 했어요.

❶ 쇼핑　　❷ 파티

❸ 데이트　　❹ 송별회

17.

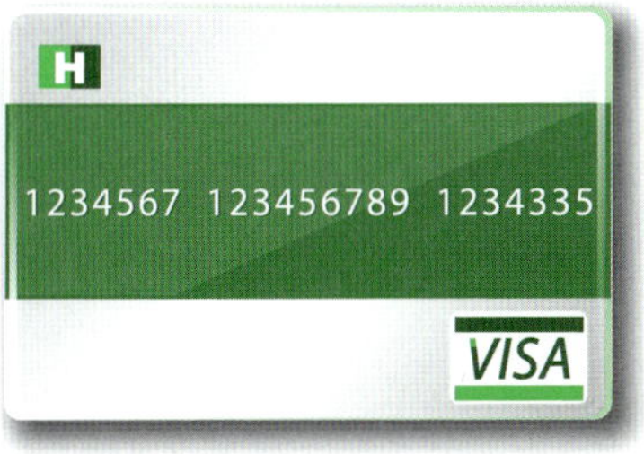

가 : 현금으로 계산하시겠어요?

나 : 아니요, (　　　　)으로/로 계산할게요.

❶ 값　　❷ 돈

❸ 거스름돈　　❹ 신용카드

18.

가 : 뭘 사러 가요?

나 : 친구 생일이어서 (   )을/를 사러 가요.

❶ 상품　　❷ 선물
❸ 점원　　❹ 짜리

19.

가 : 안녕하세요, 아주머니.

나 : 그래, 영수구나! 영수는 (   )을/를 참 잘하는구나!

❶ 꼭　　❷ 안녕
❸ 인사　　❹ 이야기

20.

가 : 뭘 하고 있어요?

나 : (   )을/를 하고 있어요.

❶ 약속　　❷ 통화
❸ 환영　　❹ 데이트

[21~30] 다음 문장을 읽고 알맞은 어휘를 골라 쓰십시오. 어휘는 한 번만 쓰십시오.

次の文章を読んで(　　)に当てはまる単語を選んで書きなさい。単語はそれぞれ1回だけ使えます。

꼭	같이	어느	얼마	무엇
짜리	데이트	송별회	깎다	싸다
쓰다	미루다	바꾸다	어기다	기다리다

21. (　　　　　) 나라에 가 봤어요?

22. 김치는 (　　　　　)으로/로 만들어요?

23. 아주머니, 이 가방 (　　　　　)이에요/예요?

24. 이 볼펜은 500원(　　　　　)인데 아주 좋아요.

25. 주말에 친구와 (　　　　　) 여행을 갔다가 왔다.

26. 아저씨, 너무 비싸요. 조금 (　　　　　)어/아/여 주세요.

27. 유학을 끝내고 고향으로 돌아가는 친구의 (　　　　　)을/를 했다.

28. 색깔이 마음에 안 들어서 다른 색깔로 (　　　　　)었다/았다/였다.

29. 미안해, 약속 시간을 3시에서 7시로 (　　　　　)어야/아야/여야 할 것 같아.

30. 시장 물건은 (　　　　　)어서/아서/여서 좋지만 가끔 질이 나쁜 것도 있어요.

[31~35] (　　　) 안에 알맞은 것을 고르십시오. (　　)の中に当てはまるものを選びなさい。

31. 오랜만에 중학교 동창을 만나서 커피숍에서 재미있게 (　　　　)을/를 했어요.

❶ 운동　　❷ 예약　　❸ 송별회　　❹ 이야기

32. 옷이 마음에 들지 않아서 다른 것으로 (　　　　)으러/러 왔어요.

❶ 깎다　　❷ 사다　　❸ 교환하다　　❹ 쇼핑하다

33. 음료수가 1,500원이어서 2,000원을 내고 500원을(   )으로/로 받았어요.

❶ 값 ❷ 현금 ❸ 거스름돈 ❹ 신용카드

34. 그 치마와 구두가 잘 (   )어요/아요/여요.

❶ 깎다 ❷ 고르다 ❸ 바꾸다 ❹ 어울리다

35. 친구가 약속 시간에 늦어서 1시간 동안 친구를 (   )었어요/았어요/였어요.

❶ 미루다 ❷ 보이다 ❸ 어기다 ❹ 기다리다

[36~40] 밑줄 친 부분과 반대되는 뜻을 가진 것을 고르십시오.

下線を引いた部分と反対の意味を持ったものを選びなさい。

36. **가 :** 이 가게 주인이세요?

나 : 아니요, 저는 (   )이에요/예요.

❶ 상품 ❷ 손님 ❸ 쇼핑 ❹ 신용카드

37. **가 :** 약속을 어기면 안 된다.

나 : 네, 꼭 (   )을게요/ㄹ게요.

❶ 팔다 ❷ 고르다 ❸ 바꾸다 ❹ 지키다

38. **가 :** 값이 싸요?

나 : 아니요, (   )어요/아요/여요.

❶ 넓다 ❷ 나쁘다 ❸ 비싸다 ❹ 깨끗하다

39. **가 :** 꽃을 파는 사람이 많군요.

나 : 네, 우리도 한 다발 (   )읍시다/ㅂ시다.

❶ 사다 ❷ 깎다 ❸ 주다 ❹ 교환하다

40. **가 :** 선물을 많이 받았어요?
나 : 네, 친구들이 선물을 많이 (　　　　)었어요/았어요/였어요.

❶ 쓰다　❷ 팔다　❸ 주다　❹ 생기다

[41~45] 밑줄 친 부분과 의미가 가장 가까운 것을 고르십시오.
下線を引いた部分と意味が一番近いものを選びなさい。

41. **가 :** 숙제를 누구와 함께 했어?
나 : 언니와 (　　　　) 했어.

❶ 꼭　❷ 같이　❸ 안녕　❹ 환영

42. **가 :** 조금 전에 어느 컴퓨터를 사용했어요?
나 : 이 컴퓨터를 (　　　　)었는데요/았는데요/였는데요.

❶ 놓다　❷ 하다　❸ 치다　❹ 쓰다

43. **가 :** 서울에서 옷이 많고 가격도 싼 시장이 어디예요?
나 : 동대문 시장이 옷도 많고 (　　　　)도 싸요. 한번 가 보세요.

❶ 값　❷ 돈　❸ 얼마　❹ 현금

44. **가 :** 물건을 산 후에 언제까지 교환할 수 있어요?
나 : 1주일 안에 오시면 언제든지 (　　　　)을/ㄹ 수 있어요.

❶ 사다　❷ 고르다　❸ 드리다　❹ 바꾸다

45. **가 :** 무슨 영화를 볼지 선택했어?
나 : 아니, 아직 (　　　　)지 못 했어.

❶ 사다　❷ 쓰다　❸ 고르다　❹ 보이다

[46~50] 밑줄 친 단어의 쓰임이 잘못된 것을 고르십시오.
下線部の使い方が間違っているものを選びなさい。

46. ❶ 안녕! 오랜만이다. ( )
❷ 안녕하게 지냈어요?
❸ 그럼 안녕히 계세요.
❹ 안녕하세요? 그동안 어떻게 지내셨어요?

47. ❶ 윗사람에게는 예의를 지켜야 합니다. ( )
❷ 처음 만나는 사람과 인사를 지켰어요.
❸ 사회생활을 할 때 시간을 잘 지키는 것은 아주 중요하다.
❹ 아침에 늦게 일어나서 약속을 지키지 못했어요. 미안해요.

48. ❶ 친구들에게 인사를 줬다. ( )
❷ 후배가 선배에게 인사를 했다.
❸ 선생님께서 내 인사를 받지 않으셨다.
❹ 설날에 친척 어른들께 인사를 드렸습니다.

49. ❶ 요즘 물건 값이 많이 올랐어요. ( )
❷ 값을 잘 고르는 방법이 뭐예요?
❸ 백화점은 시장보다 값이 비싸요.
❹ 제가 물건을 많이 사니까 아저씨가 값을 싸게 해 주셨어요.

50. ❶ 저는 약속을 어기는 사람을 싫어해요. ( )
❷ 친구와 학교 앞에서 만나기로 약속을 했어요.
❸ 죄송합니다. 오늘 약속이 나서 만날 수 없어요.
❹ 갑자기 일이 생겨서 약속을 내일로 미뤄야 할 것 같아요.

학교와 직장

09

学校と職場

1 / 대인 관계
2 / 학업과 업무
3 / 학교 생활
4 / 직장 생활

09-1 대인 관계

001
동기

[동기] 명사 同期

[関連語] 동창 同窓

[例文] 김 과장은 나와 5(오)년 전에 함께 회사에 들어온 입사 동기입니다.
キム課長は5年前私と一緒に会社に入社した同期です。

대학 동기들과 나는 졸업한 지 20(이십)년이 넘었지만 아직도 한 달에 한 번씩 만난다.
大学の同期たちとは、卒業してから20年になるが、今でもひと月に1度ずつ会っている。

002
동료

[동뇨] 명사 同僚

[活用表現] 직장 동료 職場の同僚

회사 동료 会社の同僚

[例文] 오늘은 직장 동료들과 퇴근 후에 회식을 하기로 했어요.
今日は会社の同僚たちと、退勤後に飲みに行くことにしました。

동료 직원이 회사에 나오지 않아서 내가 그 동료의 일까지 모두 했다.
同僚が会社に出てこないので、私がその同僚の仕事まですべてをこなした。

003
동창

[동창] 명사 同窓

[活用表現] 동창회 同窓会

[例文] 30(삼십)년 만에 초등학교 동창들과 만나니까 정말 반가웠어요.
30年ぶりに小学校の同窓生たちに会ったので、本当に嬉しかったです。

이번 주 토요일에 고등학교 동창회가 있는데 갈 수 있을지 모르겠다.
今週の土曜日に高校の同窓会があるんだが、行けるかどうか分からない。

004
사귀다

[사귀다] 동사 付き合う

[活用構文] 名을/를 사귀다

[活用表現] 친구를 사귀다 友達と付き合う

여자 친구를 사귀다 ガールフレンドと付き合う

[例文] 두 사람은 사귄 지 7(칠)년 만에 결혼했다.
2人は付き合って7年で結婚した。

한국 친구들을 많이 사귀어서 한국 문화에 관심을 갖게 되었어요.
たくさんの韓国人の友達と付き合って、韓国の文化に興味を持つようになりました。

005
사장

[사장] 명사 社長

[活用表現] 사장님 社長

[例文] 그 신문사 사장은 너무 바빠서 만나기가 어렵다.
その新聞社の社長はすごく忙しいので、会うことが難しい。

우리 회사 사장님은 아침에 제일 먼저 출근하십니다.
私の会社の社長は朝一番に出勤します。

006
선배

[선배] 명사 先輩

[活用表現] 선후배 先輩後輩

[反意語] 후배 後輩

[例文] 선배들이 후배들을 위해서 신입생 환영회를 열었다.
先輩たちが後輩たちのために、新入生歓迎会を開いた。

일을 하다가 모르는 것이 있으면 선배에게 언제든지 물어 보세요.
仕事をしていて分からないことがあったら、先輩にいつでも聞いてください。

007
선생님

[선생님] 명사 1. 先生 2. 先生

1. 人に教えることを職業としている人を、敬って言う言葉。

[活用構文] 名 선생님

[例文] 저는 외국인에게 한국어를 가르치는 한국어 선생님이 되고 싶어요.
私は外国人に韓国語を教える、韓国語の先生になりたいです。

2. 性別、名前、職業名の後ろに使い、尊敬の意味を表す言葉。

[活用構文] 名 선생님

[活用表現] 김 선생님 キム先生

의사 선생님 お医者さま

[例文] 의사 선생님, 제가 이제 다 나았습니까?
先生、私はもう治ったんですか？

008
싸우다

[싸우다] 동사 喧嘩する

[活用構文] 名과/와 싸우다

[例文] 여자 친구와 싸워서 기분이 안 좋아요.
彼女と喧嘩したので、気分が良くないです。

나는 어렸을 때 동생과 많이 싸웠지만 지금은 사이가 좋다.
私は若い時、弟とよく喧嘩しましたが、今は仲がいい。

009
직원 [지권] 명사 職員､社員

[例文] 회사 직원이 3,000(삼천)명이 넘으면 큰 회사이다.
会社の職員の数が3000人を超えれば大きな会社だ。

요즘 일이 많아서 회사의 모든 직원들이 날마다 늦게까지 일을 해요.
最近仕事が多くて､会社の全社員が毎日遅くまで仕事をしています。

010
학생 [학쌩] 명사 学生

[活用表現] 초등학생 小学生
중학생 中学生
고등학생 高校生
대학생 大学生

[関連語] 학교 学校

[例文] 학생이 해야 할 일은 열심히 공부하는 거예요.
学生のするべきことは､一生懸命勉強することです。

고등학교 3(삼)학년 학생들은 대학교 입학시험 때문에 스트레스를 받고, 대학교 4(사)학년 학생들은 취직 때문에 스트레스를 받는다.
高校3年生は､大学入試のことでストレスを受け､大学4年生は就職のことでストレスを受ける。

09-2 학업과 업무

011
가르치다 [가르치다] 동사 教える

[活用構文] 名을/를 가르치다

[反意語] 배우다 学ぶ

[例文] 저는 지금 중학교에서 학생들에게 수학을 가르치고 있습니다.
私は今､中学校で学生たちに数学を教えています。

제가 사장님과 직접 통화하고 싶은데 전화번호 좀 가르쳐 주시겠습니까?
社長と直接お話したいのですが､電話番号を教えてもらえますか?

012
공부하다 [공부하다] 동사 勉強する

[活用構文] 名 을/를 공부하다

[活用表現] 한국말을 공부하다 韓国語を勉強する

[例文] 저는 대학교에서 경영학을 공부했습니다.
私は大学で経営学を勉強しました。

한국에 오기 전에 고향에서 한국어를 조금 공부했어요.
韓国に来る前、故郷で韓国語を少し勉強しました。

013
교과서 [교과서] 명사 教科書

[例文] 과학 교과서를 집에 놓고 와서 선생님께 혼났다.
科学の教科書を家に置いて来てしまい、先生に叱られた。

시험 문제는 우리가 공부한 교과서에서만 나올 거예요.
試験問題は私たちが勉強した教科書からだけ、出題されます。

014
교실 [교실] 명사 教室

[関連語] 강의실 講義室

[例文] 학생의 수에 비해서 교실이 너무 좁아요.
学生の数に比べて、教室が狭すぎます。

선생님이 교실에 들어오기 전에 자리에 앉아 있어야 해.
先生が教室に入ってくる前に、席に座っていなければだめだよ。

015
권 [권] 명사 巻、冊、刊

[活用表現] 책 1(한) 권 本1冊

공책 30(삼십) 권 ノート30冊

[例文] 이 공책은 한 권에 얼마예요?
このノートは1冊いくらですか？

저는 한 달에 책을 두 권쯤 읽어요.
私は本を1ヶ月に2冊ずつ読みます。

016
끝나다 [끝나다] 동사 終わる

[活用構文] 名 이/가 끝나다

[反意語] 시작되다 始まる

[例文] 수업이 끝나면 도서관에 갈 거예요.
授業が終わったら図書館に行きます。

방학이 끝나고 곧 새 학기가 시작된다.
夏休みが終わって、もうすぐ新学期が始まる。

017
낙제

[낙쩨] 명사 落第

試験に落ちること。または進級できないこと。

[関連語] 유급 留年

[例文] 우리 반에서 낙제한 학생은 한 명도 없어요.
私のクラスで落第した学生はひとりもいません。

모든 과목에서 60(육십)점 이상을 받지 못하면 낙제예요.
すべての科目が60点以下だった場合は、落第です。

018
노력하다

[노려카다] 동사 努力する

[活用構文] 動으려고/려고 노력하다

[活用表現] 열심히 노력하다 一生懸命努力する

[例文] 성공하려고 노력했지만 실패했다.
成功しようと思って努力したが、失敗した。

열심히 노력하면 좋은 결과가 나올 거예요.
一生懸命努力すれば、いい結果が出るでしょう。

019
단어

[다너] 명사 単語

[類義語] 낱말 単語

[関連語] 어휘 語彙

[例文] 외국어를 잘 하려면 단어를 많이 알아야 한다.
外国語がうまくなるには、単語をたくさん知っていなければならない。

책을 읽다가 모르는 단어가 나오면 사전에서 찾으세요.
本を読んでいて、知らない単語が出てきたら辞書で調べてください。

020
돕다

[돕따] 동사 助ける ㅂ動詞

[活用構文] 名을/를 돕다

[活用表現] 일을 돕다 仕事を手伝う

할머니를 돕다 おばあちゃんを助ける

[例文] 무엇을 도와 드릴까요?
何を手伝いましょうか?

형은 날마다 아버지의 일을 돕습니다.
兄は毎日父の仕事を手伝っています。

021
떨어지다

[떠러지다] 동사 1. 落ちる　2. 落ちる

1. 上から下に下がる。

[活用構文] 名이/가 名에 떨어지다

[例文] 유리컵이 바닥에 떨어져서 깨졌다.
ガラスのコップが床に落ちて割れた。

2. 試験に合格できない。

[活用構文] 名에 떨어지다
名에서 떨어지다

[反意語] 붙다 受かる
합격하다 合格する

[例文] 이번 시험에서 떨어지지 않으려면 열심히 공부해야 해.
今回の試験に落ちないためには、一生懸命勉強しなければならない。

022
메모하다

[메모하다] 동사 メモする

[活用構文] 名을/를 메모하다

[関連語] 적다[2] 書く

[例文] 수첩에 그 남자의 이름과 전화번호를 메모했다.
手帳に名前と電話番号をメモした。

공부하면서 모르는 것은 메모해 놓고 쉬는 시간에 선생님께 질문하세요.
勉強していて、分からないことはメモして置いて、休み時間に先生に質問してください。

023
문제

[문제] 명사 問題

[活用構文] 名 문제

[活用表現] 문제가 쉽다 問題が簡単だ
문제가 생기다 問題が生じる
문제를 풀다 問題を解く

[例文] 이번 대학 입학시험 문제는 작년보다 쉬웠어요.
今回の大学入試問題は、昨年よりも簡単でした。

요즘 세계는 주택 문제, 교통 문제, 인구 문제, 환경 문제 등 여러 가지 문제 때문에 살기가 어려워지고 있다.
最近、世界は住宅問題、交通問題、人口問題、環境問題など、いろいろな問題によって生きて行くのが難しくなってきている。

024
묻다

[묻따] 동사 問う、尋ねる ㄷ動詞

[活用構文] 名 을/를 묻다

名 에 대해서 묻다

[活用表現] 물어보다 聞いてみる

이름을 묻다 名前を聞く

[類義語] 질문하다 質問する

[反意語] 대답하다 答える

[例文] 언니에게 언제 만날 수 있는지 물었어요.
姉にいつ会えるのか聞きました。

길을 몰라서 지나가는 사람에게 길을 물었다.
道が分からなかったので、通りすがりの人に道を尋ねた。

025
발음

[바름] 명사 発音

[活用表現] 발음이 좋다 発音がいい

발음이 어렵다 発音が難しい

발음하다 発音する

[例文] 열심히 연습하면 발음이 좋아질 것이다.
一生懸命練習すれば、発音が良くなるだろう。

한국어에서 제일 어려운 발음이 뭐예요?
韓国語で一番難しい発音は何ですか？

026
발전

[발쩐] 명사 発展

[活用表現] 발전하다 発展する

[例文] 회사가 발전하려면 직원들의 힘이 필요하다.
会社が発展するには、社員たちの力が必要だ。

과학 기술의 발전을 위해서 더 많이 노력하겠습니다.
科学技術の発展のために、もっと努力します。

027
배우다

[배우다] 동사 習う

[活用構文] 名 을/를 배우다

[類義語] 공부하다 勉強する

[反意語] 가르치다 教える

[例文] 나는 어머니께 요리를 배웠다.
私は母から料理を習った。

저는 한국어를 배우려고 한국에 왔어요.
私は韓国語を学ぶために韓国に来ました。

028
벌다

[벌다] 동사 稼ぐ ㄹ動詞

[活用構文] 名을/를 벌다

[活用表現] 돈을 벌다 お金を稼ぐ

생활비를 벌다 生活費を稼ぐ

[例文] 돈을 버는 것은 쉬운 일이 아니에요.
お金を稼ぐことは、簡単ではありません。

영수는 방학마다 아르바이트를 해서 학비를 벌었다.
ヨンスは夏休み冬休みの度に、アルバイトをして学費を稼いだ。

029
복습

[복씁] 명사 復習

[活用表現] 복습하다 復習する

[関連語] 예습 予習

[例文] 어제 배운 것을 복습했어?
昨日習ったこと、復習した？

수업이 끝난 후에는 꼭 복습을 하세요.
授業が終わった後には、必ず復習してください。

030
분필

[분필] 명사 チョーク

[関連語] 칠판 黒板

[例文] 선생님은 중요한 내용을 빨간색 분필로 써 주신다.
先生は重要な内容を赤いチョークで書いてくれる。

학생들이 쉬는 시간이 되면 칠판에 분필로 그림을 그려요.
学生たちは、休み時間になると黒板にチョークで絵を書きます。

031
붙다

[붇따] 동사 1. 貼る 2. 受かる

1. 何かに接して落ちない。

[活用構文] 名이/가 붙다

[活用表現] 붙어 있다 くっついている

[反意語] 떨어지다 落ちる

[例文] 기숙사 방 벽에 가족사진이 붙어 있어요.
寮の壁に家族写真が貼ってあります。

2. 試験や学校などに合格する。

[活用構文] 名에 붙다

[活用表現] 시험에 붙다 試験に受かる

대학교에 붙다 大学に受かる

[反意語] 떨어지다 落ちる

[例文] 그 사람은 날마다 열심히 공부해서 가고 싶어했던 대학교에 붙었다.
その人は毎日一生懸命勉強して、行きたがった大学に受かった。

032
빌리다

[빌리다] 동사 借りる

[活用構文] 빌려서 動
名을/를 빌려 주다
名에서 名을/를 빌리다
名에게서 名을/를 빌리다

[類義語] 대여하다 貸与する
대출하다 貸し出す

[反意語] 돌려주다 返す

[関連語] 반납하다 返納する、返す

[例文] 친구에게서 볼펜을 빌려서 썼다.
友達からボールペンを借りて使った。

집을 사려고 은행에서 돈을 빌렸어요.
家を買おうと銀行からお金を借りました。

033
사무실

[사무실] 명사 事務室

[例文] 제가 일하는 사무실은 2(이)층에 있어요.
私が働いている事務室は2階にあります。

사무실에 있는 사람들이 모두 열심히 일을 하고 있다.
事務室にいる人たちが、みんな一生懸命仕事をしている。

034
사업

[사업] 명사 事業

[活用構文] 名 사업

[活用表現] 사업가 事業家
환경 사업 環境事業
통신 사업 通信事業
사업하다 事業をする

[例文] 아버지는 회사를 그만두고 사업을 시작하셨어요.
父は会社を辞めて、事業を始めました。

대학을 졸업한 후에 의류 사업을 해 보려고 합니다.
大学を卒業した後、衣料品の事業をしてみようと思います。

035
사전

[사전] 명사 辞典

[活用表現]
전자사전 電子辞書
한국어 사전 韓国語辞書
사전을 찾다 辞書を引く,辞書で調べる

[例文]
모르는 단어가 있으면 선생님께 여쭤 보거나 사전을 찾아요.
知らない単語があったら,先生に聞いたり辞書で調べたりしてください。

요즘 사람들은 책으로 된 사전보다 전자사전을 더 많이 사용한다.
最近は紙辞書より,電子辞書を使用することが多い。

036
설명

[설명] 명사 説明

[活用表現]
설명서 説明書
설명하다 説明する

[例文]
그럼 지금부터 선생님의 설명을 잘 들으세요.
では,今から先生の説明をよく聞いてください。

친구가 컴퓨터를 어떻게 사용해야 하는지 설명해 주었다.
友達がパソコンをどうやって使うのか,説明してくれた。

037
수업

[수업] 명사 授業

[活用表現]
수업 시간 授業時間
음악 수업 音楽の授業
수업이 있다 授業がある
수업하다 授業をする
수업을 듣다 授業を受ける

[例文]
교실에서 학생들이 열심히 수업을 듣고 있어요.
教室で学生たちが一生懸命授業を受けています。

김 선생님께서 지금 수업을 하고 계시니까 수업이 끝날 때까지 기다리세요.
キム先生は今,授業中なので,授業が終わるまで待ってください。

038
숙제

[숙쩨] 명사 宿題

[活用表現]
숙제가 있다 宿題がある
숙제가 많다 宿題が多い
숙제하다 宿題をする
숙제를 내다 宿題を出す

[類義語]
과제 課題

[例文] 숙제를 다 하고 놀아라.
宿題を全部終わらせてから遊びなさい。

아침에 오면 선생님께 숙제부터 내세요.
朝来たらまず、先生に宿題を出してください。

039
스트레스

[스트레스] 명사 ストレス

[活用表現] 스트레스가 쌓이다 ストレスが溜まる
스트레스를 받다 ストレスを受ける
스트레스를 풀다 ストレスを解消する

[例文] 요즘 시험 때문에 스트레스를 많이 받아요.
最近テストのせいで、すごくストレスを受けます。

스트레스가 많이 쌓였을 때 어떻게 스트레스를 풀어요?
ストレスが溜まったら、どうやって解消しますか？

040
시험

[시험] 명사 試験、テスト

[活用構文] 名 시험

[活用表現] 시험 기간 テスト期間
시험 성적 試験の成績
시험이 있다 試験がある
시험을 보다 テストを受ける
시험에 붙다 試験に受かる

[例文] 학생들은 시험 기간이 되면 스트레스를 많이 받는다.
学生たちはテスト期間になると、かなりストレスを受ける。

이번 주에 중요한 시험이 있어서 요즘 열심히 공부하고 있어요.
今週、重要な試験があるので、最近一生懸命勉強しています。

041
쌓이다

[싸이다] 동사 積もる、溜まる

[活用構文] 名 이/가 쌓이다

[活用表現] 빨래가 쌓이다 洗濯物がたまる
숙제가 쌓이다 宿題がたまる
스트레스가 쌓이다 ストレスがたまる

[関連語] 쌓다 積む

[例文] 책상 위에 책이 쌓여 있다.
机の上に本がたまっている。

길에 눈이 쌓여 있으니까 조심하세요.
道に雪が積もっているので、気をつけてください。

042
알다

[알다] 동사 知る、わかる ㄹ動詞

[活用構文] 名을/를 알다
名에 대해서 알다
動을/ㄹ 줄 알다
形/動는지/은지 알다

[反意語] 모르다 しらない

[例文] 형은 기타를 칠 줄 안다.
兄はギターが弾ける。

한국 드라마를 보면 한국 문화를 조금 알 수 있어요.
韓国ドラマを見ると、韓国の文化を少し知ることができます。

043
알리다

[알리다] 동사 知らせる

[活用構文] 名에게 名을/를 알리다

[関連語] 알다 知る

[例文] 모임 장소가 바뀐 것을 사람들에게 알려 주세요.
集まる場所が変わったことを、みんなに知らせてください。

저는 다른 나라 사람들에게 한국의 문화를 알리는 일을 하고 싶어요.
私は他国の人たちに、韓国の文化を教える仕事をしています。

044
어렵다

[어렵따] 형용사 難しい ㅂ動詞

[活用構文] 名이/가 어렵다
動기가 어렵다

[活用表現] 발음이 어렵다 発音が難しい
이해하기가 어렵다 理解するのが難しい

[反意語] 쉽다 簡単だ

[例文] 학생들이 이번 시험이 아주 어려웠다고 해요.
学生たちが、今回の試験はとても難しかったといいます。

외국어를 공부할 때 제일 어려운 것이 뭐예요?
外国語を勉強する時、一番難しいことは何ですか？

045
연습

[연습] 명사 練習

[活用構文] 名 연습

[活用表現] 연습하다 練習する

[例文] 내일의 경기를 위해서 선수들이 열심히 연습하고 있다.
明日の競技のために、選手たちが一生懸命練習している。

외국어를 잘 하려면 연습을 많이 하는 것이 제일 중요해요.
外国語がうまくなるには、たくさん練習することが一番大切です。

046
열심히

[열씸히/열씨미] 부사 一生懸命

[例文] 미선 씨는 무슨 일이든지 열심히 한다.
ミソンさんは何でも一生懸命します。

아직 한국말을 잘 하지 못하지만 열심히 노력하면 잘 하게 될 거예요.
まだ韓国語が上手ではありませんが、一生懸命努力すれば上達しますよ。

047
외국어

[외구거] 명사 外国語

[例文] 외국어를 전공한 사람을 찾고 있어요.
外国語を専攻した人を探しています。

여러 가지 외국어를 할 수 있으면 좋은 회사에 취직할 수 있어요.
いろいろな外国語ができれば、良い会社に就職できます。

도움말

'-어'で世界の言語を表す単語としては、次のようなものがある。

한국어, 중국어, 일본어, 영어, 독일어, 프랑스어, 스페인어, ……

韓国語、中国語、日本語、英語、ドイツ語、フランス語、スペイン語…

048
월급

[월급] 명사 給料

[活用表現] 월급을 받다 給料をもらう
월급을 주다 給料をあげる

[例文] 한 달 월급이 얼마쯤 돼요?
1ヶ月の給料はいくらくらいですか？

첫 월급을 받으면 친구들에게 한턱낼 거예요.
最初の給料が出たら、友達にご馳走してあげます。

049
유학

[유학] 명사 留学

[活用表現] 유학생 留学生
유학 생활 留学生活
유학하다 留学する
유학을 가다 留学に行く

[例文] 미국으로 유학을 가는 친구를 배웅하러 공항에 갔다.
アメリカに留学に行く友達を見送るため、空港へ行った。

유학하는 동안 여러 나라 친구들을 사귀고 다양한 나라의 문화를 배울 수 있었다.
留学していた間、いろいろな国の友達ができて、多様な国の文化を学ぶことができた。

050
일[3]

[일] 명사 仕事

[活用表現] 일하다 仕事をする

일이 쌓이다 仕事が溜まる

[例文] 오늘 일이 끝난 후에 회식을 하기로 했어요.
今日仕事が終わった後に、飲み会をすることにしました。

요즘 일이 많아서 날마다 늦게까지 일합니다.
最近仕事が多くて、毎日遅くまで働いています。

051
읽다

[익따] 동사 1. 読む　2. 読む

1. 文章で書かれているものを見て、その音のままを声に出して言う。

[活用構文] 名을/를 읽다

[例文] 발음 연습을 위해서 교과서를 큰 소리로 3(세)번 읽었어요.
発音練習のために、教科書を大きな声で3回読みました。

2. 文章で書かれているものを見て、その意味を知る。

[活用構文] 名을/를 읽다

[関連語] 보다 見る

[例文] 어머니는 저녁 식사 준비를 하시고 아버지는 신문을 읽고 계셨다.
母は夕食の準備をしていて、父は新聞を読んでいた。

052
전공

[전공] 명사 専攻

[活用表現] 전공 과목 専攻科目

전공하다 専攻する

[例文] 언니는 대학교에서 무엇을 전공했어요?
お姉さんは大学で何を専攻しました？

전공과 잘 맞는 일을 찾기가 쉽지 않아요.
専攻に合う仕事を探すのは簡単なことではありません。

도움말

大学には次のような専攻がある。

경영학, 경제학, 국어국문학, 법학, 생물학, 수학, 신문방송학, 역사학, 영어영문학, 일어일문학, 중어중문학, 컴퓨터공학, ……

経営学、経済学、国語国文学、法学、生物学、数学、新聞放送学、歴史学、英語英文學、日語日文学、中語中文学、コンピューター工学、…

053
준비

[준비] 명사 準備

[活用構文] 名 준비

[活用表現] 준비하다 準備する

[例文] 손님이 많이 오실 테니까 음식을 많이 준비하세요.
お客さんがたくさん来るので、食べ物をたくさん準備してください。

요즘 어머니는 동생의 결혼 준비로 아주 바쁘십니다.
最近母は、弟の結婚の準備でとても忙しいです。

054
중요하다

[중요하다] 형용사 重要だ

[活用構文] 중요한 名
名이/가 중요하다

[活用表現] 중요한 전화 重要な電話
건강이 중요하다 健康が重要だ

[例文] 중요한 회의가 있으니까 늦지 마세요.
重要な会議があるので、遅れないでください。

시험 점수보다 친구들과 재미있게 공부하는 것이 더 중요해요.
試験の点数よりも友達と楽しく勉強することの方が大切です。

055
직장

[직짱] 명사 職場

[活用表現] 직장 생활 職場生活
직장을 구하다 職場を探す
직장에 다니다 職場に通う

[関連語] 직업 職業

[例文] 요즘 직장 생활은 어때요?
最近職場の生活はどうですか？

일이 너무 힘들어서 다른 직장을 구하고 있어요.
仕事がきつすぎるので、他の職場を探しています。

056
진학

[진학] 명사 進学

[活用表現] 진학생 進学生
진학하다 進学する

[例文] 대학원에 진학해서 한국 문학을 공부하고 싶어요.
大学院に進学して、韓国文学を勉強したいです。

요즘은 옛날보다 대학교에 진학하는 학생 수가 많아졌다.
最近は昔よりも大学に進学する学生の数が多くなった。

057
질문

[질문] 명사 質問

【活用表現】 질문이 있다 質問がある

질문하다 質問する

【関連語】 묻다 尋ねる

【反意語】 대답 答え

【例文】 선생님, 질문이 있습니다.
先生、質問があります。

다음 글을 잘 읽고 질문에 답하십시오.
次の文章をよく読んで、質問に答えなさい。

058
쪽[1]

[쪽] 명사 ページ

【活用構文】 数 쪽

【類義語】 페이지 ページ

【例文】 몇 쪽까지 읽어야 해요?
何ページまで読むべきですか？

여러분, 교과서 13(십삼)쪽을 보세요.
みなさん、教科書の13ページを見てください。

059
찾다

[찯따] 동사 1. 探す　2. 調べる　3. 見つける

1. 今持っていない物を得たり、人に会うためにあちこちを見回す。またはその物を得たり、人に会う。

【活用構文】 名 을/를 찾다

【活用表現】 길을 찾다 道を探す

일을 찾다 仕事を探す

【例文】 우리 가게에서 열심히 일할 사람을 찾고 있습니다.
私の店では、一生懸命仕事する人を探しています。

2. 知らないことを知るために、本を見たりパソコンで検索したりする。

【活用構文】 名 을/를 찾다

【活用表現】 사전을 찾다 辞書を引く

【例文】 모르는 단어가 있어서 사전을 찾았어요.
知らない単語があったので、辞書を引いてみました。

3. 失ったり、取られたり、預けたり、貸してあげだりしたものを、取り戻す。

【活用構文】 名 을/를 찾다

【活用表現】 돈을 찾다 お金を引き出す

지갑을 찾다 財布を見つける

[反意語] 잃다 失う

[例文] 어제 열쇠를 잃어버렸는데 아직 찾지 못했다.
昨日鍵を失くしてしまったのですが、まだ見つかりません。

060
책

[책] 명사 本

[活用構文] 名 책

[活用表現] 책장 本棚
소설책 小説本
책 한 권 本1冊
책을 보다 本を見る
책을 읽다 本を読む

[例文] 한 달에 책을 몇 권 읽으세요?
一ヶ月に本を何冊読みますか？

이 책은 초등학생에게 너무 어려워요.
この本は小学生には難し過ぎます。

061
처리하다

[처리하다] 동사 処理する

[活用構文] 名 을/를 처리하다

[活用表現] 일을 처리하다 仕事を処理する

[例文] 남은 일을 다 처리하고 퇴근하세요.
残りの仕事をすべて処理して退勤してください。

음식물 쓰레기는 어떻게 처리하지요?
生ごみはどうやって処理しますか？

062
출장

[출짱] 명사 出張

[活用表現] 지방 출장 地方出張
해외 출장 海外出張
출장 중이다 出張中だ
출장을 가다 出張に行く

[例文] 아버지는 출장 중이십니다.
父は出張中です。

오늘 부산으로 출장을 가게 되었어요.
今日、プサンへ出張に行くことになりました。

063
틀리다

[틀리다] 동사 違う、間違える

[活用構文] 名 이/가 틀리다
名 을/를 틀리다

[活用表現] 답이 틀리다 答えが違う
계산을 틀리다 計算を間違える

[反意語] 맞다 合う

[関連語] 다르다 違う

[例文] 잘 읽고 맞으면 ○, 틀리면 X 하세요.
よく読んで、あっていれば○、間違っていればXと書いてください。

저는 한국말을 발음할 때 받침 발음을 자주 틀려요.
私は韓国語を発音する時、パッチムの発音をよく間違えます。

064
학기

[학끼] 명사 学期

[活用構文] 名 학기

[活用表現] 1(일)학기 1学期
겨울 학기 冬学期

[例文] 대학교 4(사)학년 2(이)학기에는 학생들이 취업 준비 때문에 바빠요.
大学4年の2学期は、学生たちが就職の準備で忙しいです。

한국은 보통 3(삼)월부터 8(팔)월까지를 1(일)학기, 9(구)월부터 2(이)월까지를 2(이)학기라고 한다.
韓国は通常3月から8月までを1学期、9月から2月までを2学期とする。

065
학년

[항년] 명사 学年

[活用構文] 数 학년

[例文] 제 동생은 저보다 한 학년 아래예요.
私の弟は私より1学年下です。

고등학교 3(삼)학년 학생들은 대학교 입학을 위해서 학교나 학원에서 밤늦게까지 공부한다.
高校3年生は、大学入試のために学校や塾で夜遅くまで勉強する。

066
학비

[학삐] 명사 学費

[活用表現] 학비가 들다 学費がかかる
학비를 내다 学費を払う

[関連語] 등록금 登録金(学費)

[例文] 이번 학기에 학비가 많이 올라서 걱정이에요.
今学期から学費がすごく上がったので心配です。

나는 방학마다 아르바이트를 해서 학비와 용돈을 벌었다.
私は休みごとにアルバイトをして学費とお小遣いを稼いだ。

067
한국어　[한구거] 명사 韓国語

[関連語]　한글　ハングル
한국말　韓国語

[例文]　저는 한국어를 배우려고 한국에 왔어요.
私は韓国語を学ぶために韓国に来ました。

우리 오빠는 대학교에서 한국어를 전공하고 한국 회사에 취직했다.
私の兄は大学で韓国語を専攻して､韓国の会社に就職した。

068
한자　[한짜] 명사 漢字

[活用表現]　한자어　漢字語

[例文]　한자는 모두 50,000(오만)자쯤 된다고 해요.
漢字は全部で5万字くらいになるといいます。

한국과 일본도 한자를 사용하지만 중국에서 쓰는 한자와 조금 달라요.
韓国と日本も漢字を使いますが､中国で使う漢字とは少し違います。

069
회의　[회의/훼이] 명사 会議

[活用表現]　회의실　会議室
회의가 있다　会議がある
회의하다　会議する
회의를 열다　会議を開く
회의에 참석하다　会議に参加する

[例文]　내일 회의는 몇 시에 합니까?
明日､会議は何時にしますか？

오늘 오후에 회의가 있으니까 꼭 참석하시기 바랍니다.
今日の午後に会議があるので､必ず参加して下さい。

070
휴게실　[휴게실] 명사 休憩室

[例文]　피곤하면 휴게실에서 잠깐 쉬었다가 오세요.
疲れたら休憩室で少し休んで来てください。

회사 휴게실은 좁지만 작은 침대와 냉장고가 있어서 편리해요.
会社の休憩室は狭いけれど､小さいベットと冷蔵庫があるので便利です。

071
힘들다

[힘들다] 형용사 大変だ、疲れる、辛い ㄹ動詞

[活用構文] 힘든 名
名이/가 힘들다
動기가 힘들다

[活用表現] 힘든 일 大変な仕事
생활이 힘들다 生活が厳しい

[例文] 힘든 일이 있으면 부모님께 이야기해요.
辛いことがあると、両親に話します。

날씨가 너무 더워서 공부하기가 힘들어요.
とても暑くて勉強するのが辛いです。

09-3 학교 생활

072
결석

[결썩] 명사 欠席

[活用表現] 결석하다 欠席する

[反意語] 출석 出席

[関連語] 지각 遅刻

[例文] 감기에 걸려서 수업에 결석했어요.
風邪を引いたので、授業を欠席しました。

결석이 많으면 성적이 좋아도 장학금을 받을 수 없습니다.
欠席が多いと、成績が良くても奨学金をもらえません。

073
기숙사

[기숙싸] 명사 寄宿舎、寮

[例文] 좋은 친구들 덕분에 기숙사 생활에 금방 익숙해졌어요.
良い友達のおかげで、寮の生活にすぐ慣れました。

우리 학교 기숙사는 시설도 좋고 값도 싸서 학생들에게 인기가 많아요.
私の学校の寮は施設も良いし、値段も安いので学生たちに人気があります。

074
도서관 [도서관] 명사 図書館

[関連語] 책 本

[例文] 요즘 도서관에는 시험 공부를 하는 학생들이 많다.
最近図書館には、試験勉強をしている学生が多い。

학생은 도서관에서 10(십)일 동안 책을 빌릴 수 있습니다.
学生は図書館から10日間、本を借りることができます。

075
뒤풀이 [뒤푸리] 명사 打ち上げ

[活用表現] 뒤풀이를 하다 打ち上げをする

[例文] 오늘 음악회 후에 뒤풀이가 있을 예정이니까 모두 참석해 주세요.
今日の音楽会の後、打ち上げをしようと思うので、みんな参加してください。

6(육)개월 동안의 연극 공연이 끝난 후에 배우들이 근처 술집에 모여서 뒤풀이를 했다.
6ヶ月間の演劇公演が終わった後、俳優たちが近くの居酒屋に集まって打ち上げをした。

076
방학 [방학] 명사 休み(夏休み、冬休み)

[活用表現] 여름 방학 夏休み
겨울 방학 冬休み
방학하다 休み(夏休み、冬休み)になる

[反意語] 개학 開講

[例文] 우리 학교는 다음 주에 방학을 합니다.
私の学校は来週から休みです。

저는 방학마다 시골에 계신 할머니 댁에 놀러 가요.
私は休み期間の度に、田舎にいる祖母の家に遊びに行きます。

077
뽑다 [뽑따] 동사 1. 引く、抜く 2. 選ぶ

1. 中にあるものを掴んで引っ張って取り除く。または中にある食べ物を外に出す。

[活用構文] 名을/를 뽑다

[活用表現] 돈을 뽑다 お金を引き出す
커피를 뽑다 コーヒーを入れる
번호표를 뽑다 番号札を引く

[例文] 은행에 가면 먼저 번호표를 뽑아야 해요.
銀行に行ったらまず、番号札を引かなければなりません。

2. 何人かの中から１人を選ぶ。

[活用構文] 名을/를 뽑다

[活用表現] 반장을 뽑다 学級委員

[例文] 오늘 우리 반의 반장을 뽑을 거예요.
今日、うちのクラスの学級委員を選びます。

078
소풍

[소풍] 명사 ピクニック、遠足

[活用表現] 소풍날 遠足の日
소풍을 가다 ピクニックに行く

[例文] 내일이 소풍날이어서 잠이 안 와요.
明日が遠足の日なので、眠れません。

소풍을 가서 친구들과 김밥을 먹었어요.
遠足に行って、友達たちとのり巻きを食べました。

079
수학여행

[수항녀행] 명사 修学旅行

[活用表現] 수학여행을 가다 修学旅行に行く

[例文] 2(이)박 3(삼)일 동안 설악산으로 수학여행을 다녀왔어요.
２泊３日の間、雪岩山に修学旅行に行ってきました。

한국 고등학생들은 역사를 공부하기 위해서 보통 경주로 수학여행을 가요.
韓国の高校生たちは歴史の勉強のために、慶州に修学旅行に行くのが普通です。

080
아르바이트

[아르바이트] 명사 アルバイト

[活用表現] 아르바이트를 하다 アルバイトをする

[例文] 학비를 벌기 위해서 아르바이트를 해요.
学費を稼ぐために、アルバイトをしています。

방학에 아르바이트를 하려고 하는데 좋은 곳이 있으면 소개해 주세요.
休みの期間にアルバイトをしようと思うのですが、いいところがあったら紹介してください。

081
졸업하다

[조러파다] 동사 卒業する

[活用構文] 名을/를 졸업하다

[反意語] 입학하다 入学する

[例文] 저는 2(이)년 전에 고등학교를 졸업했어요.
私は２年前に高校を卒業しました。

대학교를 졸업한 후에 외국으로 유학을 갈 계획이에요.
大学を卒業した後で、外国に留学へ行く予定です。

082
하숙집

[하숙찝] 명사 下宿

大家さんに部屋の使用料と食事代を渡して住む家。

【活用表現】 하숙집을 구하다 下宿を探す

【例文】 학교 근처에는 깨끗하고 좋은 하숙집이 많아요.
学校の近所にはきれいな下宿が多いです。

우리 하숙집 아주머니는 음식을 맛있게 해 주십니다.
私の下宿のおばんさんは、おいしい料理を出してくれます。

083
학생증

[학쌩쯩] 명사 学生証

【例文】 학생증을 잃어버려서 다시 만들어야 합니다.
学生証を失くしてしまったので、また作らなければなりません。

학생증이 있으면 도서관에서 책을 빌릴 수 있어요.
学生証があったら、図書館で本を借りることができます。

도움말

'−증'で身分や資格を証明するカード状の書類を表す単語として、以下のようなものがある。

학생증, 신분증, 외국인등록증, 운전면허증, 자격증, ……

学生証、身分証、外国人登録証、運転免許証、資格証、…

09-4 직장 생활

084
다니다

[다니다] 동사 通う

【活用構文】 名에 다니다

【活用表現】 학교에 다니다 学校に通う
회사에 다니다 会社に勤める

【例文】 저와 동생은 같은 대학교에 다녀요.
私と弟は一緒に大学に通います。

좋은 회사에 다니는 사람들이 부럽다.
良い会社に勤めている人たちが羨ましい。

085
바쁘다

[바쁘다] 형용사 忙しい ㅇ動詞

【活用構文】 名이/가 바쁘다

【反意語】 한가하다 暇だ

【例文】 지금은 바쁘니까 나중에 전화할게요.
今は忙しいので、後で電話します。

요즘 일이 너무 바빠서 날마다 집에 늦게 들어가요.
最近仕事がすごく忙しくて、毎日家に遅く帰ります。

086
소식

[소식] 명사 消息、知らせ

【活用構文】 名 소식

【活用表現】 결혼 소식 結婚のお知らせ
소식을 듣다 消息を聞く
소식을 전하다 近況を伝える

【例文】 앞으로 자주 소식을 전해 드릴게요.
これからはしょっちゅう近況をお知らせします。

선생님께서 결혼하신다고 하는 소식을 들었어?
先生が結婚するっていう話、聞いた？

087
실례

[실례/실레] 명사 失礼

【活用表現】 실례지만 失礼ですが
실례하다 失礼だ

【例文】 실례지만 박 선생님이 계십니까?
すみませんが、パク先生はいらっしゃいますか？

실례합니다. 이 근처에 우체국이 어디에 있습니까?
失礼します。この近くで郵便局はどこにありますか？

088
예의

[예의/예이] 명사 礼儀

【活用表現】 예의가 없다 礼儀がなっていない
예의를 지키다 礼儀を守る

【関連語】 예절 礼節、行儀

【例文】 교실에서는 모자를 벗는 것이 예의입니다.
教室では帽子を脱ぐのが礼儀です。

한국에서는 윗사람에게 예의를 지키는 것이 중요하다.
韓国では目上の人への礼儀を守ることが重要だ。

089
지각하다

[지가카다] 동사 遅刻する

[活用構文] 名에 지각하다

[例文] 지하철이 고장이 나서 회사에 지각했어요.
地下鉄が故障して会社に遅刻しました。

수업에 지각하지 않으려고 아침에 일찍 일어났다.
授業に遅刻しないように、朝早く起きた。

090
지내다

[지내다] 동사 暮らす、過ごす
ある場所で生活しながら暮らす。

[活用構文] 形 게 지내다

[活用表現] 잘 지내다 元気に過ごす
바쁘게 지내다 忙しく暮らす
재미있게 지내다 楽しく暮らす

[例文] 저는 요즘 일이 많아서 바쁘게 지내고 있어요.
私は最近仕事が多くて、忙しく過ごしています。

두 사람은 성격이 아주 다르지만 친하게 지내요.
２人は性格がかなり違うけれど、親しく過ごしています。

091
출근

[출근] 명사 出勤

[活用表現] 출근 시간 出勤時間
출근하다 出勤する

[反意語] 퇴근 退勤

[関連語] 결근 欠勤

[例文] 출근 시간에는 차가 많이 밀려요.
出勤時間には車が多くて渋滞します。

저는 아침 8(여덟)시에 출근합니다.
私は朝８時に出勤します。

092
취직

[취직] 명사 就職

[活用表現] 취직하다 就職する

[反意語] 퇴직 退職

[例文] 방송국에 기자로 취직했어요.
放送局に記者として就職しました。

대기업에 취직을 하고 싶어하는 사람이 많다.
大企業に就職したがる人が多い。

093

휴가 [휴가] 명사 休暇

【活用表現】 휴가철 休暇シーズン

휴가를 가다 休暇に行く

【例文】 작년 여름에 제주도로 휴가를 다녀왔어요.
昨年の夏、休暇で済州島に行って来ました。

이번 여름 휴가에는 바닷가에 가려고 해요.
今度の夏休みには、海に行こうと思います。

09 연습문제

[1~15] 다음 단어를 한국어로 바꿔 쓰십시오. 次の単語を韓国語に変えて書きなさい。

1. 発展 (　　　　)
2. チョーク (　　　　)
3. 夏､冬 (　　　　)
4. 事業 (　　　　)
5. 社長 (　　　　)
6. 先輩 (　　　　)
7. 遠足 (　　　　)
8. 卒業 (　　　　)
9. 社員 (　　　　)
10. 職場 (　　　　)
11. 会議 (　　　　)
12. 下宿 (　　　　)
13. 暮らす (　　　　)
14. 練習する (　　　　)
15. アルバイト (　　　　)

[16~20] 그림을 보고 (　　)에 알맞은 것을 고르십시오.

絵を見て(　　)の中に当てはまるものを選びなさい。

16.

가 : 학교에서 책을 빌리고 싶은데요.

나 : 그럼 (　　　)이/가 있어야 해요.

❶ 여권 ❷ 예의
❸ 교과서 ❹ 학생증

17.

가 : 뭐 하고 있어요?

나 : 친구 전화번호를 (　　　)하고 있어요.

❶ 일 ❷ 노력
❸ 메모 ❹ 뒤풀이

18.

가 : 뭘 하고 있어요?
나 : (　　　)을/를 보고 있어요.

❶ 책　　❷ 숙제
❸ 시험　　❹ 영화

19.

가 : 어디에서 만날까요?
나 : 제가 일하고 있는 (　　　)으로/로 오세요.

❶ 식당　　❷ 사무실
❸ 하숙집　　❹ 휴게실

20.

가 : 선생님이 뭘 하고 있어요?
나 : 한국말을 (　　　)고 있어요.

❶ 가르치다　　❷ 출근하다
❸ 대답하다　　❹ 질문하다

[21~30] 다음 문장을 읽고 알맞은 어휘를 골라 쓰십시오. 어휘는 한 번만 쓰십시오.

次の文章を読んで(　　)に当てはまる単語を選んで書きなさい。単語はそれぞれ1回だけ使えます。

동기	소식	퇴근	취직	출장
준비	동창	여행	교과서	벌다
읽다	쌓이다	실례하다	중요하다	지각하다

21. 유학을 갈 (　　　　　)은/는 다 끝났니?

22. (　　　　　)습니다/ㅂ니다. 김 선생님 계십니까?

23. 이번 학기에 필요한 (　　　　　)을/를 사러 가자.

24. 아르바이트를 해서 생활비를 (　　　　　)고 있습니다.

25. 회사에 같이 들어온 (　　　　　)들과 주말에 모이기로 했다.

26. 아침에 늦게 일어나서 학교 수업에 5분 (　　　　　)었다/았다/였다.

27. 아버지께서 중국에 회의가 있어서 1주일 동안 (　　　　　)을/를 가셨어요.

28. 한국말 발음을 잘 하려면 교과서를 큰 소리로 많이 (　　　　　)어야/아야/여야 한다.

29. 외국에서 생활할 때 가장 (　　　　　)은/ㄴ 것은 그 나라의 문화를 이해하는 것입니다.

30. 이번 주 수요일부터 금요일까지 친구들과 함께 경주로 (　　　　　)을/를 가기로 했어요.

[31~35] (　　　) 안에 알맞은 것을 고르십시오. (　　)の中に当てはまるものを選びなさい。

31. 결혼날짜를 잡으면 바로 (　　　)어/아/여 주세요.

　① 끝내다　　② 들리다　　③ 보이다　　④ 알리다

32. 지금은 성적이 좋지 않지만 열심히 (　　　)을/를 하면 잘 할 수 있을 거예요.

　① 일　　② 노력　　③ 발전　　④ 예의

33. 나는 3(　　　) 때 대학을 휴학하고 한국말을 배우러 한국에 갔다.

❶ 나이　❷ 시험　❸ 학년　❹ 학비

34. 제 동생은 한국에서 제일 큰 회사에 (　　　)습니다/ㅂ니다.

❶ 끝나다　❷ 다니다　❸ 지내다　❹ 처리하다

35. 친구를 만나러 가는 길에 무거운 짐을 들고 있는 할머니를 (　　　)어/아/여 드렸어요.

❶ 돕다　❷ 벌다　❸ 힘들다　❹ 실례하다

[36~40] 밑줄 친 부분과 반대되는 뜻을 가진 것을 고르십시오.

下線を引いた部分と反対の意味を持ったものを選びなさい。

36. **가 :** 오늘 학생들이 모두 출석했지요?
나 : 아니요, 한 명이 (　　　)었어요/았어요/였어요.

❶ 만나다　❷ 배우다　❸ 결석하다　❹ 질문하다

37. **가 :** 이번에 본 입사 시험에 붙었어요?
나 : 아니요, (　　　)었어요/았어요/였어요.

❶ 바꾸다　❷ 세우다　❸ 질문하다　❹ 떨어지다

38. **가 :** 조금 전에 우체국 앞에서 인사한 사람을 알아요?
나 : 아니요, 잘 (　　　)어요/아요/여요.

❶ 묻다　❷ 다니다　❸ 모르다　❹ 실례하다

39. **가 :** 한국어 공부가 쉽지요?
나 : 네, 하지만 발음은 좀 (　　　)어요/아요/여요.

❶ 배우다　❷ 쌓이다　❸ 힘들다　❹ 어렵다

40. 가 : 요즘 한가하세요?
나 : 아니요, 좀 ( )어요/아요/여요.

❶ 바쁘다 ❷ 지내다 ❸ 실례하다 ❹ 중요하다

[41~45] 밑줄 친 부분과 의미가 가장 가까운 것을 고르십시오.
下線を引いた部分と意味が一番近いものを選びなさい。

41. 가 : 이 책을 다 읽었니?
나 : 아니요, 아직 다 ( )지 못했어요.

❶ 듣다 ❷ 보다 ❸ 쓰다 ❹ 자다

42. 가 : 뭘 공부하려고 왔어요?
나 : 한국말을 ( )고 싶어서 왔어요.

❶ 배우다 ❷ 바꾸다 ❸ 수업하다 ❹ 시작하다

43. 가 : 사장님이 시키신 일은 다 됐습니까?
나 : 네, 조금 전에 ( )었습니다/았습니다/였습니다.

❶ 뽑다 ❷ 쌓이다 ❸ 끝나다 ❹ 취직하다

44. 가 : 어머니, 오늘 퇴근하고 입사 동기들하고 한 잔 하기로 했어요. 집에 늦게 갈 것 같아요.
나 : 그래, 알았다. ( )들하고 즐거운 시간 보내라.

❶ 후배 ❷ 선배 ❸ 동창 ❹ 동료

45. 가 : 모르는 것이 있으면 누구에게 질문하세요?
나 : 저는 친구에게 ( )어/아/여 봐요.

❶ 묻다 ❷ 배우다 ❸ 시작하다 ❹ 실례하다

[46~50] 밑줄 친 단어의 쓰임이 잘못된 것을 고르십시오.

下線部の使い方が間違っているものを選びなさい。

46. ❶ 요즘 사귀는 사람이 있어요? ( )
❷ 한국친구를 많이 사귀면 좋겠다.
❸ 오늘 몇 시에 언니를 사귀었어요?
❹ 여자 친구를 사귄 지 1년 됐습니다.

47. ❶ 가방에서 휴대전화를 뽑았어요. ( )
❷ 오늘 우리 반의 반장을 뽑겠습니다.
❸ 은행에 가면 먼저 번호표를 뽑으세요.
❹ 미안한데 커피 한 잔 뽑아 줄 수 있어?

48. ❶ 다음 주에 방학이 끝나요. ( )
❷ 수업이 끝나고 뭘 할 거예요?
❸ 비가 끝나고 날씨가 맑아졌어요.
❹ 시험이 끝났습니다. 시험지를 선생님께 드리세요.

49. ❶ 한국으로 준비할 계획이다. ( )
❷ 이번에도 낙제하면 큰일이다.
❸ 선생님께서 다시 한 번 설명해 주셨다.
❹ 많이 연습하면 한국말 실력이 좋아질 거예요.

50. ❶ 스트레스를 만들지 않게 조심하세요. ( )
❷ 스트레스가 많이 쌓이면 건강이 나빠진다.
❸ 요즘 회사일 때문에 스트레스를 많이 받아요.
❹ 저는 힘들 때 노래방에서 노래를 부르면 스트레스가 풀려요.

여가

10

余暇

1 / 운동
2 / 감상 · 관람
3 / 여행
4 / 취미

10-1 운동

001
경기 [경기] 명사 競技

【活用構文】 名 경기

【活用表現】 축구 경기 サッカー競技
경기하다 競技する
경기에 지다 競技に負ける
경기에 이기다 競技に勝つ

【類義語】 시합 試合
대회 大会

【例文】 오늘 경기에서 어느 팀이 이겼어요?
今日の競技で、どこのチームが勝ちましたか？

이번 주 토요일에 브라질과 한국의 축구 경기가 열린다.
今週の土曜日にブラジルと韓国のサッカー競技が開かれる。

002
공 [공] 명사 球、ボール

【活用構文】 名 공

【活用表現】 축구공 サッカーボール
공 한 개 ボール1個
공을 치다 球を打つ
공을 차다 ボールを蹴る
공을 던지다 球を投げる

【例文】 창문 쪽으로 공을 차지 마라.
窓側にボールを蹴るな。

아이들이 운동장에서 공을 가지고 놀고 있다.
子供たちが運動場でボールで遊んでいる。

003
던지다 [던지다] 동사 投げる

【活用構文】 名 을/를 던지다

【活用表現】 공을 던지다 球を投げる

【例文】 강에 돌을 던졌다.
川に石を投げる。

공을 이쪽으로 빨리 던져!
球をこっちに早く投げろ！

004
운동

[운동] 명사 運動、スポーツ

[活用表現] 운동복 運動着
운동화 運動靴
운동회 運動会
운동선수 運動選手
운동하다 運動する

[類義語] 스포츠 スポーツ

[例文] 한국에서 가장 인기 있는 운동은 뭐예요?
韓国で一番人気のある運動は何ですか？

할아버지께서는 날마다 아침 운동을 하십니다.
祖父は毎朝運動をしています。

도움말

スポーツの種類を表す単語としては、次のようなものがある。

골프, 농구, 달리기, 당구, 배구, 배드민턴, 수영, 스케이트, 스키, 야구, 축구, 탁구, 태권도, 테니스, ……

ゴルフ、バスケットボール、陸上競技、ビリヤード、バトミントン、水泳、スケート、スキー、野球、サッカー、卓球、テコンドー、テニス、…

005
차다[2]

[차다] 동사 蹴る

[活用構文] 名을/를 차다

[活用表現] 공을 차다 ボールを蹴る
발로 차다 足で蹴る

[例文] 화가 나서 의자를 발로 찼다.
腹が立って、椅子を足で蹴った。

아이들이 공원에서 공을 차고 놀고 있어요.
子供たちが公園でボールを蹴って遊んでいます。

006
치다

[치다] 동사 1. する　2. する　3. 弾く、打つ

1. 手や手に持ったもので何かを叩きながら、遊んだり運動したりする。

[活用構文] 名을/를 치다

[活用表現] 골프를 치다 ゴルフをする
탁구를 치다 卓球をする

[例文] 주말에 친구들과 볼링을 쳤어요.
週末に友達とボーリングをしました。

2. 手や物などをぶつけて、音を出す。

[活用構文] 名 을/를 치다

[活用表現] 손뼉을 치다 手のひらを打つ

박수를 치다 拍手を打つ

[例文] 공연이 끝나고 사람들이 모두 일어나서 박수를 쳤다.
公演が終わって人々がみんな立ち上がって、拍手をした。

3. 楽器を演奏して、音を出す。

[活用構文] 名 을/를 치다

[活用表現] 북을 치다 太鼓を打つ

장구를 치다 チャングを打つ

기타를 치다 ギターを弾く

피아노를 치다 ピアノを弾く

[例文] 오빠는 기타를 치면서 노래를 불렀다.
兄はギターを弾きながら歌を歌った。

도움말

スポーツに使われる動詞は、いくつかある。
この中で特に手や手に持った器具で球を打つスポーツは'치다'を使う。

골프, 탁구, 배드민턴, 볼링, 당구, 테니스, ……
ゴルフ、卓球、バトミントン、ボーリング、ビリヤード、テニス、…

ただし、手でボールを扱うが、ひとりではなくチームで行うスポーツは'하다'を使う。

배구, 농구, 야구, 축구, ……
バレーボール、バスケットボール、野球、サッカー、…

ボールを使わないスポーツは'하다'を使う。

수영, 태권도, 달리기, 요가, ……
水泳、テコンドー、徒競走、ヨガ、…

ある器具の上に乗ってするスポーツは'타다'を使う。

스케이트, 스키, 스노보드, 썰매, ……
スケート、スキー、スノーボード、そり、…

007
타다

[타다] 동사 1. する 2. 乗る

1. 滑るところで、器具を利用して走る。

[活用構文] 名 을/를 타다

[例文] 우리 가족은 겨울이 되면 주말마다 스키를 타러 스키장에 간다.
我が家は冬になると、毎週スキーをしにスキー場に行く。

2. 交通手段や動物に乗る。

【活用構文】 名을/를 타다

【活用表現】 말을 타다 馬に乗る

자동차를 타다 自動車に乗る

【例文】 저는 자전거를 타고 학교에 갑니다.
私は自転車に乗って、学校に行きます。

008
팀

[팀] 명사 1. チーム 2. チーム

1. 運動競技において、一つの塊を成して戦う人々の集まり。

【例文】 어제 경기에서 우리 학교 축구팀이 이겼어요.
昨日の試合で、私の学校のサッカーチームが勝ちました。

2. 同じ目的を持って、同じ仕事をする人たちの集まり。

【例文】 우리 팀에 신입 사원이 새로 들어와서 오늘 회식을 해요.
うちのチームに新しい社員が入ってきたので、今日飲み会をします。

10-2 감상・관람

009
감상

[감상] 명사 鑑賞

【活用構文】 名 감상

【活用表現】 그림 감상 絵画鑑賞

감상하다 鑑賞する

【例文】 제 취미는 영화 감상이에요.
私の趣味は映画鑑賞です。

주말에 전시회에 가서 미술 작품을 감상했어요.
週末に展示会に行って、美術作品を鑑賞しました。

010
드라마

[드라마] 명사 ドラマ

[活用表現] TV 드라마 TVドラマ

[例文] 요즘 한국에서 인기가 있는 드라마가 뭐예요?
最近韓国で人気があるドラマは何ですか？

한국 역사 드라마는 옛날에 쓰던 한국말이 많아서 이해하기가 어려워요.
韓国の歴史ドラマは昔の韓国語がたくさん使われるので､理解するのが難しいです。

011
매표소

[매표소] 명사 チケット売り場､切符売り場

[例文] 요즘에는 매표소에 직접 가지 않고 인터넷으로 표를 살 수 있어서 편리하다.
最近はチケット売り場に直接行かなくても､インターネットでチケットを買うことができるので便利だ。

그 전시회는 인기가 많아서 아침부터 사람들이 매표소에 줄을 길게 서 있어요.
その展示会は人気があるので､朝から人々がチケット売り場に列を作って並んでいる。

012
미술

[미술] 명사 美術

[活用表現] 미술관 美術館
미술 작품 美術作品

[関連語] 예술 芸術

[例文] 미술관에서 일하고 싶어서 미술을 전공했어요.
美術館で働きたくて､美術を専攻しました。

미술을 더 공부하고 싶으면 어느 나라로 유학을 가는 것이 좋을까요?
美術をもっと勉強したかったら､どこかに留学するのはどうですか？

013
상영

[상영] 명사 上映

[活用表現] 상영 기간 上映期間
상영 시간 上映時間
상영하다 上映する

[例文] 상영 시간이 3(세)시간 10(십)분이면 너무 길지 않아요?
上映時間が3時間10分というのは､長すぎませんか？

한국의 유명한 배우가 나오는 영화를 상영한다고 합니다.
韓国の有名な俳優が出る映画を上映するらしいです。

014
연극 [연극] 명사 演劇

【活用表現】 연극배우 演劇俳優
연극하다 演劇する
연극을 보다 演劇を見る
연극을 관람하다 演劇を観覧する

【関連語】 극장 劇場
관객 観客

【例文】 졸업생들이 연극 공연을 준비하고 있습니다.
卒業生たちが演劇の公演を準備しています。

지난 주말에 가족들과 함께 연극을 관람했다.
先週末に家族と一緒に演劇を観覧した。

015
영화 [영화] 명사 映画

【活用表現】 영화관 映画館
영화배우 映画俳優
영화를 보다 映画を見る
영화를 찍다 映画を撮る
영화를 촬영하다 映画を撮影する

【例文】 인기가 많은 영화는 날마다 영화표가 매진돼요.
人気がある映画は毎日チケットが売り切れです。

나는 영화 감상이 취미여서 1(일)주일에 두 번쯤 극장에 간다.
私は映画鑑賞が趣味なので、1週間に2度くらい映画館に行く。

016
예매 [예매] 명사 前売り
映画や博物館などのチケットを、使用する時間よりも先に買うこと。

【活用表現】 예매하다 前売り券を買う

【関連語】 예약 予約

【例文】 주말인데 영화표를 예매하지 않아도 괜찮을까요?
週末だし、映画の前売り券を買わなくても大丈夫でしょうか？

설날과 추석에 고향에 가려면 한 달 전에 기차표를 예매해야 해요.
正月と旧盆に故郷に行くなら、1ヶ月前に切符を買わなければなりません。

017
음악

[으막] **명사** 音楽

[活用表現] 음악회 音楽会

음악을 듣다 音楽を聴く

음악을 연주하다 音楽を演奏する

[関連語] 악기 楽器

[例文] 저는 음악을 들으면서 공부하는 것을 좋아합니다.
私は音楽を聴きながら勉強するのが好きです。

우리 학교 음악 선생님은 피아노를 전공해서 피아노를 잘 치신다.
私の学校の音楽の先生はピアノを専攻していたので、ピアノが上手です。

018
콘서트

[콘서트] **명사** コンサート

[活用表現] 콘서트를 열다 コンサートを開く

콘서트에 가다 コンサートに行く

[関連語] 음악회 音楽会

연주회 演奏会

[例文] 인기 가수가 콘서트를 열면 해외 팬들도 와서 공연을 본다.
人気歌手がコンサートをすると、海外のファンも来て公演を見る。

CD로 듣는 것보다 콘서트에 가서 직접 듣는 것이 더 좋아요.
CDで聞くよりもコンサートに行って直接聞く方がもっといいですよ。

019
표

[표] **명사** 券、チケット

[活用表現] 기차표 切符

표 한 장 券(チケット)1枚

표가 매진되다 チケットが売り切れる

표를 사다 チケットを買う

표를 예매하다 前売り券を買う

[類義語] 티켓 チケット

[関連語] 매표소 チケット売り場

[例文] 표를 파는 곳이 어디에 있어요?
チケットを売っている所は、どこにありますか？

비행기 표를 잃어버리면 안 되니까 가방에 잘 넣으세요.
飛行機のチケットをなくすといけないので、かばんにちゃんと入れてください。

020
필름

[필름] **명사** フィルム

[例文] 디지털 카메라는 필름이 필요 없어서 좋아요.
デジタルカメラはフィルムが必要ないのでいいです。

필름이 다 됐습니다. 새 필름으로 갈아 끼운 후 다시 찍겠습니다.
フィルムがなくなりました。新しいフィルムに交換してから、もう一度撮ります。

도움말

映画の種類を表す単語としては、次のようなものがある。

가족 영화 : 가족이 주인공이 되어서 그 가족에게 일어나는 일에 대해 이야기하는 영화.
家族映画：家族が主人公になり、その家族に起こることについて物語る映画。

공상과학영화 : 과학적인 상상력으로 미래 또는 우주에 있을 수 있다고 생각되는 일에 대해 이야기하는 영화.
SF映画：科学的な想像力で未来または宇宙で起こると想像したものを物語る映画。

공포 영화 : 무섭고 두려운 일에 대해 이야기하는 영화.
ホラー映画：怖くて恐ろしいことを物語る映画。

만화 영화 : 등장인물의 움직임을 하나하나 그린 만화를 연속해서 촬영하여 실제로 움직이는 것처럼 보이게 만든 영화.
アニメーション映画：登場人物の動きをひとつひとつ描いた漫画を連続して撮影し、実際に動いているように見せて作る映画。

멜로 영화 : 남자와 여자의 사랑에 대해 이야기하는 영화.
メロ映画：男と女の愛について物語る映画。

액션 영화 : 싸움, 살인 등에 대해 이야기하는 영화.
アクション映画：争い、殺人などについて物語る映画。

코미디 영화 : 재미있고 즐거운 이야기를 하는 영화.
コメディー映画：おもしろくて楽しいストーリーの映画。

10-3 여행

021
관광

[관광] 명사 観光

[活用表現] 관광객 観光客

관광지 観光地

관광하다 観光する

[例文] 제주도에는 1(일)년 내내 관광객이 많다.
済州島には1年中観光客が多い。

이번 휴가에 서울에 가서 관광을 하려고 합니다.
今度の休暇は、ソウルに行って観光しようと思います。

022
구경

[구경] 명사 見物

[活用構文] 名 구경

[活用表現] 서울 구경 ソウル見物

구경하다 見物する

구경을 가다 見物に行く

[例文] 아이와 함께 동물원에 가서 동물들을 구경했어요.
子供と一緒に動物園に行って、動物を見物しました。

부모님은 해마다 가을에 설악산으로 단풍 구경을 하러 가십니다.
両親は毎年、秋に雪獄山に紅葉狩りに行きます。

023
기념

[기념] 명사 記念

[活用表現] 기념식 記念式

기념일 記念日

기념품 記念品、おみやげ

기념사진 記念写真

기념하다 記念する

[例文] 저는 여행을 가면 그곳의 대표적인 기념품을 삽니다.
私は旅行に行くと、そこの代表的なおみやげを買います。

우리나라에서 열리는 올림픽을 기념하기 위해 기념우표를 발행한다고 한다.
我が国で開かれるオリンピックを記念するために、記念切手を発行するという。

024
떠나다

[떠나다] 동사 去る、出る

[活用構文] 名 을/를 떠나다

[活用表現] 집을 떠나다 家を去る
여행을 떠나다 旅立つ
유학을 떠나다 留学に出る

[関連語] 돌아오다 入ってくる

[例文] 제 친구는 다음 달에 한국으로 유학을 떠납니다.
私の友達は来月に韓国に留学に発ちます。

바쁘고 복잡한 도시를 떠나서 시골에서 살고 싶어요.
忙しくて複雑な都市から離れて、田舎で住みたいです。

025
묵다

[묵따] 동사 泊まる

[活用表現] 名 에서 묵다

[類義語] 숙박하다 宿泊する

[例文] 부산에 사는 친구 집에서 며칠 묵었어요.
プサンに住んでいる友達の家で、何日か泊まりました。

제주도에서 제일 좋은 호텔에서 묵으려고 해요.
済州島で一番いいホテルに泊まろうと思います。

026
-박 -일

[-박-일] 명사 ー泊ー日

[活用構文] 数 박 数 일

[例文] 이 여행 상품은 19(십구)박 20(이십)일 동안 유럽 10(십)개국을 여행하는 상품입니다.
このツアーは19泊20日の間、ヨーロッパの10カ国を旅行する商品です。

저는 7(칠)월 16(십육)일부터 18(십팔)일까지 2(이)박 3(삼)일 동안 설악산에 놀러갈 거예요.
私は7月16日から18日まで2泊3日の間、雪嶽山へ遊びに行きます。

027
비용

[비용] 명사 費用

[活用表現] 여행 비용 旅行費用
비용이 들다 費用がかかる

[例文] 이번 여행은 비용이 얼마나 들까요?
今度の旅行は、費用がどれくらいかかるでしょうか？

아버지의 수술 비용이 많이 들어서 나와 동생은 학교를 휴학하고 아르바이트를 시작했다.
父の手術費がかなりかかるので、私と弟は学校を休学してアルバイトを始めた。

028
비자

[비자] 명사 ビザ

【活用表現】 비자를 받다 ビザを貰う
비자를 신청하다 ビザを申請する
비자를 연장하다 ビザを延長する

【関連語】 출입국관리사무소 出入国管理事務所

【例文】 한국에 가려면 비자가 필요해요?
韓国へ行くには、ビザが必要ですか？

비자를 신청하기 위해서 대사관에 갔습니다.
ビザを申請するために、大使館に行きました。

029
세상

[세상] 명사 世界、世の中

【活用表現】 세상 구경 社会(世の中)の見物
세상 사람들 世の人たち

【類義語】 세계 世界

【例文】 나는 세상에서 우리 가족이 제일 소중해요.
私は世界で私の家族が一番大切です。

이 세상에는 우리가 상상할 수 없는 일들이 아주 많다.
この世には、私たちが想像できないようなことがとても多い。

030
숙박

[숙빡] 명사 宿泊

【活用表現】 숙박비 宿泊費
숙박 시설 宿泊施設
숙박하다 宿泊する

【例文】 관광지에는 숙박 시설이 많다.
観光地には宿泊施設が多い。

우리는 숙박비를 아끼기 위해서 여관에서 숙박하기로 했다.
私たちは宿泊費を節約するために、旅館に泊まることにした。

도움말

韓国の宿泊施設を表す名詞として、次のようなものがある。

민박 : 여행할 때에 호텔 등이 아니라 일반 집에서 돈을 내고 묵는 것. 또는 그런 집.
民宿 : 旅行する際、ホテルなどではなく一般の家にお金を払って泊まること。またはそのような家。

여관 : 돈을 받고 손님이 묵을 수 있는 방을 빌려 주는 곳.
旅館 : お金をもらってお客さんが泊まれるように部屋を貸すところ。

모텔 : 여관의 일종.
モーテル : 旅館の一種。

콘도 : 아파트와 유사한 형태이며 음식을 만들어 먹을 수 있다. 객실 단위로 분양을 하여 구입자가 사용하지 않는 기간에는 관리 회사에 운영권을 맡기고 임대료 수입을 받는 형태의 호텔의 일종. 콘도미니엄.
コンド : アパートのような形態で、料理をすることができる。客室単位で分譲し、購入者が使用しない期間には管理会社に運用件を預けて、賃貸収入を得る形態のホテルの一種。コンドミニアム。

펜션 : 서양식 민박의 일종. 집 하나를 빌려서 음식을 만들어 먹을 수 있다.
ペンション : 西洋式の民宿の一種。家をひとつ借りて、料理をして食べることができる。

호텔 : 크고 고급스러운 서양식 여관.
ホテル : 大きくて高級感のある西洋式の旅館。

031
안내

[안내] 명사 案内

[活用表現]
안내 방송 案内放送
안내 책자 案内のパンフレット
행사 안내 イベント案内
안내하다 案内する
안내를 받다 案内を受ける

[例文]
지하철이나 버스를 타면 내릴 역에 대한 안내 방송이 나옵니다.
地下鉄やバスに乗ると、降りる駅についての案内放送が流れます。

저는 인사동에서 외국인에게 길을 안내하는 봉사활동을 하고 있습니다.
私は仁寺洞で外国人に道を案内するボランティアをしています。

032
여권

[여꿘] 명사 パスポート

[活用表現]
여권이 나오다 パスポートが出る
여권을 신청하다 パスポートを申請する

[例文]
여권을 신청할 때 필요한 서류는 뭐예요?
パスポートを申請する時に必要な書類は何ですか？

외국에서 여권을 잃어버리면 대사관에 가야 해요.
外国でパスポートを失くしたら、大使館に行かなければなりません。

033
여행

[여행] 명사 旅行

[活用表現]
여행사 旅行会社
여행 경비 旅行経費
여행하다 旅行する
여행을 가다 旅行に行く
여행을 떠나다 旅立つ

[例文]
나는 휴가 때마다 가족들과 여행을 간다.
私は休暇のたびに、家族と旅行に行く。

해마다 해외여행을 가는 사람들이 많아지고 있어요.
毎年、海外旅行に行く人が増えています。

도움말

旅行の種類を表す単語として、以下のようなものがある。
해외여행, 배낭여행, 신혼여행, 국내 여행, 단체 여행, 세계 여행, ……
海外旅行、バックパック旅行、新婚旅行、国内旅行、団体旅行、世界旅行、…

034
예약

[예약] 명사 予約

[活用表現]
식당 예약 食堂の予約
호텔 예약 ホテルの予約
예약하다 予約する
예약을 받다 予約を受ける
예약을 취소하다 予約をキャンセルする

[関連語]
예매 前売り

[例文]
방학에 고향에 가려고 비행기표를 예약했다.
休みに故郷へ帰ろうと飛行機のチケット予約した。

고급 레스토랑은 1(일)주일 전에 미리 예약해야 해요.
高級レストランは、1週間前に前もって予約しなければなりません。

도움말

'예약'はホテル・食堂・飛行機の席をあらかじめ使用すると約束しておくことで、'예매'は映画・博物館などのチケットをあらかじめ買っておくことを言う。

035
출국

[출국] 명사 出国

[活用表現]
출국 날짜 出国日時
출국하다 出国する

[反意語] 입국 入国

[例文] 한국으로 출국하는 날이 언제예요?
韓国に出国する日はいつですか？

나는 출국하기 전에 배웅을 나온 친구들과 인사를 했다.
私は出国する前に、見送りに来てくれた友達たちと挨拶をした。

10-4 취미

036
게임

[게임] 명사 ゲーム

[活用構文] 名 게임

[活用表現] 게임기 ゲーム機
야구 게임 野球ゲーム
컴퓨터 게임 コンピューターゲーム
게임을 하다 ゲームをする

[例文] 어제 늦게까지 인터넷 게임을 해서 오늘 학교에 지각했다.
昨日遅くまでオンラインゲームをしていたので、今日学校に遅刻した。

여행지에서 여러 사람이 같이 할 수 있는 재미있는 게임을 소개해 주세요.
旅行先でみんなで一緒にできる、面白いゲームを紹介して下さい。

037
그리다

[그리다] 동사 描く

[活用構文] 名을/를 그리다

[活用表現] 풍경을 그리다 風景を描く

[関連語] 그림 絵
미술 美術
화가 画家

[例文] 친구는 나에게 학교에 가는 길을 지도로 그려 주었다.
友達は私に学校への行き方を、地図で描いてくれた。

제 취미는 주말마다 공원에 가서 사람들의 모습을 그리는 것입니다.
私の趣味は毎週末、公園に行って人々の姿を描くことです。

038
낚시

[낙씨] 명사 釣り

[活用表現] 낚시하다 釣りをする

낚시를 가다 釣りに行く

[例文] 우리는 낚시로 잡은 물고기로 매운탕을 끓였다.
私たちは釣りで捕まえた魚でメウンタンを作りました。

아버지는 낚시를 아주 좋아하셔서 쉬는 날마다 낚시를 가십니다.
父は釣りがすごく好きなので、休日になる度に釣りに行きます。

039
노래

[노래] 명사 歌

[活用表現] 노래방 カラオケ

노래 한 곡 歌1曲

노래하다 歌う

노래를 부르다 歌を歌う

[関連語] 가수 歌手

가요 歌謡

[例文] 동생은 설거지를 하면서 노래를 불렀다.
弟は皿洗いをしながら、歌を歌った。

요즘 한국에서 제일 인기가 있는 노래가 뭐예요?
最近韓国で一番人気がある歌は何ですか？

040
독서

[독써] 명사 読書

[活用表現] 독서하다 読書する

[例文] 한국 사람들은 가을을 독서의 계절이라고 합니다.
韓国人は、秋を読書の季節だといいます。

저는 집에서 혼자 조용히 독서하는 것을 좋아합니다.
私は家でひとり、静かに読書することが好きです。

041
등산

[등산] 명사 登山

[活用表現] 등산화 登山靴

등산객 登山客

등산로 登山路

등산하다 登山する

등산을 가다 登山に行く

[例文] 우리 형은 주말마다 서울에 있는 산을 등산한다.
私の兄は毎週末、ソウルにある山に登る。

가을에는 단풍을 구경하려고 등산을 가는 사람들이 많습니다.
秋には紅葉を見ようと登山する人たちが多いです。

042
모으다

[모으다] 동사 1. 集める 2. 貯める

1. 趣味で特定のものをたくさん集めて持つ。으動詞

[活用構文] 名 을/를 모으다

[活用表現] 우표를 모으다 切手を集める

[類義語] 수집하다 収集する

[例文] 제 동생은 외국 돈을 모으는 것이 취미입니다.
私の弟は外国のお金を集めるのが趣味です。

2. お金を使わずに貯めておき、増やしていく。으動詞

[活用構文] 名 을/를 모으다

[活用表現] 돈을 모으다 お金を貯める

[例文] 돈을 모아서 사고 싶었던 오토바이를 샀어요.
お金を貯めて、欲しかったオバイクをを買いました。

043
바둑

[바둑] 명사 囲碁

[活用表現] 바둑 한 판 囲碁1勝負
바둑을 두다 囲碁を打つ

[例文] 할아버지들이 시원한 나무 아래에서 바둑을 두고 계셨다.
おじいちゃんたちが、涼しい木の下で囲碁を打っていた。

한국에는 바둑이 취미인 사람들이 많아서 24(이십사)시간 바둑 경기만 보여 주는 TV채널도 있습니다.
韓国では囲碁を趣味としている人が多くて、24時間囲碁の競技だけを放送するTVのチャンネルもあります。

044
보통

[보통] 부사 普段、いつも、普通

[関連語] 주로 主に

[例文] 보통 몇 시에 출근하세요?
普段、何時に出勤しますか?

너는 보통 수업이 끝난 후에 뭘 하니?
いつも授業が終わった後、何してるの?

045
사진

[사진] 명사 写真

[活用構文] 名 사진

[活用表現] 사진기 写真機、カメラ

결혼사진 結婚写真

여행 사진 旅行写真

사진 한 장 写真1枚

사진을 찍다 写真を撮る

[関連語] 카메라 カメラ

촬영하다 撮影する

[例文] 가족들이 보고 싶을 때에는 가족사진을 봅니다.
家族に会いたくなると、家族写真を見ます。

오늘은 졸업 사진을 찍는 날이어서 정장을 입은 학생들이 많다.
今日は卒業写真を撮る日なので、スーツを着た学生たちが多い。

046
산책

[산책] 명사 散歩

[活用表現] 산책하다 散歩する

[例文] 공원에는 산책을 나온 사람들이 많았어요.
公園には散歩をしに来た人たちがたくさんいました。

우리는 날마다 저녁 식사 후에 30(삼십)분씩 집 근처를 산책한다.
私たちは毎日夕食後に30分ずつ、家の周りを散歩します。

047
악기

[악끼] 명사 楽器

[活用表現] 악기를 연주하다 楽器を演奏する

[関連語] 연주회 演奏会

[例文] 선배님은 무슨 악기를 연주할 수 있어요?
先輩は何の楽器を演奏できますか？

음악 선생님은 피아노, 바이올린, 첼로 등 여러 가지 악기를 연주하실 수 있다.
音楽の先生はピアノ、バイオリン、チェロなど、いろいろな楽器を演奏することができる。

048
야영

[야영] 명사 キャンプ

[活用表現] 야영하다 キャンプをする

[類義語] 캠핑 キャンプ

[例文] 야영을 가려고 하는데 어디가 좋아요?
キャンプに行こうと思うのですが、どこがいいですか？

여름에 야영을 할 때에는 비가 많이 올 수 있으니까 일기예보를 잘 들어야 한다.
夏にキャンプをする時には、雨がたくさん降る可能性もあるので、天気予報をちゃんと聞いたほうがいいです。

도움말

西洋の楽器には次のようなものがある。

○ 기타 : 기타를 치다 ギター : ギターを弾く

○ 바이올린 : 바이올린을 켜다 バイオリン : バイオリンを弾く

○ 피아노 : 피아노를 치다 ピアノ : ピアノを弾く

049
찍다

[찍따] 동사 撮る

[活用構文] 名을/를 찍다

[活用表現] 사진을 찍다 写真を撮る

영화를 찍다 映画を撮る

동영상을 찍다 動画を撮る

[類義語] 촬영하다 撮影する

[例文] 여기가 경치도 아름답고 유명한 곳이니까 여기에서 사진을 찍자!
ここが景色もいいし、有名な場所だから、ここで写真を撮ろう！

이 섬은 인기 있는 드라마를 많이 찍은 곳이어서 1(일)년 내내 관광객이 많아요.
この島は人気ドラマでよく撮られる場所なので、1年中観光客が多いです。

050
추다

[추다] 동사 踊る

[活用表現] 춤을 추다 踊りを踊る

[関連語] 춤 ダンス

[例文] 춤은 잘 추지만 노래는 잘 부르지 못하는 가수도 있다.
踊りはうまいが、歌は下手な歌手もいる。

할아버지의 회갑 잔치에서 어른들이 음악에 맞춰서 춤을 추셨다.
祖父の還暦祝いの席で、大人たちが音楽に合わせて踊りを踊った。

051
취미

[취미] 명사 趣味

[活用表現] 취미 생활 趣味生活

취미가 있다 趣味がある

[例文] 제 취미는 독서입니다.
私の趣味は読書です。

나중에 결혼하면 아내와 같이 취미 생활을 할 수 있었으면 좋겠어요.
この先結婚したら、妻と一緒に趣味を楽しめるといいです。

10 연습문제

[1~15] 다음 단어를 한국어로 바꿔 쓰십시오. 次の単語を韓国語に変えて書きなさい。

1. チーム (　　　　　　)
2. 観光 (　　　　　　)
3. 記念 (　　　　　　)
4. ビザ (　　　　　　)
5. 上映 (　　　　　　)
6. 演劇 (　　　　　　)
7. 映画 (　　　　　　)
8. 前売り (　　　　　　)
9. 宿泊 (　　　　　　)
10. 散歩 (　　　　　　)
11. 美術 (　　　　　　)
12. 音楽 (　　　　　　)
13. ドラマ (　　　　　　)
14. 踊る (　　　　　　)
15. 投げる (　　　　　　)

[16~20] 그림을 보고 (　　)에 알맞은 것을 고르십시오.

絵を見て(　　)の中に当てはまるものを選びなさい。

16.

가 : 어제 뭘 했어요?

나 : 친구들과 운동장에서 (　　　　)을/를 했어요.

❶ 축구　❷ 배구
❸ 농구　❹ 탁구

17.

가 : 보통 주말에 뭘 하세요?

나 : 저는 주말마다 (　　　　)을/를 합니다.

❶ 낚시　❷ 등산
❸ 수영　❹ 달리기

18.

가 : 해외 여행을 가려면 뭘 준비해야 해요?
나 : 우선 (　　　　)을/를 준비해야 해요.

❶ 비자　　❷ 안내
❸ 여권　　❹ 필름

19.

가 : 영화표를 사려면 어디로 가야 해요?
나 : 극장 앞에 있는 (　　　　)으로/로 가세요.

❶ 민박　　❷ 여관
❸ 호텔　　❹ 매표소

20.

가 : 이번 주말에 뭘 할 거예요?
나 : 제가 좋아하는 가수의 (　　　　)에 가려고 해요.

❶ 연극　　❷ 영화
❸ 드라마　　❹ 콘서트

[21~30] 다음 문장을 읽고 알맞은 어휘를 골라 쓰십시오. 어휘는 한 번만 쓰십시오.

次の文章を読んで(　　)に当てはまる単語を選んで書きなさい。単語はそれぞれ1回だけ使えます。

표	관광	게임	기념	노래
낚시	독서	바둑	보통	비용
사진	악기	취미	예약	그리다

21. 저는 (　　　　) 아침 7시에 일어납니다.

22. 전시회를 보려면 우선 (　　　　)을/를 사야 합니다.

23. 제 친구는 가수처럼 (　　　　)을/를 아주 잘 불러요.

24. 부모님께서 결혼하신 지 30년이 된 (　　　　)으로/로 여행을 가셨다.

25. 이 건물은 유명한 건물이니까 이 건물 앞에서 (　　　　)을/를 찍읍시다.

26. 제 하숙집 친구는 (　　　　)을/를 좋아해서 책을 한 달에 4권 정도 읽습니다.

27. 그 가수는 피아노, 바이올린, 기타 등 여러 가지 (　　　　)을/를 연주할 수 있어요.

28. 유럽으로 여행을 가고 싶었지만 여행 (　　　　)이/가 너무 많이 들어서 못 갔어요.

29. 제 (　　　　)은/는 볼링입니다. 그래서 주말마다 친구들과 함께 볼링장에 갑니다.

30. 그 식당은 주말에 손님들이 많아서 먼저 (　　　　)을/를 하지 않으면 안 돼요.

[31~35] (　　) 안에 알맞은 것을 고르십시오. (　　)の中に当てはまるものを選びなさい。

31. 저는 영화 (　　)이/가 취미여서 주말마다 영화관에 갑니다.

❶ 감상　　❷ 상영　　❸ 예매　　❹ 필름

32. 오늘 축구 (　　)에서 독일이 한국을 1:0으로 이겼다.

❶ 팀　　❷ 경기　　❸ 운동　　❹ 스포츠

33. 저는 한국, 일본, 영국, 프랑스 등 세계 여러 나라를 (　　　)었습니다/았습니다/였습니다.

❶ 산책　❷ 안내　❸ 야영　❹ 여행

34. 제 동생은 그림을 잘 (　　　)습니다/ㅂ니다.

❶ 찍다　❷ 추다　❸ 그리다　❹ 모으다

35. 친구가 발로 공을 세게 (　　　)었다/았다/였다.

❶ 묶다　❷ 차다　❸ 타다　❹ 던지다

[36~38] 밑줄 친 부분과 반대되는 뜻을 가진 것을 고르십시오.
下線を引いた部分と反対の意味を持ったものを選びなさい。

36. **가 :** 여기가 입국하는 사람들이 들어오는 곳이에요?
나 : 아니요, (　　　)는 사람들이 나가는 곳이에요.

❶ 출국하다　❷ 여행하다　❸ 예약하다　❹ 기념하다

37. **가 :** 영수가 여행을 떠난다고 해요.
나 : 그래요? 그럼 언제 (　　　)는다고/ㄴ다고 해요?

❶ 묵다　❷ 타다　❸ 나가다　❹ 돌아오다

38. **가 :** 공을 던져!
나 : 알았어, 던질 테니까 잘 (　　　)어/아/여.

❶ 추다　❷ 차다　❸ 받다　❹ 주다

[39~45] 밑줄 친 부분과 의미가 가장 가까운 것을 고르십시오.
下線を引いた部分と反対の意味を持ったものを選びなさい。

39. 가 : 제일 좋아하는 스포츠가 뭐예요?
나 : 저는 모든 (   )을/를 좋아해요.

❶ 게임 ❷ 경기 ❸ 산책 ❹ 운동

40. 가 : 세계 여행을 하면 많은 것을 배울 수 있어서 좋아.
나 : 맞아. 넓은 (   )을/를 구경하면 생각과 마음도 넓어지는 것 같아.

❶ 팀 ❷ 세상 ❸ 비자 ❹ 비용

41. 가 : 가족들과 캠핑을 간 적이 있어요?
나 : 네, 아버지께서 여행을 좋아하셔서 초등학교 때에는 주말마다 산에 가서 (   )을/를 했어요.

❶ 관광 ❷ 구경 ❸ 안내 ❹ 야영

42. 가 : 네가 영화 티켓을 샀어? 이번에는 내가 사려고 했는데 …….
나 : 그럼 내가 (   )을/를 샀으니까 네가 저녁을 사.

❶ 표 ❷ 감상 ❸ 상영 ❹ 예매

43. 가 : 오랜만에 가는 가족 여행인데 어디에서 숙박하면 좋을까요?
나 : 조금 비싸지만 호텔에서 (   )자.

❶ 살다 ❷ 묵다 ❸ 차다 ❹ 떠나다

44. 가 : 요즘 무슨 영화를 촬영하세요?
나 : 액션 영화를 (   )고 있어요.

❶ 찍다 ❷ 추다 ❸ 그리다 ❹ 던지다

45. **가 :** 우표를 많이 수집하셨군요.
나 : 네, 우표를 (   )는 것이 제 취미이니까요.

❶ 차다 ❷ 치다 ❸ 하다 ❹ 모으다

[46~50] 밑줄 친 단어의 쓰임이 잘못된 것을 고르십시오.
下線部の使い方が間違っているものを選びなさい。

46. ❶ 저는 저녁마다 형과 탁구를 쳐요. (   )
❷ 우리는 생일 축하 노래를 부른 후에 박수를 쳤다.
❸ 그 남자는 피아노를 치면서 노래를 부르고 있어요.
❹ 우리 반 남학생들은 수업이 끝난 후에 게임방에 가서 게임을 칩니다.

47. ❶ 버스를 타고 학교에 와요. (   )
❷ 코끼리를 타 본 적이 있어요?
❸ 비자를 타려면 대사관에 가야 한다.
❹ 저는 겨울이 되면 주말마다 스키를 타러 스키장에 갑니다.

48. ❶ 어디에서 표를 살 수 있어요? (   )
❷ 이번 공연은 표가 모두 매진되었습니다.
❸ 인기가 많은 영화는 미리 예매해야 해요.
❹ 다음 달에 열리는 축구 경기의 표를 하고 싶어요.

49. ❶ 아침 일찍 여행을 출발했어요. (   )
❷ 여행을 가면 어디에서 묵을 거예요?
❸ 호텔에서 그 근처 관광지를 안내해 줄 거예요.
❹ 8월에 여행을 가려면 우선 비행기표를 예약하세요.

50. ❶ 주말에 서울 구경을 하려고 해요. (   )
❷ 나는 친구들과 같이 동물원 구경을 갔어요.
❸ 그 건물은 아주 유명한데 구경을 본 적이 있어요?
❹ 제주도는 경치가 아름다워서 구경을 오는 사람이 많다.

음식

11

食べ物

1 / 맛
2 / 음료 · 간식
3 / 재료 · 소스
4 / 요리
5 / 음식
6 / 식사

11-1 맛

001
달다

[달다] 형용사 甘い ㄹ動詞

[活用構文] 名이/가 달다

[活用表現] 단 맛 甘み

사탕이 달다 飴が甘い

[例文] 설탕을 많이 넣은 것 같아요. 음식이 좀 달아요.
砂糖を入れ過ぎたみたいです。料理が少し甘いです。

사탕 같이 단 것을 너무 좋아하면 충치가 생길 수 있다.
飴のように甘いものをたくさん食べると、虫歯ができることがある。

002
맛

[맏] 명사 味

[活用表現] 맛이 있다 味がする、おいしい

맛이 좋다 味が良い

[例文] 음식 맛이 어때요?
料理の味はどうですか？

맛이 참 좋다. 이 음식을 어떻게 만들었니?
すごくおいしい。この料理、どうやって作ったの？

003
맛있다

[마싣따/마딛따] 형용사 おいしい

[活用構文] 名이/가 맛있다

[反意語] 맛없다 まずい

[例文] 배가 좀 고픈데 뭐 맛있는 음식이 없을까?
お腹が空いたんだけど、何かおいしいものない？

엄마가 만들어 주신 음식이 제일 맛있어요.
母が作ってくれる料理が、一番おいしいです。

004
맵다

[맵따] 형용사 辛い ㅂ動詞

[活用構文] 名이/가 맵다

[活用表現] 매운 음식 辛い食べ物

고추가 맵다 唐辛子が辛い

[例文] 김치는 맛있지만 좀 매워요.
キムチはおいしいけれど、少し辛いです。

음식이 너무 매워서 눈물이 나요.
食べ物が辛すぎて、涙が出ます。

005
시다

[시다] 형용사 酸っぱい

【活用構文】 名이/가 시다

【活用表現】 신 맛 酸味

굴이 시다 みかんが酸っぱい

【例文】 식초를 많이 넣어서 음식 맛이 너무 시어요.
お酢を入れすぎて、料理がすごく酸っぱいです。

요즘 파는 귤은 맛이 있기는 하지만 좀 시다.
最近売っているみかんは、おいしいけれど少し酸っぱい。

006
싱겁다

[싱겁따] 형용사 味が薄い ㅂ動詞

【活用構文】 名이/가 싱겁다

【活用表現】 싱거운 음식 薄味の料理

국이 싱겁다 スープの味が薄い

싱겁게 먹다 薄味で食べる

【例文】 국이 좀 싱거워서. 소금을 더 넣어야겠어요.
スープの味が少し薄いです。塩をもっと入れなくては。

음식을 싱겁게 먹는 것이 건강에 좋다고 합니다.
料理を薄味に作るのは、健康に良いといいます。

007
쓰다[4]

[쓰다] 동사 苦い 으動詞

【活用構文】 名이/가 쓰다

【活用表現】 쓴 나물 苦いナムル

한약이 쓰다 韓方薬が苦い

【例文】 한약이 너무 써서 못 먹겠어요.
韓方薬が苦すぎて食べられません。

입에 쓴 음식이 몸에 좋다는 말이 있다.
苦く感じる食べ物は、体に良いという。

008
짜다

[짜다] 형용사 塩辛い

【活用構文】 名이/가 짜다

【活用表現】 짠 음식 塩辛い料理

찌개가 짜다 チゲがからい

짜게 먹다 味付けが濃い

【例文】 저에게 한식은 좀 맵고 짭니다.
私には韓国の料理が少し辛くてしょっぱいです。

설탕을 넣어야 하는데 소금을 넣어서 맛이 너무 짜요.
砂糖を入れなければならなかったのに、塩を入れてしまったので、すごく塩辛いです。

11-2 음료 · 간식

009
간식

[간식] 명사 間食、おやつ

【例文】 배가 좀 고픈데 간식이 있어요?
少しお腹が空いたのですが、おやつはありますか?

간식을 너무 많이 먹으면 밥을 먹기 싫어지니까 조금만 먹어라.
おやつを食べ過ぎると、ご飯を食べたくなくなるので、少しだけにしなさい。

010
과일

[과일] 명사 果物

【活用表現】 과일 주스 フルーツジュース
과일이 나다 果物に成る
과일을 따다 果物を収穫する

【例文】 무슨 과일을 좋아하세요? 저는 수박을 좋아해요.
どんな果物が好きですか?私はスイカが好きです。

딸기와 바나나로 만든 과일 주스가 맛있는데 한번 드셔 보세요.
いちごとバナナで作ったフルーツジュースがおいしいので、一度飲んでみてください。

도움말

果物の種類を表す単語には、以下のようなものがある。

감, 귤, 딸기, 바나나, 사과, 수박, 오렌지, 포도, ……
柿、みかん、いちご、バナナ、りんご、オレンジ、ぶどう、…

011
과자

[과자] 명사 お菓子

【活用表現】 과자 한 봉지 お菓子1袋

[例文] 요즘 과자를 많이 먹어서 살이 쪘다.
最近お菓子をたくさん食べて太った。

맛이 단 과자는 쓴 커피와 함께 먹으면 더 좋아요.
甘いお菓子は、苦いコーヒーと一緒に食べるといいですよ。

012
떡

[떡] 명사 餅

[活用表現] 떡을 찌다 餅をつく

[例文] 요즘 나는 아침에 밥을 먹지 않고 떡을 먹는다.
最近私は朝にごはんを食べないで、お餅を食べる。

한국 사람들은 큰 잔치가 있을 때마다 떡을 먹습니다.
韓国人は大きな祝い事があるたびに、お餅を食べます。

013
물

[물] 명사 水

[活用表現] 따뜻한 물 温かいお湯

물을 끓이다 お湯を沸かす

[関連語] 생수 天然水

[例文] 엄마, 목이 말라요. 물을 좀 주세요.
お母さん、喉が渇きました。お水を少しください。

목감기에 걸렸을 때는 따뜻한 물을 자주 마시는 것이 좋습니다.
のど風邪を引いた時は、温かいお湯をしょっちゅう飲むといいです。

014
병[1]

[병] 명사 瓶

[活用表現] 물병 水筒

술 한 병 お酒1瓶

병이 깨지다 瓶が割れる

[例文] 맥주를 몇 병쯤 사 놓으면 될까요?
ビールを何本くらい買って置けばいいでしょうか?

냉장고를 열어 보면 문 쪽에 병이 하나 있지? 그게 물이니까 꺼내서 마셔라.
冷蔵庫を開けたら、ドアのところに瓶が一つあるでしょう?中身は水だから、出して飲みなさい。

015
빵

[빵] 명사 パン

[活用表現] 빵집 パン屋

빵 한 조각 パン1切れ、1斤

빵을 굽다 パンを焼く

[例文] 아침에 저는 빵과 우유를 먹어요.
朝、私はパンに牛乳を飲みます。

빵집에서 금방 빵을 구워서 좋은 냄새가 나요.
パン屋でパンを焼いたばかりなので、いい匂いがします。

016
사탕

[사탕] 명사 飴

【例文】 사탕을 싫어하는 아이는 없어요.
飴を嫌いな子供はいません。

식사 후에 사탕을 서비스로 주는 식당이 있다.
食後に飴をサービスしてくれる食堂がある。

017
술

[술] 명사 酒

【活用表現】 술 한 병 酒 1 瓶
술을 끊다 お酒をやめる
술을 한잔하다 お酒を 1 杯やる
술에 취하다 酒に酔う

【例文】 퇴근한 후에 동료들과 함께 술을 한잔했다.
退勤した後に同僚たちと、酒を 1 杯やった。

저는 술을 잘 마시지 못하지만 술을 마시는 자리는 좋아해요.
私はお酒が得意ではないけれど、お酒の席は好きです。

도움말

お酒の種類を表す単語としては、以下のようなものがある。

맥주, 소주, 양주, 포도주, 막걸리, ……
ビール、焼酎、洋酒、ぶどう酒、マッコリ、…

018
아이스크림

[아이스크림] 명사 アイスクリーム

【例文】 여름이 되니까 아이스크림을 찾는 손님들이 많아졌다.
夏になったので、アイスクリームを求めるお客さんが多くなった。

우리 식사한 후에 커피를 마실까? 아이스크림을 먹을까?
食事の後、コーヒーを飲もうか？アイスクリームを食べようか？

019
요구르트

[요구르트] 명사 ヨーグルト

【例文】 과일샐러드에 요구르트를 부어서 먹으면 맛있어요.
フルーツサラダにヨーグルトをかけて食べるとおいしいです。

저는 요즘 다이어트를 하려고 아침에는 요구르트만 먹어요.
私は最近ダイエットをしようと思って、朝はヨーグルトだけを食べます。

020
우유 [우유] 명사 牛乳

【例文】 저는 커피에 우유를 넣어서 마셔요.
私はコーヒーに牛乳を入れて飲みます。

우유를 많이 마시면 키가 커질 거야. 많이 마셔.
牛乳をたくさん飲めば、背が高くなるんだ。たくさん飲めよ。

021
음료수 [음뇨수] 명사 飲料水

【例文】 손님께 음료수를 한 잔 드리세요.
お客さんに飲み物を１杯差し上げてください。

아이에게는 음료수보다는 물을 마시게 하는 게 좋아요.
子供にはジュースよりは、水を飲ませた方が良い。

022
잔 [잔] 명사 杯

【活用表現】 술잔 杯
차 한 잔 お茶１杯
한잔하다 一杯飲む

【例文】 저는 술을 한 잔만 마셔도 취해요.
私はお酒を１杯だけ飲んだだけで酔います。

밥을 먹은 후에 차를 한 잔 할까요?
ご飯を食べた後に、お茶でも１杯飲みましょうか？

023
주스 [주스] 명사 ジュース

【活用表現】 과일 주스 フルーツジュース
주스 한 잔 ジュース１杯

【例文】 어머니는 과일로 직접 주스를 만들어서 우리한테 주신다.
母は果物をジュースにして、私たちに飲ませる。

운전을 해야 하니까 술은 마실 수 없어요. 그냥 주스 한 잔 주세요.
運転をしなければならないので、お酒を飲めません。ジュースを１杯ください。

024
차[1] [차] 명사 茶

【活用表現】 차를 끓이다 お茶を沸かす

【例文】 어머니는 항상 보리차를 끓여서 냉장고에 넣어 놓으신다.
母はいつも麦茶を沸かして、冷蔵庫に入れておいてくれる。

선생님은 차를 좋아하셔서 댁에 여러 가지 종류의 차가 많다.
先生はお茶が好きなので、家にいろいろな種類のお茶がたくさんある。

도움말

お茶の種類を表す単語として、以下のようなものがある。

녹차, 홍차, 인삼차, 보리차, 유자차, 생강차, 대추차, ……

緑茶、紅茶、高麗人参茶、麦茶、ゆず茶、しょうが茶、なつめ茶、…

025
초콜릿

[초콜릳] 명사 チョコレート

【例文】 피곤할 때 초콜릿을 먹으면 피로가 좀 풀려요.
疲れた時は、チョコレートを食べると少し疲れが取れます。

저는 아이스크림 중에서 초콜릿 아이스크림을 제일 좋아해요.
私はアイスクリームの中で、チョコレートアイスが一番好きです。

026
커피

[커피] 명사 コーヒー

【活用表現】 커피숍 コーヒーショップ、カフェ

【例文】 피곤하면 커피를 한 잔 마시고 계속 공부할까?
疲れたらコーヒーを１杯飲んで、勉強しようか？

저는 커피를 조금만 마셔도 밤에 잠을 자지 못해요.
私はコーヒーを少し飲んだだけで、夜眠れなくなります。

027
케이크

[케이크] 명사 ケーキ

【活用表現】 생일 케이크 誕生日ケーキ

케이크 한 조각 ケーキ１切れ

【例文】 오늘 언니 생일이니까 우리 케이크를 사러 가자.
今日は姉の誕生日だから、私たちでケーキを買いに行こう。

친구 생일이어서 직접 케이크를 만들어서 선물했어요.
友達の誕生日なので、手作りを作ってプレゼントしました。

028
콜라

[콜라] 명사 コーラ

【例文】 오늘 점심에는 콜라하고 피자를 시켜서 먹었다.
今日は昼食に、コーラとピザを配達してもらって食べた。

낮이니까 맥주를 마시지 말고 그냥 콜라를 마시자.
昼なのでビールじゃなくコーラを飲もう。

11-3 재료・소스

029
간장

[간장] 명사 醤油

【例文】 나물 맛이 좀 싱거운데요. 간장을 더 넣어야겠어요.
ナムルの味が少し薄いみたいです。醤油をもう少し入れなければ。

파전을 간장에 찍어서 드시면 맛이 더 좋을 거예요.
チヂミを醤油につけて食べると、もっとおいしいです。

030
고기

[고기] 명사 肉

【活用表現】 물고기 魚
닭고기 鶏肉
고기 한 근 肉1塊
고기가 익다 肉に火が通る
고기를 굽다 肉を焼く

【例文】 고기를 먹을 때에는 채소도 같이 드세요.
肉を食べる時には、野菜と一緒に食べてください。

고기를 좋아해도 너무 많이 먹으면 건강에 좋지 않다.
肉が好きでも、食べ過ぎると健康に良くない。

031
고추

[고추] 명사 唐辛子

【活用表現】 고추장 コチュジャン
고춧가루 唐辛子の粉

【例文】 고추는 너무 매워서 못 먹겠어요.
唐辛子は辛すぎて食べられません。

매운 고추를 고추장에 찍어 먹어요?
辛い唐辛子を、コチュジャンにつけて食べるんですか？

032
곡물

[곡물] 명사 穀物

【類義語】 곡식 穀物

【例文】 한국 사람들은 여러 가지 곡물 중에서 쌀을 제일 많이 먹는다.
韓国人はいろいろな穀物の中で、お米を一番たくさん食べる。

요즘은 빵을 만들 때 여러 가지 곡물을 넣어서 만들기도 합니다.
最近はパンを作る時、いろいろな穀物を入れて作ったりもします。

033
달걀 [달걀] 명사 卵

[活用表現] 삶은 달걀 ゆで卵

달걀 프라이 目玉焼き

[類義語] 계란 卵

[例文] 간식으로 먹으려고 달걀을 삶아 놓았다.
間食にしようと、卵をゆでておいた。

라면에 달걀을 넣어서 끓여 보세요. 더 맛있을 거예요.
ラーメンに卵を入れて作ってみてください。もっとおいしいですよ。

034
당근 [당근] 명사 にんじん

[例文] 당근이 눈에 좋다고 하니까 많이 먹어야 해.
にんじんが目に良いらしいので、たくさん食べてね。

당근은 그냥 먹는 것보다 볶아서 먹는 것이 더 좋다고 한다.
にんじんはそのまま食べるよりも、炒めて食べた方がいいらしい。

035
된장 [된장] 명사 味噌

[活用表現] 된장찌개 味噌チゲ

[例文] 고추를 된장에 찍어서 먹어 봐. 진짜 맛있지?
唐辛子を味噌につけて食べてごらん。おいしいでしょう？

어머니는 간장, 된장, 고추장을 직접 만들어서 드신다.
母は醤油、味噌、コチュジャンを自分で作って食べる。

036
두부 [두부] 명사 豆腐

[活用表現] 두부 한 모 豆腐１丁

두부를 부치다 豆腐を焼く

[関連語] 콩 豆

[例文] 두부는 콩으로 만든 음식이다.
豆腐は豆で作った食べ物だ。

두부를 넣어서 된장찌개를 끓였어요.
豆腐を入れて味噌チゲを作りました。

037
마늘 [마늘] 명사 にんにく

[例文] 한국의 거의 모든 음식에는 마늘이 들어간다.
ほとんどの韓国料理には、にんにくが入っている。

상추에 고기하고 고추장, 마늘을 싸서 먹어 봐라.
サンチュに肉とコチュジャン、にんにくを巻いて食べてごらん。

038
상추

[상추] 명사 サンチュ

普通、ごはんや肉を食べるときに一緒に巻いて食べる、緑色の葉の野菜の一種。

[活用表現] 상추쌈 サンチュ巻き

[例文] 고기를 먹을 때 상추에 싸서 먹으면 더 맛있습니다.
肉を食べる時、サンチュに巻いてで食べると、よりおいしいです。

상추는 키우기가 쉬우니까 직접 키워서 드셔 보세요.
サンチュは育てるのが簡単なので、自分で育てて食べてみてください。

039
생선

[생선] 명사 魚

[活用表現] 생선회 刺身
생선 구이 焼き魚
생선 한 마리 魚1匹

[例文] 저는 고기보다 생선을 더 좋아해요.
私は肉より魚の方が好きです。

겨울이니까 생선회가 아주 싱싱할 거예요.
冬なので、刺身がとても新鮮でしょう。

040
소금

[소금] 명사 塩

[活用表現] 소금을 넣다 塩を入れる
소금을 뿌리다 塩をかける

[関連語] 설탕 砂糖

[例文] 국이 싱겁네요. 소금을 넣어야겠어요.
スープの味が薄いです。塩を入れましょう。

소금을 넣어야 하는데 설탕을 넣어 버려서 음식 맛이 이상해졌어요.
塩を入れなければならないのに、砂糖を入れてしまい、料理の味が変になりました。

041
소스

[소스] 명사 ソース

[活用表現] 스테이크 소스 ステーキソース
소스를 뿌리다 ソースをかける

[例文] 그 레스토랑의 스테이크는 소스 때문에 더 맛있다.
そのレストランのステーキはソースのおかげで、よりおいしい。

스파게티 소스를 만들기 귀찮으면 마트에 가서 스파게티 소스를 사서 뿌려 먹으면 됩니다.
スパゲッティーソースを作るのが面倒くさいのなら、スーパーに行って、スパゲッティーソースを買って、かけて食べればいいです。

042
신선하다 [신선하다] 형용사 1. 新鮮だ 2. 新鮮だ

1. 野菜や果物､魚などが生き生きしている。

[活用構文] 名 이/가 신선하다

[活用表現] 신선한 과일 新鮮な果物

생선이 신선하다 魚が新鮮だ

[類義語] 싱싱하다 新鮮だ

[例文] 오늘 들어온 과일이 모두 신선해요.
今日入ってきた果物は､全部新鮮です。

2. さわやかで新しい。

[活用構文] 名 이/가 신선하다

[活用表現] 신선한 공기 新鮮な空気

느낌이 신선하다 気持ちが新鮮だ

[例文] 영수 씨의 의견에 대해서 동료들이 모두 신선하다고 말했다.
同僚たちはみんな､ヨンスさんの意見が新鮮だと言った。

043
싱싱하다 [싱싱하다] 형용사 新鮮だ

[活用構文] 名 이/가 싱싱하다

[類義語] 신선하다 新鮮だ

[例文] 이 생선이 움직이는 것 좀 보세요. 아주 싱싱하네요.
この魚が動いているのを見てください｡とても新鮮ですね。

음식을 만들 때는 싱싱한 재료를 쓰는 것이 무엇보다도 중요하다.
料理を作る時は､新鮮な材料を使うことが､何よりも重要です。

044
쌀 [쌀] 명사 米

[活用表現] 쌀밥 お米のご飯

[関連語] 밥 ご飯

[例文] 떡은 쌀로 만들어요.
お餅はお米から作ります。

흰 쌀밥만 드시지 마시고 여러 가지 다른 곡물을 섞어서 드세요.
白いご飯だけ食べないで､いろいろな他の穀物を混ぜて食べてください。

045
양파 [양파] 명사 たまねぎ

[活用表現] 양파 껍질 たまねぎの皮

양파를 썰다 たまねぎを切る

[例文] 양파를 많이 썰면 눈이 매워서 눈물이 난다.
たまねぎをたくさん刻むと､目が痛くて涙が出る。

양파를 너무 많이 먹으면 입 냄새가 나니까 이를 닦아야 해.
たまねぎをたくさん食べると、口が臭くなるので、歯磨きをしなくちゃ。

046
오이

[오이] 명사 きゅうり

[活用表現] 오이김치 きゅうりのキムチ

오이 마사지 きゅうりマッサージ

[例文] 더울 때 오이를 먹으면 속이 시원해져요.
暑い時にきゅうりを食べると、すっきりします。

오이 마사지를 하면 얼굴이 하얘진다고 하니까 한 번 해 보세요.
きゅうりマッサージをすると、顔が白くなるというので、一度やってみてください。

047
참기름

[참기름] 명사 ごま油

[例文] 비빔밥을 비빌 때는 참기름을 넣어야 맛있어요.
ビビンパを混ぜる時に、ごま油を入れるとおいしいです。

참기름을 넣고 만들어서 더 맛있는 냄새가 납니다.
ごま油を入れて作れば、もっとおいしい香りがします。

048
채소

[채소] 명사 野菜

[活用表現] 채소를 기르다 野菜を育てる

[例文] 싱싱한 채소를 많이 먹어야 건강해진다.
新鮮な野菜をたくさん食べると、健康になります。

나중에 나이가 들면 고추나 상추 같은 채소를 직접 기르고 싶다.
歳をとったら、唐辛子やサンチュのような野菜を、自分で育てたい。

049
치즈

[치즈] 명사 チーズ

[活用表現] 치즈 한 장 チーズ1枚

치즈 한 조각 チーズ1切れ

[例文] 프랑스 사람들은 포도주를 마실 때 치즈를 같이 먹는다고 해요.
フランス人はぶどう酒を飲む時に、チーズを一緒に食べるらしいです。

저는 치즈를 아주 좋아해서 피자에 치즈 가루를 꼭 뿌려서 먹어요.
私はチーズがすごく好きなので、ピザに紛チーズを必ずかけて食べます。

050
토마토

[토마토] 명사 トマト

[活用表現] 토마토소스 トマトソース

토마토케첩 トマトケチャップ

토마토 주스 トマトジュース

[例文] 토마토가 과일이에요? 채소예요?
トマトは果物ですか？野菜ですか？

한국 음식 중에서 토마토를 재료로 사용해서 만든 음식이 있어요?
韓国料理の中で、トマトを材料として使う料理がありますか？

051
해산물

[해산물] 명사 海鮮物

[活用表現] 싱싱한 해산물 新鮮な海鮮物

[例文] 싱싱한 해산물로 끓인 국이나 찌개는 맛이 참 좋아요.
新鮮な海鮮物で作ったスープやチゲは、本当においしいです。

저는 바닷가에 살아서 어렸을 때부터 여러 가지 해산물을 많이 먹었어요.
私は海の近くに住んでいるので、幼い頃からいろいろな海鮮物をたくさん食べました。

11-4 요리

052
간

[간] 명사 味

塩や醤油のような、料理に塩気を加えるもの。または料理の塩加減。

[活用表現] 간이 맞다 塩加減がちょうどいい
간을 하다 味をつける
간을 보다 味を見る
간을 맞추다 味を整える

[例文] 간장으로 간을 좀 더 해야겠어요.
醤油でもう少し味をつけなければならないようです。

입맛에 맞는지 안 맞는지 간을 좀 봐 주세요.
口に合うかどうか、ちょっと味見してみてください。

053
굽다

[굽따] 동사 焼く ㅂ動詞

[活用構文] 名 을/를 굽다

[例文] 고기를 굽는 냄새가 집 밖까지 난다.
家の外にまで、肉を焼く匂いがする。

오늘 저녁에는 생선을 구워서 먹으려고 해요.
今日の夕飯は、魚を焼いて食べようとします。

054
끓이다

[끄리다] 동사 煮る

[活用構文] 名을/를 끓이다

[活用表現] 라면을 끓이다 ラーメンを作る

[関連語] 끓다 沸く

삶다 ゆでる

[例文] 커피를 마시려고 물을 끓이고 있어요.
コーヒーを飲もうと思って、お湯を沸かしています。

배가 좀 고픈데 라면이나 하나 끓여 먹을까?
お腹が少し空いたから、ラーメンでも1つ作って食べようか？

055
다지다

[다지다] 동사 みじんきりにする

[活用構文] 名을/를 다지다

[活用表現] 다진 고기 みじんきりにした肉

마늘을 다지다 にんにくをみじんきりにする

[関連語] 썰다 切る、刻む

[例文] 이 김밥에는 다진 쇠고기가 들어가서 더 맛있어요.
こののり巻きには、牛のひき肉が入っているので、よりおいしいです。

음식을 할 때마다 마늘을 다지기가 귀찮으면 마트에서 다진 마늘을 사서 쓰세요.
料理をするたびに、にんにくをみじんきりにするのが面倒だったら、、スーパーで刻みにんにくを買って使ってください。

056
만들다

[만들다] 동사 1. 作る　2. 作る

1. 努力や技術を使って、目標としているものを作る。ㄹ動詞

[活用構文] 名을/를 만들다

[活用表現] 음식을 만들다 食べ物を作る

가구를 만들다 家具を作る

[例文] 저는 우리 엄마가 만들어 주시는 음식이 제일 맛있어요.
私は母が作ってくれる料理が一番好きです。

2. 本、映画、歌、文書などを作り上げる。ㄹ動詞

[活用構文] 名을/를 만들다

[活用表現] 노래를 만들다 曲を作る

[例文] 영화를 한 편 만들려면 돈이 얼마나 들까요?
映画を1本作るには、どれくらいお金がかかるでしょうか？

057
볶다

[복따] 동사 炒める

【活用構文】 名을/를 볶다

【活用表現】 밥을 볶다 ご飯を炒める

음식을 볶다 食べ物を炒める

【関連語】 튀기다 揚げる

【例文】 김치, 양파, 고기를 볶아서 볶음밥을 해 먹을까?
キムチ、たまねぎ、肉を炒めてチャーハンを作って食べようか？

잡채를 만들 때에는 채소를 따로따로 볶아야 해요? 같이 볶아도 돼요?
チャプチェを作る時には、野菜を別々に炒めるんですか？一緒に炒めでもいいですか？

058
비비다

[비비다] 동사 混ぜる、あえる

【活用構文】 名을/를 비비다

【活用表現】 밥을 비비다 ごはんを混ぜる

【例文】 반찬이 없어서 밥에다가 고추장을 넣어서 비벼 먹었다.
おかずがなかったので、ご飯にコチュジャンを入れて、混ぜて食べた。

비빔밥으로 가장 유명한 곳은 전주입니다. 전주에 가면 꼭 비빔밥을 드셔 보세요.
ビビンパで一番有名なところは全州です。全州に行ったら、必ずビビンパを食べてみてください。

059
삶다

[삼따] 동사 ゆでる

【活用構文】 名을/를 삶다

【活用表現】 국수를 삶다 麺をゆでる

【関連語】 찌다 蒸す

끓이다 煮る

【例文】 입맛이 없어서 국수를 삶아서 먹었어요.
食欲がなかったので、麺をゆでて食べました。

점심에 돼지고기를 삶아서 상추에 싸 먹자.
昼食に豚肉をゆでて、サンチュに巻いて食べよう。

060
썰다

[썰다] 동사 切る、刻む ㄹ動詞

【活用構文】 名을/를 썰다

【例文】 무를 썰다가 칼에 손가락을 베었어요.
大根を切っていたら、包丁で指を切りました。

라면에다가 계란도 넣고, 파도 좀 썰어서 넣어라.
ラーメンに卵を入れて、ねぎも少し刻んで入れなさい。

061
요리

[요리] 명사 料理

[活用表現] 요리법 料理方法、レシピ
요리사 調理師
한국 요리 韓国料理
요리하다 料理する
요리를 만들다 料理を作る

[関連語] 음식 食べ物

[例文] 제가 할 줄 아는 요리는 라면뿐이에요.
私に作れる料理は、ラーメンだけです。

저는 외식을 하는 것보다 직접 요리를 해서 먹는 것을 좋아해요.
私は外食をするよりも、自分で料理をして食べるのが好きです。

062
젓다

[전따] 동사 かき回す ㅅ動詞

[活用構文] 名을/를 젓다

[関連語] 섞다 混ぜる

[例文] 커피에 설탕하고 우유를 넣고 잘 저으세요.
コーヒーに砂糖と牛乳を入れて、よくかきまわしてください。

죽을 끓일 때에는 옆에 서서 계속 저어야 해요.
おかゆを作る時は、そばでずっとかき回し続けなければなりません。

063
튀기다

[튀기다] 동사 揚げる

[活用構文] 名을/를 튀기다

[活用表現] 닭을 튀기다 鶏肉を揚げる

[関連語] 볶다 炒める

[例文] 탕수육은 돼지고기를 튀겨서 만든 음식이에요.
酢豚は豚肉を揚げて作った食べ物です。

튀긴 음식은 다이어트에 좋지 않으니까 먹지 마세요.
揚げ物はダイエットに良くないので、食べないでください。

11-5 음식

064
국

[국] 명사 スープ,汁

【活用表現】 미역국 わかめスープ
국을 끓이다 スープを煮る

【例文】 오늘이 내 생일이어서 아침에 엄마가 미역국을 끓여 주셨다.
今日は私の誕生日なので,朝お母さんがわかめスープを作ってくれた。

나는 국이 없으면 밥을 잘 먹지 못하기 때문에 어머니는 나를 위해서 꼭 국을 끓여 놓으신다.
私は汁物がないと,ご飯が食べられないので,母は私のために必ずスープを作っておいてくれる。

065
김밥

[김밥] 명사 キムパプ,韓国風海苔巻き
のりにご飯を敷いていろいろなおかずを置いた後,長く丸く巻いたもの。食べる時は切って食べる。

【活用表現】 김치 김밥 キムチキムパプ
김밥 한 줄 キムパプ1本
김밥을 말다 キムパプを巻く
김밥을 싸다 キムパプを巻く
김밥을 썰다 キムパプを切る

【例文】 소풍을 가는 날 어머니는 아침 일찍 일어나서 김밥을 만드셨다.
遠足に行く日に,母は朝早く起きてキムパプを作った。

아침을 먹지 못하고 학교에 가면 수업을 시작하기 전에 꼭 김밥을 사서 먹어요.
朝ごはんを食べずに学校へ行った時は,授業が始まる前に必ずキムパプを買って食べます。

066
김치

[김치] 명사 キムチ

【活用表現】 물김치 水キムチ
김치가 익다 キムチが熟成する
김치를 담다 キムチを漬ける

【関連語】 김장 キムチを漬けること

【例文】 요즘은 여러 나라 사람들에게 김치가 유명해졌다.
最近はいろいろな国の人たちに,キムチが知られるようになった。

저는 김치가 없어도 밥을 잘 먹지만 오빠는 김치가 없으면 밥을 잘 먹지 못해요.
私はキムチがなくてもご飯が食べられますが,兄はキムチがないと,ご飯を食べられません。

067
냉면

[냉면] 명사 冷麺

[活用表現] 물냉면 水冷麺
비빔냉면 ビビン冷麺
냉면 한 그릇 冷麺1皿
냉면을 말다 冷麺に汁をかける

[関連語] 국수 麺

[例文] 냉면은 원래 여름에 먹는 음식이 아니라 겨울에 먹는 음식이었다고 해요.
冷麺はもともと夏に食べるものではなく、冬に食べるものだったといいます。

날씨가 더우니까 냉면이 생각나네요. 우리 점심에 시원한 냉면을 먹으러 갈까요?
暑いので、冷麺が食べたいですね。昼食にはさっぱりした冷麺を食べに行きましょうか？

068
돈가스

[돈까스] 명사 とんかつ

[例文] 돈가스는 일본 사람들이 즐겨 먹는 음식이라고 해요.
とんかつは日本人が好きな食べ物だといいます。

남산에 돈가스로 유명한 음식점이 있는데 값이 싸고 양도 정말 많아요.
南山にとんかつで有名なお店があるのですが、価格も安いし、量も多いです。

069
뜨겁다

[뜨겁따] 형용사 熱い ㅂ動詞

[活用構文] 名이/가 뜨겁다

[活用表現] 뜨거운 물 熱いお湯
몸이 뜨겁다 体が熱い

[反意語] 차갑다 冷たい

[例文] 여름 햇빛이 참 뜨겁네요.
夏の日差しが、本当に熱いです。

국물이 뜨거우니까 조심하세요.
スープが熱いので、気をつけてください。

070
라면

[라면] 명사 ラーメン、インスタントラーメン

[活用表現] 라면 한 봉지 ラーメン1袋
라면을 끓이다 ラーメンを作る

[例文] 어제 라면을 먹고 자서 얼굴이 부었다.
昨日ラーメンを食べて寝たので、顔がむくんだ。

음식을 못한다고요? 라면도 끓일 줄 몰라요?
料理ができないんですか？ラーメンも作れないんですか？

071
반찬

[반찬] 명사 おかず

[活用表現] 고기 반찬 肉のおかず
반찬을 만들다 おかずを作る

[例文] 제가 제일 좋아하는 반찬은 나물이에요.
私が一番好きなおかずはナムルです。

한국 식당에서는 반찬을 공짜로 계속 줘서 신기했어요.
韓国の食堂では､おかずをタダで出してくれるのが不思議です。

072
밥

[밥] 명사 1. ご飯　2. ご飯､食事

1. 米や麦のような穀物を洗って､水を注いで煮た食べ物。

[活用表現] 쌀밥 お米のご飯
보리밥 麦ご飯
밥 한 그릇 ご飯1杯
밥이 되다 ご飯が炊ける
밥을 하다 ご飯を炊く

[例文] 밥이 없으니까 쌀을 씻어서 밥부터 해라.
ご飯がないので､まずはお米を洗ってご飯を炊きなさい。

2. 食事として食べる食べ物。

[活用表現] 밥상 食膳
밥을 먹다 ご飯を食べる

[類義語] 식사 食事

[例文] 밥이 다 됐으니까 어서 밥을 먹으러 와라.
ご飯のしたくができたから､早く食べに来なさい。

073
불고기

[불고기] 명사 焼き肉､プルコギ

肉を薄く切って味付けしていくらか経った後に､火で焼いた食べ物。またはその肉を表す言葉。

[例文] 저는 한국 음식 중에서 불고기를 제일 좋아합니다.
私は韓国料理の中で､プルコギが一番好きです。

불고기에다가 밥을 비벼서 주면 아이가 맛있게 먹을 거예요.
プルコギにご飯を混ぜると､子供がおいしく食べますよ。

074
삼계탕 [삼계탕] 명사 参鶏湯

鶏の内臓を取って、そこに高麗人参、なつめ、もち米などを入れて、長時間煮て作る食べ物。健康のために、夏によく食べる。

[例文] 삼계탕이 싱거우면 소금을 넣어서 드세요.
参鶏湯の味が薄かったら、塩を入れて食べてください。

한국 사람들은 더운 여름에 건강을 위해서 삼계탕을 먹습니다.
韓国人は暑い夏、健康のために参鶏湯を食べます。

075
샌드위치 [샌드위치] 명사 サンドイッチ

[例文] 밤에 공부할 때 어머니는 간식으로 샌드위치를 만들어 주셨다.
夜勉強する時、母はおやつにサンドイッチを作ってくれた。

아침에 식사할 시간이 없을 때는 간단하게 샌드위치를 사서 먹어요.
朝食事をする時間がない時は、簡単にサンドイッチを買って食べます。

076
샐러드 [샐러드] 명사 サラダ

[活用表現] 과일 샐러드 フルーツサラダ
샐러드 드레싱 サラダドレッシング

[例文] 샐러드를 다 드시면 요리가 나옵니다.
サラダを食べ終わったら、料理が出てきます。

저는 과일 샐러드보다 야채 샐러드를 더 좋아해요.
私はフルーツサラダよりも野菜サラダの方が好きです。

077
스테이크 [스테이크] 명사 ステーキ

[活用表現] 스테이크를 썰다 ステーキを切る
스테이크를 굽다 ステーキを焼く

[例文] 오랜만에 스테이크를 먹고 싶은데 우리 먹으러 갈까요?
久しぶりにステーキが食べたいんですが、食べに行きませんか？

집에서 스테이크를 구워서 먹었는데 레스토랑에서 먹는 것처럼 맛있었다.
家でステーキを焼いて食べたが、レストランで食べるように、おいしかった。

078
스파게티 [스파게티] 명사 スパゲッティ

[例文] 스파게티는 이탈리아의 대표적인 요리이다.
スパゲッティはイタリアの代表的な料理だ。

학교 근처에 스파게티가 아주 맛있는 식당이 있는데 같이 가시겠어요?
学校の近くにスパゲッティがとてもおいしいレストランがあるんですが、一緒に行きませんか？

079
우동

[우동] 명사 うどん

[例文] 우동 국물이 아주 맛있어요.
うどんのお汁がすごくおいしいです。

날씨가 추우니까 따뜻한 우동이 먹고 싶어요.
寒いので暖かいうどんが食べたいです。

080
자장면

[자장면] 명사 ジャージャー麺

[活用表現] 자장면 한 그릇 ジャージャー麺1皿

[関連語] 짬뽕 チャンポン

탕수육 酢豚

[例文] 한국 자장면과 중국 자장면은 좀 달라요.
韓国のジャージャー麺と中国のジャージャー麺は少し違います。

너는 자장면을 먹을 거야? 짬뽕을 먹을 거야?
君はジャージャー麺にする？チャンポンにする？

081
죽

[죽] 명사 お粥

[活用表現] 호박죽 かぼちゃのお粥

죽을 쑤다 お粥を作る

[関連語] 밥 ご飯

[例文] 저는 아침에 입맛이 없으면 죽을 먹어요.
私は朝、食欲がなかったらお粥を食べます。

속이 안 좋으니까 밥보다는 죽을 먹는 것이 좋겠어요.
気持ちが悪いから、ご飯よりもお粥を食べた方が良さそうです。

082
초밥

[초밥] 명사 寿司

[関連語] 회 刺身

[例文] 점심에 일식집에 가서 초밥하고 우동을 시켜서 먹었다.
昼食に日本食の店に行って、お寿司とうどんを食べた。

밤늦게까지 일하는 직원들을 위해서 사장님께서 초밥을 배달시켜 주셨다.
夜遅くまで働いた社員のために、社長がお寿司をとってくれた。

083
카레

[카레] 명사 カレー

[活用表現] 카레가루 カレー粉

카레 라이스 カレーライス

[関連語] 인도 음식 インド料理

[例文] 카레 라이스는 만들기가 간단해서 반찬이 없을 때 자주 해서 먹는다.
カレーライスは作るのが簡単なので、おかずがない時によく作って食べる。

저는 카레 냄새를 별로 좋아하지 않아서 카레가 들어간 음식은 잘 먹지 않아요.
私はカレーの匂いが好きではないので、カレーが入った食べ物はあまり食べません。

084
피자

[피자] 명사 ピザ

[活用表現] 피자 한 판 ピザ1枚

피자 한 조각 ピザ1切れ

[例文] 저는 해산물이 들어간 피자를 좋아해요.
私は海鮮物がのったピザが好きです。

오늘 점심에는 피자를 한 판 시켜서 먹읍시다.
今日のランチには、ピザを1枚頼んで食べましょう。

085
한식

[한식] 명사 韓食、韓国料理

[活用表現] 한식집 韓食の店

[例文] 한식 중에서 갈비와 불고기를 제일 좋아합니다.
韓食の中で、カルビとプルコギが一番好きです。

학교 근처에 한식집이 하나 생겼는데 점심 때 가 볼까?
学校の近くに、韓食の店が一軒できたんだけど、昼食を食べに行ってみる？

도움말

'-식'でその国の料理の名前を表す単語として、以下のようなものがある。

한식(한국 음식), 일식(일본 음식), 양식(서양 음식), 중국 음식
韓食(韓国料理)、日本食(日本料理)、洋食(西洋料理)、中華料理

086
햄버거

[햄버거] 명사 ハンバーガー

[例文] 밥을 해 먹을 시간이 없어서 햄버거를 하나 사서 먹었다.
ご飯を作って食べる時間がなかったので、ハンバーガーを一つ買って食べた。

가게에서 파는 햄버거보다 엄마가 직접 만들어 주시는 햄버거가 더 맛있다.
店で売っているハンバーガーより、母が作ってくれるハンバーガーの方がおいしい。

11-6 식사

087
고프다 [고프다] 형용사 お腹が空く ㅇ動詞

[活用構文] 名이/가 고프다

[活用表現] 배가 고프다 お腹が空く

[反意語] 부르다[2] お腹がいっぱいだ

[例文] 배가 고프면 배에서 꼬르륵 소리가 납니다.
お腹が空くと、グーっという音が鳴ります。

아침을 안 먹어서 배가 고파요. 뭐 먹을 것이 없어요?
朝ご飯を食べなかったので、お腹が空いています。何か食べるものありませんか？

088
덜다 [덜다] 동사 減らす、とり分ける ㄹ動詞

[活用構文] 名을/를 덜다

[活用表現] 밥을 덜다 ご飯を減らす

[例文] 아주머니, 밥이 많아요. 좀 덜어 주세요.
おばさん、ご飯が多いです。少し減らしてください。

뷔페에 가면 접시에 음식을 덜어서 먹어요.
バイキングに行くと、お皿に食べ物をとり分けて食べます。

089
따로 [따로] 부사 別々に

[反意語] 같이 一緒に

[例文] 빨래를 할 때 하얀색 옷은 따로 빨아야 한다.
洗濯をする時、白い服は別で洗わなければならない。

한국 사람들은 찌개를 먹을 때 보통 따로 먹지 않고 같이 먹어요.
韓国人はチゲを食べる時、別々に食べずに、一緒に食べるのが普通です。

090
메뉴 [메뉴] 명사 1. メニュー 2. メニュー

1. 食堂の献立表。

[活用表現] 메뉴판 メニュー

[例文] 아주머니, 여기 메뉴 좀 갖다 주세요.
おばさん、メニューください。

2. 食事の料理の種類。

[活用表現] 세트 메뉴 セットメニュー
저녁 메뉴 夕食のメニュー
오늘의 메뉴 今日のメニュー

[例文] 오늘 저녁 메뉴는 뭐지? 엄마가 무슨 음식을 만들어 놓으셨을까?
今日の夕飯のメニューは何だろう？お母さんが何の料理を作ってくれたかな？

091
배달 [배달] 명사 配達､出前
物や食べ物などを､それを望んでいる人に直接持っていってあげること。

[活用表現] 음식 배달 食べ物の配達
배달하다 配達する
배달시키다 配達を頼む

[例文] 집 앞 슈퍼마켓은 손님이 산 물건들을 집까지 배달해 줍니다.
家の前のスーパーはお客さんが買ったものを､家まで配達してくれます。

오늘은 음식하기가 귀찮아서 그냥 중국 음식을 배달시켜서 먹으려고 해요.
今日は料理するのが面倒だから､中華料理をとって食べようと思います。

092
붓다 [붇따] 동사 注ぐ ㅅ動詞

[活用構文] 名을/를 붓다
[活用表現] 물을 붓다 水を注ぐ
[関連語] 담다 入れる
[例文] 국이 좀 짜다. 물을 좀 더 붓고 끓여야겠다.
スープが少し塩辛い｡水を少し注いで煮なくちゃ。

국수를 삶을 때 물이 끓으면 찬물을 한 컵 정도 부으세요. 그러면 면이 더 맛있어요.
麺をゆでる時､沸騰したら冷たい水を１カップくらい注いでください｡そうすると､麺がもっとおいしくなります。

093
뷔페 [뷔페] 명사 バイキング､ビュッフェ

[活用表現] 뷔페 식당 ビュッフェレストラン
[例文] 결혼식 피로연은 뷔페로 합시다.
結婚式の披露宴は､バイキングにしましょう。

뷔페는 여러 가지 음식을 다 먹을 수 있어서 좋아요.
バイキングはいろいろな食べ物が､すべて食べられるので良いです。

094
시키다 [시키다] 동사 1. 頼む､注文する　2. させる
1. 食べ物を作って来るように注文する。

[活用構文] 名을/를 시키다
[類義語] 주문하다 注文する

[例文] 음식을 시켜야 하는데 왜 종업원이 안 오지?
料理を頼まなくちゃならないのに、何で従業員が来ないんだ？

2. あることや行動をさせる。

[活用構文] 名에게 動으라고/라고 시키다

[例文] 설탕이 없어서 아이에게 설탕을 사 오라고 시켰다.
砂糖がなかったので、子供に砂糖を買ってこさせた。

095
외식하다

[외시카다] 동사 外食

[例文] 요즘 바빠서 자주 외식을 해서 그런지 건강이 좀 나빠졌다..
最近忙しくて、しょっちゅう外食をしているからか、体の調子が悪くなった。

오늘은 어머니 생신이어서 부모님을 모시고 외식하려고 해요.
今日は母の誕生日なので、両親と一緒に外食しようと思います。

096
한식집

[한식찝] 명사 韓食の店

[類義語] 한식당 韓国料理の食堂

[例文] 한식집에 가면 반찬을 많이 줘서 항상 밥을 많이 먹어요.
韓食のお店に行くと、おかずをたくさんくれるので、いつもご飯をたくさん食べます。

이번 모임에는 나이가 많은 어른들도 오시니까 한식집에 갑시다.
今度の集まりには、かなり年上の大人たちも来るので、韓食のお店に行きましょう。

도움말

'-집'で食堂を表す単語としては、次のようなものがある。

한식집, 일식집, 양식집, 중국집
韓国料理の店、日本食の店、洋食の店、中華料理の店

11 연습문제

[1~15] 다음 단어를 한국어로 바꿔 쓰십시오. 次の単語を韓国語に変えて書きなさい。

1. 穀物 (　　　　　　)　　2. 冷麵 (　　　　　　)
3. 豆腐 (　　　　　　)　　4. 味噌 (　　　　　　)
5. ラーメン (　　　　　　)　　6. チーズ (　　　　　　)
7. 寿司 (　　　　　　)　　8. 焼く (　　　　　　)
9. とんかつ (　　　　　　)　　10. ごま油 (　　　　　　)
11. チョコレート (　　　　　　)　　12. ハンバーガー (　　　　　　)
13. みじんきりにする (　　　　　　)　　14. サンドイッチ (　　　　　　)
15. アイスクリーム (　　　　　　)

[16~20] 그림을 보고 (　　)에 알맞은 것을 고르십시오.

絵を見て(　　)の中に当てはまるものを選びなさい。

16.

가 : 맛이 어때요?
나 : 아주 (　　　　)어요/아요/여요.

❶ 달다　　❷ 맵다
❸ 시다　　❹ 짜다

17.

가 : 달걀을 어떻게 했어요?
나 : (　　　　)었어요/았어요/였어요.

❶ 굽다　　❷ 볶다
❸ 삶다　　❹ 비비다

18.

가 : 뭘 샀어요?

나 : (   ) 다섯 마리를 샀어요.

❶ 닭 ❷ 쌀

❸ 고추 ❹ 생선

19.

가 : 맥주를 얼마나 마셨어요?

나 : 두 (   ) 마셨어요.

❶ 잔 ❷ 병

❸ 그릇 ❹ 인분

20.

가 : 오이를 어떻게 해야 해요?

나 : (   )어야/아야/여야 해요.

❶ 썰다 ❷ 씻다

❸ 젓다 ❹ 다지다

[21~30] 다음 문장을 읽고 알맞은 어휘를 골라 쓰십시오. 어휘는 한 번만 쓰십시오.

次の文章を読んで(　　)に当てはまる単語を選んで書きなさい。単語はそれぞれ1回だけ使えます。

국	술	간식	과일	김치
소금	우유	피자	달다	볶다
삶다	썰다	짜다	뜨겁다	싱싱하다

21. 요구르트는 (　　　　　　)으로/로 만든다.

22. 싱거우니까 (　　　　　　)을/를 조금 더 넣으세요.

23. 스파게티와 (　　　　　　)은/는 이탈리아 음식이다.

24. 당근을 기름에 (　　　　　　)었어요/았어요/였어요.

25. 삼계탕은 (　　　　　　)을/ㄹ 때 먹어야 맛있습니다.

26. 어제 저녁에 친구들을 만나서 (　　　　　　)을/를 한잔했다.

27. (　　　　　　)은/ㄴ 음식을 너무 많이 먹으면 충치가 생길 수 있다.

28. 저는 사과, 바나나, 오렌지, 수박 같은 (　　　　　　)을/를 좋아합니다.

29. 간장을 많이 넣으면 음식이 (　　　　　　)으니까/니까 조금만 넣으세요.

30. 점심과 저녁 사이에 무슨 (　　　　　　)을/를 만들어서 아이에게 주는 게 좋을까?

[31~35] (　　) 안에 알맞은 것을 고르십시오. (　　)の中に当てはまるものを選びなさい。

31. 아이들은 기름에 (　　　)은/ㄴ 요리를 좋아한다.

❶ 삶다　　❷ 찌다　　❸ 다지다　　❹ 튀기다

32. 바다에서 나는 싱싱한 (　　　)을/를 여러 가지 사 왔다.

❶ 과일　　❷ 채소　　❸ 불고기　　❹ 해산물

33. 한국 사람들은 매운 마늘을 매운 (　　　)에 찍어 먹는다.

❶ 간장　❷ 소금　❸ 고추장　❹ 참기름

34. 한국 사람들의 밥상에는 밥, 국이나 찌개, 그리고 (　　　)이/가 있다.

❶ 간식　❷ 과일　❸ 반찬　❹ 요리

35. 소화가 잘 되지 않아서 (　　　)을/를 끓여 먹었다.

❶ 빵　❷ 죽　❸ 과일　❹ 오이

[36~40] 밑줄 친 부분과 반대되는 뜻을 가진 것을 고르십시오.

下線を引いた部分と反対の意味を持ったものを選びなさい。

36. **가 :** 음식이 맛있어요?
나 : 아니요, (　　　)어요/아요/여요.

❶ 맛없다　❷ 모르다　❸ 아니다　❹ 재미없다

37. **가 :** 배가 고파요?
나 : 아니요, 배가 아주 (　　　)어요/아요/여요.

❶ 붓다　❷ 크다　❸ 부르다　❹ 아프다

38. **가 :** 밥을 더 담아 드릴까요?
나 : 아니요, 너무 많으니까 좀 (　　　)어/아/여 주세요.

❶ 덜다　❷ 벗다　❸ 빼다　❹ 더하다

39. **가 :** 이 음식은 그릇 하나에 같이 먹을까요?
나 : 아니요, (　　　) 먹읍시다.

❶ 바로　❷ 따로　❸ 함께　❹ 혼자

40. **가 :** 맛이 짜요?
나 : 아니요, (　　　)어요/아요/여요.

❶ 달다　❷ 맵다　❸ 싱겁다　❹ 맛이 없다

[41~45] 밑줄 친 부분과 의미가 가장 가까운 것을 고르십시오.
下線を引いた部分と意味が一番近いものを選びなさい。

41. **가 :** 음식 재료가 모두 싱싱해요?
나 : 그럼요. 얼마나 (　　　)은지/ㄴ지 몰라요.

❶ 많다　❷ 신선하다　❸ 선선하다　❹ 깨끗하다

42. **가 :** 뭘 주문할까요?
나 : 피자하고 콜라를 (　　　)읍시다/ㅂ시다.

❶ 먹다　❷ 마시다　❸ 만들다　❹ 시키다

43. **가 :** 무슨 음식을 만들까요?
나 : 오늘은 중국 (　　　)을/를 만듭시다.

❶ 밥　❷ 과일　❸ 요리　❹ 찌개

44. **가 :** 목이 말라요. 마실 것 좀 없어요?
나 : 이 (　　　)을/를 드세요.

❶ 간식　❷ 과일　❸ 과자　❹ 음료수

45. **가 :** 찬 물 좀 주세요.
나 : 여기 있어요. 아주 (　　　)어요/아요/여요.

❶ 춥다　❷ 뜨겁다　❸ 시원하다　❹ 따뜻하다

[46~50] 밑줄 친 단어의 쓰임이 잘못된 것을 고르십시오.
下線部の使い方が間違っているものを選びなさい。

46. ❶ 직접 가구를 만드신다고요? ( )
❷ 오늘은 뭘 만들어서 먹을까?
❸ 이번에 만든 노래는 참 듣기 좋았다.
❹ 양파하고 당근을 기름에 같이 만들었다.

47. ❶ 소금으로 간을 해라. ( )
❷ 간을 넣으니까 매워졌어요.
❸ 이 음식은 간이 딱 맞네요.
❹ 간을 좀 봐 주세요. 어때요?

48. ❶ 이 고추는 별로 맵지 않네요. ( )
❷ 소금을 많이 넣어서 음식이 짜요.
❸ 식초가 너무 많이 들어가서 맛이 달다.
❹ 약이 쓰니까 아이가 먹으려고 하지 않아요.

49. ❶ 메뉴를 보고 음식을 지켜라. ( )
❷ 배달시킨 음식이 왜 이렇게 안 오지?
❸ 이 음식은 따뜻할 때 드셔야 맛있어요.
❹ 외식하면 음식을 안 해도 되니까 편하다.

50. ❶ 라면을 끓여서 먹었다. ( )
❷ 밥에 고추장을 넣고 비볐다.
❸ 고기를 굽는 냄새가 아주 좋다.
❹ 물이 적으니까 물을 더 저어라.

교통

12

交通

1 / 탈것 · 타는 곳
2 / 승차 · 탑승
3 / 길 · 운전

12-1 탈것 · 타는 곳

001
공항 [공항] 명사 空港

【関連語】 비행기 飛行機

항공사 航空会社

【例文】 오늘 친구가 한국에 와서 공항에 마중을 가야 해요.
今日友達が韓国へ来るので、空港に出迎えにいかなくてはなりません。

선생님이 타신 비행기가 몇 시에 공항에 도착한다고 해?
先生が乗った飛行機が何時に空港に到着するって？

002
기차 [기차] 명사 汽車

【活用表現】 기차표 汽車の切符

기차역 汽車駅

기차를 타다 汽車に乗る

【例文】 서울에서 부산까지 기차로 몇 시간 걸려요?
ソウルからプサンまで、汽車で何時間かかりますか？

차를 타고 가는 여행도 좋지만 기차를 타고 가는 여행이 더 좋을 것 같아.
車に乗って行く旅行もいいけれど、汽車に乗って行く旅行が、もっと良いと思う。

003
배[1] [배] 명사 船

【活用表現】 배를 타다 船に乗る

【関連語】 항구 港

【例文】 부산에서 제주도까지 배를 타고 왔어요.
プサンから済州島まで、船に乗ってきました。

배로 소포를 보내면 비행기로 보내는 것보다 느리지만 값이 싸요.
船便で小包を送ると、飛行機で送るよりも遅いけれど安いです。

004
버스 [버스] 명사 バス

【活用表現】 시내버스 市内バス

고속버스 高速バス

버스 요금 バス料金

버스를 타다 バスに乗る

【関連語】 정류장 停留所

【例文】 아저씨, 이 버스가 신촌으로 갑니까?
おじさん、このバスは新村へ行きますか？

여기에서 경복궁에 가려면 지하철보다 버스를 타는 것이 더 빨라요.
ここから景福宮へ行くには、地下鉄よりもバスに乗った方が早いです。

005
비행기

[비행기] 명사 飛行機

[活用表現] 비행기 표 飛行機のチケット
비행기 한 대 飛行機1台
비행기가 출발하다 飛行機が出発する

[例文] 제주도에서 서울까지 비행기로 1(한)시간쯤 걸려요.
済州島からソウルまで、飛行機で1時間ほどかかります。

오빠가 탄 비행기는 아직 도착하지 않았어요. 2(두)시간 더 기다려야 한다고 해요.
兄が乗った飛行機はまだ到着していません。あと2時間待たなければならないそうです。

006
역

[역] 명사 駅

[活用表現] 기차역 汽車駅
지하철역 地下鉄駅

[例文] 친구가 기차역으로 마중을 나왔다.
友達が汽車駅まで迎えに来た。

지하철 신촌역 1(일)번 출구에서 기다리기로 했어요.
地下鉄新村駅1番出口で待ち合わせしました。

007
정류장

[정뉴장] 명사 停留所

[活用表現] 버스 정류장 バスの停留所
택시 정류장 タクシー乗り場

[例文] 아저씨, 명동에 가려고 하는데 어느 정류장에서 내려야 해요?
おじさん、明洞に行きたいんですが、どの停留所で降りればいいですか？

이번 정류장은 연세대학교입니다. 다음 정류장은 세브란스 병원입니다.
今度の停車駅は延世大学です。次の停車駅はセブランス病院です。

008
지하철

[지하철] 명사 地下鉄

[活用表現] 지하철역 地下鉄駅

[例文] 출퇴근 시간에는 지하철을 타는 것이 더 좋습니다.
通勤時間には地下鉄に乗った方がいいです。

광화문에 가려면 지하철 5(오)호선을 타야 합니다.
光化門へ行くには、地下鉄5号線に乗らなくてはなりません。

009
차[2]

[차] 명사 車

[活用表現] 차 한 대 車1台

차를 타다 車に乗る

차를 수리하다 車を修理する

차에 태우다 車に乗せる

[関連語] 운전 運転

카센터 カーセンター

[例文] 차가 고장이 나서 수리하려고 카센터에 맡겼어요.
車が故障したので､修理するためにカーセンターに預けました。

차가 오래 되어서 바꾸려고 하는데 요즘 인기가 있는 차가 뭐예요?
車が古くなったので買い換えようと思うのですが､最近人気のある車は何ですか？

010
택시

[택씨] 명사 タクシー

[活用表現] 빈 택시 空車のタクシー

택시 요금 タクシー料金

택시 기사 タクシーの運転手

택시를 잡다 タクシーをつかまえる

[関連語] 승객 乗客

[例文] 오늘 늦게 일어나서 택시를 타고 출근했어요.
今日は寝坊したので､タクシーに乗って出勤しました。

여기에서는 택시를 잡기가 어려우니까 좀 더 큰 길로 갑시다.
ここではタクシーをつかまえにくいから､もう少し大きな道に出よう。

011
터미널

[터미널] 명사 ターミナル

[活用表現] 고속버스 터미널 高速バスターミナル

시외버스 터미널 市外バスターミナル

[例文] 기차표가 없으면 고속버스 터미널로 가서 고속버스를 타고 가자.
汽車の切符がなかったら､高速バスターミナルに行って高速バスに乗って行こう。

거기는 시골이어서 여기서 직접 가는 버스는 없어요. 시외버스 터미널에 가야 될 거예요.
ここは田舎なので､ここから直接出るバスはありません｡市外バスターミナルに行かなければならないでしょう。

12-2 승차 · 탑승

012
갈아타다

[가라타다] 동사 乗り換える

[活用構文] 名을/를 갈아타다

名에서 내려서 名으로/로 갈아타다

[活用表現] 버스를 갈아타다 バスに乗り換える

버스에서 내려서 지하철로 갈아타다
バスから降りて地下鉄に乗り換える

[例文] 서울에서는 버스를 갈아타도 버스 요금을 더 내지 않으니까 참 좋아요.
ソウルではバスに乗り換えても、また料金を出す必要がないので、すごく便利です。

종합운동장으로 가려면 3(삼)호선을 타고 가다가 교대역에서 2(이)호선으로 갈아타세요.
総合運動場へ行くには、まず3号線に乗って、教大駅で2号線に乗り換えてください。

013
교통카드

[교통카드] 명사 交通カード

[活用表現] 후불제 교통카드 後払い交通カード

교통카드를 충전하다 交通カードにチャージする

교통카드를 단말기에 대다 交通カードを端末機にあてる

[例文] 세상이 참 편리해졌다. 교통카드만 있으면 서울 어디든지 갈 수 있구나.
世の中が本当に便利になった。交通カードさえあれば、ソウルのどこへでも行ける。

요금 할인을 받으려면 내리실 때에도 교통카드를 꼭 단말기에 대셔야 합니다.
料金の割引を受けるには、降りるときにも交通カードを必ず端末機にあてなければなりません。

014
교통편

[교통편] 명사 交通の便

[活用表現] 교통편이 나쁘다 交通の便が悪い

교통편을 이용하다 交通の便を利用する

[関連語] 차편 車の便

배편 船の便

[例文] 서울에서 부산까지 어떤 교통편을 이용하는 것이 좋을까요?
ソウルからプサンまで、何に乗って行ったらいいでしょうか？

여기는 교통편이 나빠서 시내에 가려면 버스를 갈아타야 한다.
ここは交通の便が悪いので、市内へ行くにはバスに乗り換えなければならない。

015
내리다

[내리다] **동사** 1. 降りる、着く　2. 振る

1. 乗り物から外に出る。または乗っていたものから外に出てある場所に到達する。

[活用構文] 名에 내리다

名에서 내리다

[活用表現] 공항에 내리다 空港に到着する

버스에서 내리다 バスから降りる

[例文] 버스에서 내리면 빵집이 보일 거예요. 그 건물의 2(이)층에 커피숍이 있어요.

バスを降りたらパン屋が見えるはずです。その建物の２階にカフェがあります。

2. 雪や雨などが降る。

[活用構文] 名이/가 내리다

[活用表現] 눈이 내리다 雪が降る

[例文] 날씨가 많이 흐려요. 곧 비가 내릴 것 같아요.

天気が悪いです。もうすぐ雨が降ってくるでしょう。

016
노선도

[노선도] **명사** 路線図

[活用表現] 버스 노선도 バス路線図

지하철 노선도 地下鉄路線図

[関連語] 환승역 乗り換え駅

[例文] 지하철 노선도를 보면 어디에서 갈아타야 하는지 알 수 있을 것이다.

地下鉄路線図を見れば、どこで乗り換えればいいのか分かるでしょう。

버스 정류장에 노선도가 있으니까 동대문쪽으로 가는 버스가 있는지 알아보자.

バスの停留所に路線図があるので、東大門の方へ行くバスがあるかどうか見てみよう。

017
노약자석

[노약짜석] **명사** 優先席

[例文] 버스에 있는 노란색 좌석이 노약자석이에요?

バスにある黄色い席が優先席ですか？

보통 중고등학생들은 지하철 노약자석에 앉지 않아요.

普通、中高生たちは地下鉄の優先席に座りません。

018
도착하다

[도차카다] **동사** 到着する

[活用構文] 名에 도착하다

[活用表現] 학교에 도착하다 学校に到着する

【反意語】 출발하다 出発する

【例文】 비행기가 몇 시에 도착하니?
飛行機が何時に到着するの？

축구 대표팀이 탑승한 비행기가 벌써 도착했다고 해요.
サッカー代表チームが乗った飛行機がもう到着したそうです。

019
방법

[방법] 명사 方法

【活用表現】 사용 방법 使用方法

방법이 없다 方法がない

방법을 찾다 方法を探す

【例文】 영수를 도와줄 방법이 없을까?
ヨンスを助ける方法がないだろうか？

학교까지 한 시간이나 걸린다고요? 더 빨리 가는 방법은 없을까요?
学校まで１時間もかかるんですって？もっと早く行く方法はないでしょうか？

020
불편하다

[불편하다] 형용사 1. 不便だ 2. 不便だ

1. 何かを利用したり使用することが､面倒だったり辛い。

【活用構文】 名 이/가 불편하다

【活用表現】 교통이 불편하다 交通が不便だ

의자가 불편하다 椅子の座り心地が悪い

【反意語】 편하다 楽だ

편리하다 便利だ

【例文】 집에서 학교까지 거리는 멀지 않은데 직접 가는 버스가 없어서 불편해요.
家から学校まで､遠くはないのだが､直通のバスがないので不便です。

2. 体や心が楽ではなかったり､ある人との関係が楽でない。

【活用構文】 名 이/가 불편하다

【活用表現】 불편한 관계 気まずい関係

다리가 불편하다 足が不便だ

마음이 불편하다 心が落ち着かない

【反意語】 편하다 楽だ

【例文】 영수하고 싸운 후에는 영수를 만나는 것이 불편하다.
ヨンスと喧嘩した後は､ヨンスに会うのが気まずかった。

021
승강장

[승강장] 명사 ホーム

[活用表現] 지하철 승강장 地下鉄のホーム

[例文] 여자 친구가 기차 승강장까지 나와서 나를 배웅했다.
彼女が汽車のホームまで来て、私を見送った。

출퇴근 시간이 아니어서 지하철 승강장에 사람이 별로 없어요.
通勤時間でないからか、地下鉄のホームに人があまりいません。

022
안전선

[안전선] 명사 安全線、黄色い線

[例文] 얘야, 위험하다. 안전선 가까이 가지 마라.
危ないよ。安全線の近くに行くんじゃないよ。

열차가 들어오고 있으니까 안전선 안으로 한 걸음 물러서시기 바랍니다.
列車が到着しているので、安全線の内側から1歩下がってください。

023
왕복

[왕복] 명사 往復

[活用表現] 왕복표 往復切符

왕복 요금 往復料金

[関連語] 편도 片道

[例文] 유학을 갈 때 왕복표를 살 계획이에요.
留学に行く時、往復のチケットを買うつもりです。

산 정상까지 왕복 1(한)시간 반쯤 걸려요.
山の頂上まで、往復1時間半くらいかかります。

024
요금

[요금] 명사 料金

[活用表現] 버스 요금 バス料金

주차 요금 駐車料金

전화 요금 電話料金

요금이 나오다 料金がかかる

요금을 내다 料金を支払う

[例文] 한 달에 전화 요금이 얼마나 나와요?
1ヶ月の電話料金は、いくら位になりますか?

이제 곧 버스 요금이 오를 것 같아요.
もうすぐバス料金が上がるようです。

025
자리

[자리] 명사 席

[活用表現] 자리를 양보하다 席を譲る

[類義語] 좌석 座席

[例文] 지하철 안에 자리가 없어서 한 시간 동안 계속 서서 갔다.
地下鉄の席が空いていなかったので、1時間の間ずっと立って行った。

자리에 앉아 있다가 할머니가 버스에 타셔서 자리를 양보해 드렸다.
席に座っていたら、おばあちゃんがバスに乗ってきたので、席を譲ってあげた。

026
직접

[직쩝] 부사 直接

[活用構文] 직접 動

[活用表現] 직접 가다 直接行く

직접 만나다 直接会う

[反意語] 간접 間接

[例文] 여기에서 신촌 기차역까지 직접 가는 버스가 없어요.
ここから新村の汽車駅まで、直行のバスがありません。

우리 전화로만 얘기할 것이 아니라 직접 만나서 이야기하는 것이 어때요?
電話で話すんじゃなくて、直接会って話しませんか？

027
출구

[출구] 명사 出口

[活用構文] 数 번 출구

[活用表現] 출구로 나가다 出口から出る

[例文] 세종문화회관에 가려면 1(일)번 출구로 나가세요.
世宗文化会館に行くなら、1番出口から出てください。

화장실은 앞쪽 출구로 나가서 왼쪽으로 가시면 됩니다.
トイレは前方の出口から出て、左に曲がればあります。

028
하차하다

[하차하다] 동사 下車する

[活用構文] 名에서 하차하다

[反意語] 승차하다 乗車する

[例文] 명동에서 하차해서 길을 건너세요.
明洞で下車して、道を渡ってください。

이번에 정차할 역은 수원입니다. 하차하실 분은 미리 준비하시기 바랍니다.
次の停車駅はスウォンです。下車する方は降りる準備をしていてください。

12-3 길 · 운전

029
건너다 [건너다] 동사 渡る

【活用構文】 名을/를 건너다

名으로/로 건너다

【活用表現】 건너가다 渡っていく

길을 건너다 道を渡る

육교를 건너다 歩道橋を渡る

지하도로 건너다 地下道を渡る

【例文】 쭉 가다가 횡단보도로 건너가면 은행이 있어요.
まっすぐ行って、横断歩道を渡れば銀行があります。

아이들이 한손을 들고 길을 건너는 모습이 참 귀여워요.
子供たちが手を上げて道を渡る姿は、すごくかわいいです。

030
교통 [교통] 명사 交通

【活用表現】 교통편 交通の便

교통사고 交通事故

교통이 복잡하다 交通がゴチャゴチャしている、道が込んでいる

교통이 편리하다 交通の便が良い

【例文】 서울이 복잡하기는 하지만 교통이 편리해서 좋아요.
ソウルはゴチャゴチャしているが、交通の便がいいので良いです。

교통이 복잡하니까 지하철을 탑시다.
今この時間は、道が込んでいるから地下鉄に乗りましょう。

031
길 [길] 명사 1. 道　2. 道、途中

1. 人や自動車などが通れるように、土の上に作られた空間。

【活用表現】 길거리 道端

길이 넓다 道が広い

길이 막히다 道がつまっている、道が込む

길이 복잡하다 道が込んでいる

【類義語】 거리 通り道

【例文】 길이 막혀서 안 되겠어요. 다른 길로 돌아가야겠어요.
道が込んでいてもう駄目です。他の道に回っていきましょう。

2. あることをしている最中やチャンス。

[活用構文] 動는 길에

動는 길이다

[例文] 친구를 만나러 가는 길에 은행에 잠깐 들렀다.
友達に会いに行く途中で、銀行に寄った。

032
돌아가다 [도라가다] 동사 1. まわる 2. 戻る

1. 近道があるのに、遠回りして行く。

[活用構文] 名으로/로 돌아가다

[活用表現] 옆길로 돌아가다 脇道をまわって行く

[例文] 차가 밀리니까 다른 길로 돌아가야겠다.
車が渋滞しているので、他の道に回らなければ。

2. 本来あったところに、もう一度行く。

[活用構文] 名으로/로 돌아가다

[活用表現] 고향으로 돌아가다 故郷に戻る

[例文] 이번 방학에는 바빠서 고향으로 돌아가지 않을 생각이에요.
今度の休みの期間は忙しいので、故郷に戻らないつもりです。

033
동 [동] 명사 東

[活用表現] 동쪽 東側

동문 東門

동서남북 東西南北

[関連語] 방향 方向

[例文] 동쪽 하늘에 해가 떠올랐다.
東側の空に太陽が昇った。

제 집은 학교 동문 근처에 있어요.
私の家は学校の東門の近くにあります。

034
똑바로 [똑빠로] 부사 まっすぐ

[活用表現] 똑바로 가다 まっすぐに行く

똑바로 놓다 まっすぐに置く

똑바로 보다 まっすぐ見る

[類義語] 쭉 まっすぐ

[例文] 의자에 똑바로 앉아라.
椅子にまっすぐ座れ。

이 길로 똑바로 가면 지하철역이 나올 거예요.
この道をまっすぐ行くと、地下鉄の駅が出るでしょう。

035
막히다

[마키다] 동사 ふさがる

[活用構文] 名이/가 막히다

[活用表現] 길이 막히다 道がふさがる

코가 막히다 鼻がつまる

[関連語] 막다 ふさぐ

밀리다 滞る

[例文] 길이 막힐까 봐 집에서 일찍 출발했다.
道が込むだろうと思って、早く家を出発する。

앞에 사고가 났나 봐요. 길이 갑자기 막히네요.
前で事故が起きたみたいです。道がいきなり込みましたね。

036
맞은편

[마즌편] 명사 向かい側

[関連語] 건너편 向こう側

[例文] 학교 맞은편에 우리 아파트가 있어요.
学校の向かい側に私のアパートがあります。

맞은편에 있는 교실에서 노래 소리가 들린다.
向かい側の教室から歌声が聞こえる。

037
멀다

[멀다] 형용사 1. 遠い 2. 遠い

1. ある場所から他の場所まで、道が遠く離れている。ㄹ動詞

[活用構文] 名이/가 멀다

[活用表現] 먼 산 遠い山

집이 멀다 家が遠い

[反意語] 가깝다 近い

[例文] 집에서 학교까지 너무 멀어서 아침마다 힘들어요.
家から学校まで遠すぎて、毎朝大変です。

2. お互いの関係に情がなく、親しく感じない。ㄹ動詞

[活用表現] 멀게 느껴지다 遠く感じる

[反意語] 가깝다 近い

[例文] 친구가 아무 말도 하지 않고 앉아 있으니까 멀게 느껴진다.
友達が何も言わずに座っているので、遠く感じる。

038
밀리다

[밀리다] 동사 1. つまる、混む 2. 溜まる

1. ある理由で取り残される。

[活用構文] 名이/가 밀리다

[活用表現] 차가 밀리다 車が混む

[関連語] 막히다 つまる

[例文] 차가 많이 밀리니까 가까운 지하철역에서 그냥 내릴게요.
車で混んでいるので、近くの地下鉄駅で降ります。

2. できなかったことや物が溜まる。

[活用構文] 名이/가 밀리다

[活用表現] 밀린 빨래 溜まった洗濯物
일이 밀리다 仕事が溜まる

[関連語] 쌓이다 積もる

[例文] 일이 많이 밀려서 오늘은 퇴근이 늦을 것 같아요.
仕事がすごく溜まって、今日は退勤が遅くなりそうです。

039
방향

[방향] 명사 方向

[活用表現] 방향 감각 方向感覚
반대 방향 反対方向
방향을 잃다 方向を失う、道に迷う

[例文] 지하철역은 이쪽 방향이 아닌 것 같은데요?
地下鉄の駅はこっちの方じゃないみたいですが？

이 버스는 반대 방향으로 가니까 저쪽으로 가서 버스를 타세요.
このバスは反対方向に行くので、あっちに行ってバスに乗ってください。

040
복잡하다

[복짜파다] 형용사 複雑だ、混んでいる

[活用構文] 名이/가 名으로/로 복잡하다

[例文] 명동 거리는 언제나 사람들로 복잡하다.
明洞の街は、いつも人々でゴチャゴチャしている。

세일기간이라서 백화점이 아주 복잡하군요.
セール期間なので、デパートがすごく混んでいますね。

041
비키다

[비키다] 동사 どく

[活用構文] 名을/를 비키다
名으로/로 비키다

[活用表現] 길을 비키다 道をどく
옆으로 비키다 横にどく

[例文] 머리를 좀 비켜 봐. 텔레비전이 안 보인다.
頭を少しどけてよ。テレビが見えない。

사진을 찍으려고 하는데요. 옆으로 좀 비켜 주시겠어요?
写真を撮りたいのですが、横に少しどいてもらえますか？

042
사거리

[사거리] 명사 四つ角

[類義語] 십자로 十字路

[関連語] 삼거리 三つ角

교차로 交差点

[例文] 저기 사거리에서 좌회전해 주세요.
あそこの四つ角で左に曲がってください。

두 번째 사거리를 지나서 바로 세워 주세요.
二番目の四つ角を過ぎてすぐ止めてください。

043
신호등

[신호등] 명사 信号

[活用表現] 신호등이 바뀌다 信号がかわる

[例文] 신호등이 초록색으로 바뀌었으니까 길을 건너가자.
信号が青にかわったので、道を渡ろう。

우회전할 때에는 교차로의 신호등뿐만 아니라 횡단보도의 신호등도 잘 확인해야 해요.
左折する時には、交差点の信号だけでなく、横断歩道の信号もよく確認しなければなりません。

044
약도

[약또] 명사 略図

[活用表現] 약도를 그리다 略図をかく

[関連語] 지도 地図

[例文] 약도를 보고 식당을 찾아 갔어요.
略図を見て、食堂をたずねました。

집에서부터 학교까지 어떻게 가야 하는지 약도로 그려주세요.
家から学校まで、どうやって行けばいいのか、略図をかいて下さい。

045
우회전

[우회전] 명사 右折

[活用表現] 우회전하다 右折する

[反意語] 좌회전 左折

[関連語] 직진 直進

유턴 Uターン

[例文] 아까 사거리에서 우회전을 해야지. 직진하면 어떻게 하니?
さっきの四つ角で右折しなくちゃ。直進してどうするの？

우회전할 때에는 오른쪽 횡단보도의 신호등을 잘 확인해야 해요.
右折する時は右の横断歩道の信号も、ちゃんと確認してください。

046
운전

[운전] 명사 運転

[活用表現] 운전석 運転席

음주 운전 飲酒運転

운전면허증 運転免許証

운전하다 運転する

[例文] 오늘도 안전 운전하시기 바랍니다.
今日も安全運転をお願いします。

음주 운전을 하면 안 돼요. 차는 그냥 두고 택시를 타고 가세요.
飲酒運転をしてはいけません。車はそのままにして、タクシーに乗って行って下さい。

047
위험하다

[위험하다] 형용사 危険だ

[活用構文] 名이/가 위험하다

[反意語] 안전하다 安全だ

[例文] 음주 운전은 아주 위험해요.
飲酒運転はとても危険です。

공사장 근처는 위험하니까 가까이 가지 마라.
工事現場の近くは危険なので、近くに行くな。

048
육교

[육꾜] 명사 陸橋、歩道橋

[活用表現] 육교를 건너다 歩道橋を渡る

[例文] 아저씨, 앞에 보이는 육교 아래에서 세워 주세요.
おじさん、前に見える歩道橋の下で降ろしてください。

다리가 아파서 계단을 오르기가 어려운데 여기는 육교밖에 없네요.
足が痛くて階段を上るのが大変なのに、ここには歩道橋しかありませんね。

049
조심하다

[조심하다] 형용사 注意する

[活用構文] 名을/를 조심하다

名에 조심하다

[活用表現] 감기를 조심하다 風邪に注意する

매사에 조심하다 何事にも注意する

[類義語] 주의하다 注意する

[例文] 다른 사람들과 이야기할 때에는 말을 조심해야 해.
他の人たちと話をする時は、言葉に気をつけなければならない。

아침저녁으로 날씨가 많이 추워졌어요. 감기에 걸리지 않게 조심하세요.
朝晩がとても寒くなりました。風邪を引かないように注意してください。

050
주의하다

[주의하다/주이하다] 동사 1. 気を付ける,注意する　2. 気を付ける,注意する

1. 心に刻んで注意する。

[活用構文] 名에 주의하다

[活用表現] 건강에 주의하다 健康に気を付ける

행동에 주의하다 行動に気を付ける

[類義語] 조심하다 注意する

[例文] 길을 건널 때는 항상 주의해야 한다.
道を渡るときは,いつも気を付けなければならない。

2. あることに興味を傾ける。

[活用構文] 名에 주의하다

주의해서 動

[活用表現] 주의해서 듣다 注意して聞く

[例文] 선생님께서 무슨 말씀을 하시는지 주의해서 들어야 한다.
先生が何を言っているのか,注意深く聞かなくてはならない。

051
주차

[주차] 명사 駐車

[活用表現] 주차장 駐車場

주차금지 駐車禁止

주차하다 駐車する

[例文] 영화관에 주차장이 없으면 어디에 주차하지?
映画館に駐車上がなかったら,どこに駐車しようか?

여기에는 주차하실 수 없습니다. 다른 곳에다가 주차하세요.
ここには駐車できません。他のところに駐車してください。

052
지도

[지도] 명사 地図

[例文] 서울 시내 지도를 보면서 서울을 구경했다.
ソウル市内の地図を見ながら,ソウルを観光した。

인터넷에서 지도를 찾아보면 길을 쉽게 찾을 수 있을 거야.
インターネットで地図を検索すれば,道が簡単に見つかるよ。

053
지하도

[지하도] 명사 地下道

[例文] 길을 건너려면 지하도로 건너세요.
道を渡るなら,地下道で渡って下さい。

명동에 있는 지하도에는 상가가 많아서 아주 재미있어요.
明洞にある地下道には,商店が多いのでとてもおもしろいです。

054
직진

[직찐] 명사 直進

[活用表現] 직진하다 直進する

[反意語] 유턴 Uターン

[例文] 여기서부터는 계속 직진해. 그리고 사거리가 나오면 우회전을 해.
ここからは、ずっと直進して。そしてに出たら右折してくれ。

이번 사거리에서는 직진해 주시고요, 그 다음 사거리에서 세워 주세요.
次の四つ角は直進して下さい。その次の四つ角で降ろしてください。

055
쪽2

[쪽] 명사 方

[活用表現] 이쪽 こっち

왼쪽 左側

반대쪽 反対側

[例文] 어느 쪽으로 가야 해요?
どっちに行けばいいですか?

이쪽으로 가면 안 되니까 반대쪽으로 가세요.
こっちに行ったらだめなので、反対側に行って下さい。

056
쭉

[쭉] 부사 まっすぐ

[活用表現] 쭉 가다 まっすぐ行く

[類義語] 똑바로 まっすぐ

[例文] 여기서 10(십)분쯤 쭉 가면 큰 병원이 보일 거예요.
ここから10分くらいまっすぐ行けば、大きな病院が見えるでしょう。

횡단보도를 건너서 쭉 가다가 오른쪽 첫 번째 골목으로 가세요.
横断歩道を渡って、まっすぐ行って、右側にある最初の路地に入ってください。

057
호선

[호선] 명사 号線

[活用構文] 数 호선

[関連語] 지하철 地下鉄

[例文] 서울의 지하철은 모두 몇 호선이 있어요?
ソウルの地下鉄は全部で何号線までありますか?

우리 집에서 제일 가까운 지하철역은 지하철 2(이)호선 신촌역이에요.
私の家から一番近い地下鉄駅は、地下鉄２号線の新村駅です。

058
횡단보도

[횡단보도] 명사 横断歩道

[活用表現] 횡단보도를 건너다 横断歩道を渡る

[例文] 초등학교 앞에 횡단보도가 있으니까 천천히 운전해라.
小学校の前に横断歩道があるので、ゆっくり運転しなさい。

횡단보도의 신호등이 고장났나 봐요. 빨간불이 계속 켜져 있어요.
横断歩道の信号が故障したみたいです。ずっと赤です。

12 연습문제

[1~15] 다음 단어를 한국어로 바꿔 쓰십시오. 次の単語を韓国語に変えて書きなさい。

1. 車 (　　　　)
2. 駅 (　　　　)
3. 遠い (　　　　)
4. 方向 (　　　　)
5. 往復 (　　　　)
6. 出口 (　　　　)
7. タクシー (　　　　)
8. 安全線 (　　　　)
9. 地下道 (　　　　)
10. まっすぐ (　　　　)
11. 渡る (　　　　)
12. つまる､混む (　　　　)
13. 到着する (　　　　)
14. 回る (　　　　)
15. 下車する (　　　　)

[16~20] 그림을 보고 (　　)에 알맞은 것을 고르십시오.

絵を見て(　　)の中に当てはまるものを選びなさい。

16.

가 : 뭘 타고 갔어요?

나 : (　　　　)을/를 타고 갔어요.

❶ 배　❷ 기차

❸ 비행기　❹ 자동차

17.

가 : 이번 사거리에서 어느 쪽으로 갈까요?

나 : (　　　　)으세요/세요.

❶ 유턴하다　❷ 직진하다

❸ 우회전하다　❹ 좌회전하다

18.

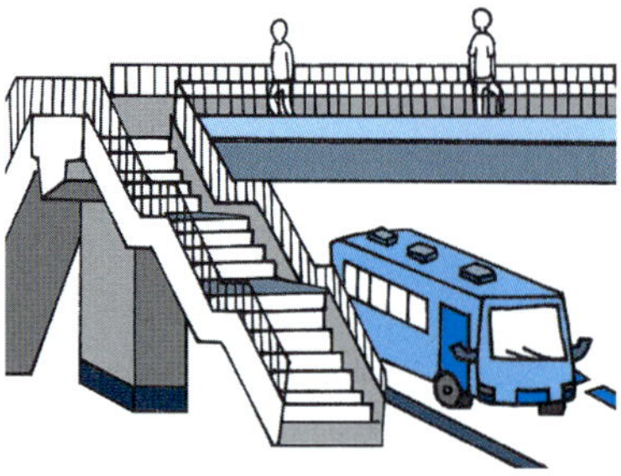

가 : 무엇으로 길을 건널까요?

나 : (   )으로/로 건너세요.

❶ 육교 ❷ 사거리
❸ 지하도 ❹ 횡단보도

19.

가 : 길을 모르는데 어떻게 찾아 가지요?

나 : (   )을/를 보면 돼요.

❶ 책 ❷ 거리
❸ 지도 ❹ 컴퓨터

20.

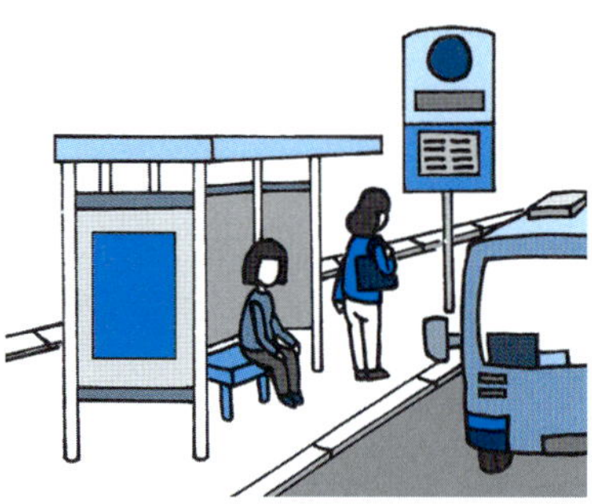

가 : 어디에서 아빠를 기다렸어요?

나 : (   )에서 기다렸어요.

❶ 공항 ❷ 지하철역
❸ 택시 승강장 ❹ 버스 정류장

[21~30] 다음 문장을 읽고 알맞은 어휘를 골라 쓰십시오. 어휘는 한 번만 쓰십시오.

次の文章を読んで(　)に当てはまる単語を選んで書きなさい。単語はそれぞれ1回だけ使えます。

길	공항	기차	방법	약도
요금	호선	노선도	사거리	승강장
신호등	지하철	위험하다	주의하다	하차하다

21. 이 앞 (　　　　　)에서 우회전해 주세요.
22. 저쪽은 물이 깊어서 (　　　　　)으니까/니까 가지 마세요.
23. 지하철을 타려고 사람들이 (　　　　　)에서 기다리고 있다.
24. 이번에는 서울역에 가서 (　　　　　)을/를 타고 부산에 가자.
25. (　　　　　)이/가 초록색으로 바뀌었으니까 길을 건너갑시다.
26. 신촌에 가려고 하는데 지하철 몇 (　　　　　)을/를 타야 해요?
27. 이 버스가 어디로 가는지 알고 싶으면 (　　　　　)을/를 보세요.
28. 우리 집까지 오는 길을 그린 (　　　　　)을/를 친구에게 주었다.
29. 이 주차장은 한 시간 주차하면 주차(　　　　　)이/가 얼마예요?
30. 핸드폰 문자 메시지를 보내는 (　　　　　)을/를 좀 가르쳐 주세요.

[31~35] (　　) 안에 알맞은 것을 고르십시오. (　)の中に当てはまるものを選びなさい。

31. 지난 주말에 고속버스 (　　)에서 고속버스를 타고 설악산에 갔습니다.

❶ 역　　❷ 공항　　❸ 정류장　　❹ 터미널

32. 이 길로 (　　) 가세요.

❶ 쭉　　❷ 같이　　❸ 보통　　❹ 일찍

33. 젊은 사람들은 보통 (　　)에 앉지 않아요.

❶ 의자　❷ 자리　❸ 노선도　❹ 노약자석

34. 내립니다. 좀 (　　)어/아/여 주세요.

❶ 앉다　❷ 내리다　❸ 비키다　❹ 승차하다

35. (　　)을/를 못해서 아직 차를 살 계획이 없어요.

❶ 돈　❷ 공부　❸ 방향　❹ 운전

[36~40] 밑줄 친 부분과 반대되는 뜻을 가진 것을 고르십시오.

下線を引いた部分と反対の意味を持ったものを選びなさい。

36. **가 :** 공항에 도착했다고 해요?
나 : 아니요, 이제 집에서 (　　)었다고/았다고/였다고 하는데요.

❶ 오다　❷ 내려가다　❸ 돌아가다　❹ 출발하다

37. **가 :** 버스에서 내렸다고 해요?
나 : 아니요, 조금 전에 버스를 (　　)었다고/았다고/였다고 해요.

❶ 타다　❷ 나오다　❸ 들어오다　❹ 올라가다

38. **가 :** 이곳은 교통이 불편해요?
나 : 아니요, (　　)어요/아요/여요.

❶ 쉽다　❷ 따뜻하다　❸ 편리하다　❹ 편안하다

39. **가 :** 집이 멀어요?
나 : 아니요, (　　)어요/아요/여요.

❶ 높다　❷ 좁다　❸ 가깝다　❹ 두껍다

40. **가 :** 위험하지 않아요?
나 : 아니요, (   )어요/아요/여요.

❶ 건너다 ❷ 안전하다 ❸ 주의하다 ❹ 편안하다

[41~45] 밑줄 친 부분과 의미가 가장 가까운 것을 고르십시오.
下線を引いた部分と意味が一番近いものを選びなさい。

41. **가 :** 여기에서 신촌으로 직접 가는 버스가 있어요?
나 : 아니요, (   ) 가는 건 없어요.

❶ 곧 ❷ 바로 ❸ 건너서 ❹ 들러서

42. **가 :** 지금 차가 밀려요?
나 : 네, (   )네요.

❶ 바쁘다 ❷ 한가하다 ❸ 길이 넓다 ❹ 길이 막히다

43. **가 :** 학교 맞은편에 병원이 있어요?
나 : 네, (   )에 있어요.

❶ 동쪽 ❷ 저쪽 ❸ 건너편 ❹ 같은 편

44. **가 :** 여기에다가 차를 세울까요?
나 : 네, 여기에 (   )읍시다/ㅂ시다.

❶ 주차하다 ❷ 세차하다 ❸ 유턴하다 ❹ 갈아타다

45. **가 :** 다음부터는 조심하세요!
나 : 네, (   )겠습니다.

❶ 긴장하다 ❷ 소심하다 ❸ 위험하다 ❹ 주의하다

[46~50] 밑줄 친 단어의 쓰임이 잘못된 것을 고르십시오.
下線部の使い方が間違っているものを選びなさい。

46. ❶ 신발이 좀 작아서 불편해요. (　　　)
❷ 지하철역이 좀 멀어서 불편하다.
❸ 몸은 편하지만 마음은 불편하다.
❹ 날마다 늦게까지 일해서 건강이 불편해졌다.

47. ❶ 내일 한국으로 돌아간다. (　　　)
❷ 집에 빨리 돌아가 보세요.
❸ 갔다가 언제 돌아갈 거예요?
❹ 이 길은 복잡하니까 옆길로 돌아갑시다.

48. ❶ 늦었으니까 택시를 탑시다. (　　　)
❷ 기차 몇 호선을 타야 해요?
❸ 집에서 학교까지 버스를 타고 다닙니다.
❹ 비행기가 늦게 도착해서 공항에서 오래 기다렸어요.

49. ❶ 왕복 비행기 표를 샀다. (　　　)
❷ 택시 요금이 모두 얼마예요?
❸ 버스에 자리가 없어서 서서 갔다.
❹ 지하철에서 내려서 3번 입구로 나가세요.

50. ❶ 횡단보도를 걸어서 똑바로 가세요. (　　　)
❷ 시청역에서 1호선으로 갈아타세요.
❸ 여기는 시골이라서 교통편이 나쁘다.
❹ 시내에는 사람도 많고 차도 많아서 복잡하다.

자연과 계절

13

自然と季節

1 / 동식물
2 / 색깔
3 / 자연 · 경치
4 / 날씨
5 / 계절

13-1 동식물

001
강아지

[강아지] 명사 子犬

[活用表現] 강아지 한 마리 子犬1匹

강아지를 키우다 子犬を飼う

[関連語] 개 犬

[例文] 강아지가 작고 참 귀엽네요.
犬が小さくて本当にかわいいですね。

엄마, 우리도 강아지를 한 마리 사서 키워요.
お母さん､私たちも子犬1匹飼いましょうよ。

002
고래

[고래] 명사 くじら

[活用表現] 고래 한 마리 くじら1匹

[例文] 한국에서는 고래를 잡아도 돼요?
韓国ではくじらを捕まえてもいいんですか？

고래 고기 맛이 소고기 맛과 비슷하다고 해요.
くじらの肉の味は､牛肉の味と似ているそうです。

003
고양이

[고양이] 명사 猫

[活用表現] 고양이 한 마리 猫1匹

고양이를 기르다 猫を飼う

[例文] 고양이가 쥐를 잡아서 먹었어요.
猫がねずみを捕まえて食べました。

우리 아이는 강아지보다 고양이를 더 기르고 싶어해요.
うちの子供は犬より猫を飼いたがっています。

004
꽃

[꼳] 명사 花

[活用表現] 꽃잎 花びら

꽃바구니 花かご

꽃 한 송이 花1輪

꽃 한 다발 花1束

꽃이 피다 花が咲く

[例文] 예쁜 꽃이 많이 피는 봄이 왔어요.
きれいな花がたくさん咲く春が来ました。

남자친구가 꽃 한 다발을 선물했어요.
彼氏が花束をプレゼントしてくれました。

도움말

花を表す単語として、下のようなものがある。

개나리, 진달래, 벚꽃, 무궁화, 장미, 카네이션, ……
れんぎょう、つつじ、さくらの花、ムクゲ、バラ、カーネーション、…

005
나무

[나무] 명사 木

[活用構文] 名나무

[活用表現] 나뭇잎 木の葉
나뭇가지 木の枝
사과나무 りんごの木
나무 한 그루 木1本、1株、1つ
나무를 심다 木を植える

[関連語] 숲 森

[例文] 우리 집에는 감나무가 한 그루 있다.
我が家には柿の木が1つある。

산에 나무가 많아야 공기가 좋아져요.
山に木が多ければ、空気がきれいになります。

006
단풍

[단풍] 명사 紅葉

[活用表現] 단풍 구경 紅葉狩り
단풍이 아름답다 紅葉が美しい
단풍이 들다 紅葉する

[関連語] 가을 秋

[例文] 단풍이 들어서 산이아름다워요.
紅葉して山がきれいです。

가을이 되어서 설악산으로 단풍 구경을 갔다.
秋になったので、雪嶽山に紅葉狩りに行った。

007
닭

[닭] 명사 鶏

[活用表現] 닭고기 鶏肉
닭 한 마리 鶏1羽

[関連語] 달걀 卵
병아리 ひよこ

[例文] 시골에 계신 할머니는 닭을 기르신다.
田舎にいるおばあちゃんは、鶏を飼っている。

오늘 우리 닭 한 마리를 배달시켜서 먹을까?
今日は鶏1羽,頼んで食べようか?

008
동물

[동물] 명사 動物

[活用表現] 동물원 動物園

동물 병원 動物病院

[例文] 우리 오빠는 무슨 동물이든지 다 좋아한다.
うちの兄はどんな動物でもみんな好きだ。

어린이날 동물원에 가서 여러 가지 동물들을 구경했다.
こどもの日に動物園に行って,いろいろな動物を見た。

009
돼지

[돼지] 명사 豚

いのしし科の太った哺乳類,または豚のように太った人をからかう言葉。

[活用表現] 돼지고기 豚肉

돼지 한 마리 豚1匹

[例文] 어제 돼지꿈을 꿔서 아주 기분이 좋아요.
昨日豚の夢を見たので,すごく気分がいいです。

친구에게 농담으로 돼지라고 했는데 친구가 아주 크게 화를 냈다.
友達に冗談で豚と言ったら,友達がすごく腹を立てた。

010
마리

[마리] 명사 匹

[活用表現] 생선 한 마리 魚1匹

[例文] 오늘은 물고기를 몇 마리 잡았어요?
今日は魚を何匹釣りましたか?

위층에 사는 사람들은 개를 두 마리 키워요.
上の階に住んでいる人たちは,犬を2匹飼っています。

011
새[2]

[새] 명사 鳥

[活用表現] 새 소리 鳥の声

새 한 마리 鳥1羽

새가 날다 鳥が飛ぶ

[例文] 새들이 하늘을 날고 있다.
鳥たちが空を飛んでいる。

새 소리가 참 듣기 좋네요.
鳥の声は,本当にいいですね。

012
소

[소] 명사 牛

[活用表現] 소고기 牛肉

소 한 마리 牛1頭

[例文] 불고기는 소고기로 만듭니다.
プルコギは牛肉で作ります。

오늘 저녁에는 소고기를 사다가 구워 먹어야겠다.
今日の夕食は、牛肉を買って焼いて食べよう。

013
송이

[송이] 명사 房、輪
束になった花や果実を数える単位。

[活用表現] 꽃 한 송이 花1輪

포도 한 송이 ぶどう1房

바나나 한 송이 バナナ1房

[例文] 바나나 한 송이에 삼천 원입니다.
バナナ1房、3000ウォンです。

여자 친구의 스무 살 생일에 장미꽃 스무 송이를 선물했다.
彼女の20歳の誕生日にバラの花を20輪プレゼントしました。

014
양

[양] 명사 羊

[活用表現] 양털 羊毛

양고기 ラム肉

양 한 마리 羊1匹

[例文] 양고기를 먹어본 적이 있어요?
ラム肉を食べたことがありますか?

양 한 마리가 길을 잃었나 봐요. 보이지 않아요.
羊が1匹、道に迷ってしまったようです。姿が見えません。

015
오리

[오리] 명사 あひる

[活用表現] 오리고기 あひるの肉

오리 한 마리 あひる1羽

[例文] 저는 오리 고기를 정말 좋아해요.
私はあひるの肉がすごく好きです。

저기 호수 위에 오리가 몇 마리 있어요.
あの湖の上にあひるが何羽かいます。

016
피다

[피다] **동사** 咲く

[活用構文] 名 이/가 피다

[活用表現] 꽃이 피다 花が咲く

[反意語] 지다 散る

[例文] 이 나무는 언제쯤 꽃이 피어요?
この木には､いつごろ花が咲きますか？

여자 친구에게 꽃이 많이 피어 있는 화분을 하나 사 주었다.
彼女に花がたくさん咲いている鉢植えを１つ買ってあげた。

017
호랑이

[호랑이] **명사** 虎

[活用表現] 호랑이 한 마리 虎１頭

[例文] 동물의 왕은 호랑이라고 생각해요.
動物の王は虎だと思います。

옛날에는 산에 호랑이가 많이 살았다고 한다.
昔は山に虎がたくさん住んでいた。

13-2 색깔

018
갈색

[갈쌕] **명사** 茶色

[例文] 우리 집 자동차 색깔은 갈색이다.
我が家の車の色は茶色だ。

가을이 되면 여자들은 갈색과 까만색 옷을 많이 입는 편이에요.
秋になると､女性たちは茶色と黒の洋服をよく着る傾向があります。

019
까맣다

[까마타] **형용사** 黒い ㅎ動詞

[活用構文] 名 이/가 까맣다

[活用表現] 까만색 黒色

까만 눈 黒い目

얼굴이 까맣다 顔が黒い

까맣게 타다 黒く日焼けする

[類義語] 검다 黒い

[例文] 그 여자의 머리 색깔과 눈은 밤하늘처럼 까맣다.
その女の髪の色と､目の色は夜空のように黒い。

바닷가에서 재미있게 놀아서 좋았지만 얼굴은 아주 까맣게 탔다.
海辺で楽しく遊んだのは良かったのだが､顔が真っ黒に焼けた。

020
노랗다

[노라타] 형용사 黄色 ㅎ動詞

[活用構文] 名이/가 노랗다

[活用表現] 노란색 黄色

노란 은행잎 黄色い銀杏の葉

잎이 노랗다 葉が黄色い

[例文] 노랗고 빨간 단풍이 아름답다.
黄色くて赤い紅葉が美しい。

저는 노란색 장미꽃을 제일 좋아해요.
私は黄色い薔薇が一番好きです。

021
분홍색

[분홍색] 명사 ピンク

[例文] 여자 아이들은 보통 분홍색을 좋아해요.
女の子たちは普通､ピンクが好きです。

결혼식을 한 후에 피로연 드레스는 분홍색으로 하는 것이 어때요?
結婚式をした後の､披露宴のドレスはピンク色にするのはどうでしょう？

022
빨갛다

[빨가타] 형용사 赤い ㅎ動詞

[活用構文] 名이/가 빨갛다

[活用表現] 빨간색 赤色

얼굴이 빨갛다 顔が赤い

[例文] 사랑하는 사람에게는 보통 빨간 장미를 선물합니다.
愛する人には普通､赤いバラをプレゼントします。

한국 국가대표 축구팀을 응원하려고 빨간색 티셔츠를 입었다.
韓国の国家代表サッカーチームを応援するため､赤いTシャツを着た。

023
색깔

[색깔] 명사 色

[活用表現] 밝은 색깔 明るい色

어두운 색깔 暗い色

색깔이 예쁘다 色がきれいだ

[類義語] 색 色

[例文] 디자인은 좋은데 색깔은 마음에 들지 않아요.
デザインは良いんだけど､色が気に入りません。

봄이 되니까 여자들이 밝은 색 옷을 많이 입었다.
春になると､女性たちは明るい色の洋服をよく着た。

024
주황색

[주황색] 명사 オレンジ色

[例文] 어두운 거리에 주황색 불빛이 보였다.
暗い通りにオレンジ色の明かりが見えた。

너한테 주황색이 참 잘 어울리는구나.
君はオレンジ色が本当によく似合うね。

025
초록색

[초록쌕] 명사 緑

[例文] 초록색 불로 바뀔 때까지 움직이지 말고 기다려라.
信号が緑に変わるまで､動かないで待ちなさい。

눈이 아플 때 초록색을 보면 눈의 피로가 풀린다고 해요.
目が痛い時に緑を見ると､目の疲労が取れるそうです。

026
파랗다

[파라타] 형용사 青い ㅎ動詞

[活用構文] 名이/가 파랗다

[活用表現] 파란색 青

하늘이 파랗다 空が青い

[例文] 여름이어서 그런지 파란색이 아주 시원해 보인다.
夏だからか､青がすごく爽やかに見える。

오랜만에 파란 하늘을 보니까 기분이 아주 좋아집니다.
久しぶりに青い空を見たので､気分がとても良くなりました。

027
하얗다

[하야타] 형용사 白い ㅎ動詞

[活用構文] 名이/가 하얗다

[活用表現] 하얀색 白

하얀 피부 白い色

세상이 하얗다 世界が真っ白だ

[類義語] 희다 白い

[例文] 눈이 와서 세상이 하얗게 변했어요.
雪が降ったので､世界が真っ白に変わりました。

어떻게 피부가 이렇게 하얘요? 특별한 피부 관리 방법이 있어요?
どうしてそんなに肌が白いんですか？特別なお手入れ方法があるんですか？

13-3 자연 · 경치

028
강

[강] 명사 川、河

【活用表現】 한강 漢江
강물 川の水
강이 흐르다 川が流れる
강을 건너다 川を渡る

【例文】 강이 정말 맑고 깨끗하군요.
川が本当に澄んでいてきれいですね。

옛날부터 사람들은 강 근처에 모여서 살았어요.
昔から人々は川のちかくに集まって暮らしました。

029
경치

[경치] 명사 景色、風景

【活用表現】 자연 경치 自然の景色
그림 같은 경치 絵のような風景
경치가 아름답다 景色がきれいだ

【例文】 나중에 경치가 좋은 곳에서 살고 싶어요.
いつか景色のいい所で暮らしたいです。

이번 휴가에는 경치가 좋은 곳으로 여행을 갑시다.
今度の休暇には景色のいい所に旅行に行きましょう。

030
공기

[공기] 명사 空気

【活用表現】 상쾌한 공기 さわやかな空気
공기가 좋다 空気が良い
공기가 맑다 空気が澄んでいる

【例文】 산에 오니까 공기가 정말 상쾌합니다.
山に来たので、空気がすごく爽やかです。

여기는 좀 답답하네요. 맑은 공기를 마시러 밖에 잠깐 나갑시다.
ここは少し息苦しいですね。空気を吸いに、少し外に出ましょう。

031
높다

[놉따] 형용사 1. 高い　2. 高い
1. 下から上の長さが長い。

【活用構文】 名이/가 높다

【活用表現】 높은 산 高い山
높은 고층 빌딩 高い高層ビル

하늘이 높다 空が高い

【反意語】 낮다 低い

【例文】 여기는 시내여서 높은 고층 빌딩이 많아요.
ここは市内なので、高い高層ビルが多いです。

2. 温度、湿度などを表す数値が大きい。

【活用構文】 名이/가 높다

【活用表現】 높은 온도 高い温度
습도가 높다 湿度が高い

【反意語】 낮다 低い

【例文】 습도가 높으면 사람들이 쉽게 짜증을 냅니다.
湿度が高いと、人々はイライラしやすくなります。

032
돌

[돌] 명사 石

【活用表現】 돌을 던지다 石を投げる

【例文】 사람들이 다칠 수 있으니까 돌을 던지지 마라.
人が怪我するかもしれないから、石を投げるな。

삼겹살을 돌 위에다가 구워서 먹는 식당이 있어요.
サムギョプサルを石の上で焼いて食べる食堂があります。

033
모래

[모래] 명사 砂

【活用表現】 모래 사장 砂場

【関連語】 바다 海

【例文】 바닷가에 있는 하얀 모래가 참 예뻐요.
海辺にある白い砂がとてもきれいです。

놀이터에서 모래 놀이를 해서 손발이 모두 더러워졌구나.
公園で砂遊びをして、手足が全部汚れちゃったね。

034
바다

[바다] 명사 海

【活用表現】 바닷가 海辺
시원한 바다 涼しい海
바다가 넓다 海が広い

【関連語】 해변 海辺
해수욕장 海水浴場

【例文】 이번 여름휴가 때 바다로 놀러 가려고 해요.
今回の夏休みの時、海に遊びに行こうとしています。

설악산으로 여행을 가면 산과 바다를 같이 구경할 수 있어서 좋아요.
雪獄山に旅行に行けば、山と海を一緒に観光できるので良いです。

035
별 [별] 명사 星

[活用表現] 별빛 星の光

별이 빛나다 星が光る

[例文] 시골에 오니까 별빛이 참 밝아요.
田舎に来たので、星の光がすごく明るいです。

저기 저 별 좀 봐. 진짜 크고 밝다.
あの星、ちょっと見て。本当に大きくて明るいな。

036
산 [산] 명사 山

[活用表現] 등산 登山

산이 높다 山が高い

산을 오르다 山に登る

[例文] 한국에는 산이 아주 많다.
韓国には山がとても多い。

집 근처에 높지 않은 산이 있어서 시간이 있을 때마다 등산을 해요.
家の近くにそれほど高くない山があるので、時間がある時に登山します。

037
섬 [섬] 명사 島

[例文] 이 바다 근처에는 크고 작은 섬이 많아서 경치가 참 좋아요.
この海の近くには、大小の島が多いので、眺めがとても良いです。

사람이 살지 않는 섬도 있지만 일본처럼 한 나라가 섬인 곳도 있어요.
人が住んでいない島もあるが、日本のように1つの国が島になっているところもあります。

038
아름답다 [아름답따] 형용사 美しい ㅂ動詞

[活用構文] 名이/가 아름답다

[活用表現] 아름다운 목소리 美しい声

경치가 아름답다 景色が美しい

[関連語] 예쁘다 きれいだ

[例文] 노래하는 목소리가 참 아름다워요. 가수를 해도 되겠어요.
歌声が本当に美しいです。歌手になっても良さそうです。

집이 아름다울 뿐만 아니라 집 주위의 경치도 참 아름다워요.
家が美しいだけでなく、家の周りの景色も本当に美しいです。

039
폭포 [폭포] 명사 滝

[活用表現] 폭포수 滝の水

[例文] 더운 여름날 폭포 아래에서 수박을 먹으니까 진짜 시원하다.
暑い夏に滝の下でスイカを食べると本当に涼しい。

폭포에 가까워질수록 폭포에서 떨어지는 물소리도 점점 커집니다.
滝に近づくほどに、滝から落ちる水の音が少しずつ大きくなります。

040
하늘 [하늘] 명사 空

[活用表現] 하늘색 空の色

하늘이 맑다 空が澄んでいる

하늘을 날다 空を飛ぶ

[関連語] 구름 雲

[例文] 가을이 되니까 하늘이 더 높고 더 파래요.
秋になったので、空がより高くて青いです。

날씨가 아주 맑다. 하늘에 구름이 하나도 없어.
天気がとてもいい。空に雲ひとつない。

041
호수 [호수] 명사 湖

[活用表現] 넓은 호수 広い湖

[例文] 천지는 바다처럼 넓고 깊은 호수이다.
天池という湖は、海のように広くて深い湖だ。

우리는 오늘 호수 공원으로 자전거를 타러 가요.
今日は自転車に乗りに、湖の公園に行こう。

13-4 날씨

042
구름

[구름] 명사 雲

【活用表現】 구름이 끼다 雲がかかる

【関連語】 흐리다 曇る

【例文】 하늘에 떠 있는 하얀 구름이 참 예쁘다.
空に浮かんでいる、白い雲がすごくきれいだ。

구름이 많이 낀 걸 보니까 비가 올 것 같아요.
雲がたくさんかかっているのを見ると、雨が降るみたいです。

043
끼다[2]

[끼다] 동사 かかる

【活用構文】 名이/가 끼다

【活用表現】 구름이 끼다 雲がかかる

안개가 끼다 霧がかかる

【例文】 안개가 끼어서 앞이 잘 보이지 않는다.
霧がかかって、前がよく見えない。

오늘은 낮에 구름이 끼다가 조금씩 개겠습니다.
今日は昼間に雲がかかって、少しずつ晴れました。

044
날씨

[날씨] 명사 天気

【活用表現】 맑은 날씨 晴れた天気

날씨가 좋다 天気がいい

【関連語】 일기예보 天気予報

【例文】 아침저녁으로 날씨가 꽤 춥네요.
朝晩はとても寒いですね。

이번 주말에 날씨가 좋으면 어디로 놀러 갈까요?
今週末、天気が良かったら、どこに遊びに行きましょうか？

045
눈[1]

[눈] 명사 雪

【活用表現】 첫눈 初雪

눈사람 雪だるま

눈싸움 雪合戦

눈이 오다 雪が降る

눈이 쌓이다 雪が積もる

【関連語】 겨울 冬

[例文] 이번 겨울에는 첫눈이 언제쯤 올까요?
今回の冬は、初雪がいつごろ降るでしょうか？

어렸을 때 눈이 많이 오면 친구들하고 눈사람도 만들고 눈싸움도 했어요.
幼い頃、雪がたくさん降ると、友達と雪だるまを作って雪合戦をしました。

046
덥다

[덥따] 형용사 暑い ㅂ動詞

[活用構文] 名이/가 덥다

[活用表現] 더운 날씨 暑い天気
무덥다 蒸し暑い
몸이 덥다 体が熱い

[反意語] 춥다 寒い

[関連語] 여름 夏

[例文] 밤에도 너무 더워서 잠을 잘 잘 수가 없어요.
夜もすごく暑くて眠れません。

날씨가 더우니까 시원한 팥빙수를 시켜서 먹을까요?
暑いので涼しいカキ氷を食べましょうか？

047
따뜻하다

[따뜨타다] 형용사 1. 暖かい 2. 温かい

1. 暑くない程度の温度でちょうどいい。

[活用構文] 名이/가 따뜻하다

[活用表現] 따뜻한 날씨 暖かい天気
방이 따뜻하다 部屋が暖かい
손이 따뜻하다 手が暖かい

[関連語] 봄 春

[例文] 오늘은 날씨가 따뜻해서 산책하기가 참 좋아요.
今日は暖かいので散歩するのに、ちょうどいいです。

2. 感情、雰囲気などに情があり、親切だ。

[活用構文] 名이/가 따뜻하다

[活用表現] 따뜻한 분위기 温かい雰囲気
마음이 따뜻하다 心が温かい

[例文] 여자 친구가 직접 만든 목도리를 선물로 받았을 때 여자 친구의 따뜻한 마음을 느낄 수 있었다.
彼女が直接作ったマフラーをプレゼントしてくれた時、彼女の温かい気持ちを感じることができた。

048
맑다 [막따] 형용사 1. 澄んでいる 2. 澄んでいる

1. 雲や霧がかかっておらず、太陽が明るく差している。

【活用構文】 名이/가 맑다

【活用表現】 하늘이 맑다 空が澄んでいる

【例文】 맑은 하늘을 보고 있으니까 마음도 깨끗해집니다.
澄んだ空を見ていたら、気分もすっきりした。

2. 汚いものが混ざっておらず、きれいだ。

【活用構文】 名이/가 맑다

【活用表現】 맑은 물 澄んだ水
공기가 맑다 空気が澄んでいる

【関連語】 깨끗하다 きれいだ

【例文】 제가 사는 곳은 근처에 큰 산이 있어서 공기가 맑아요.
私が住んでいるところの近くに、大きな山があるので、空気が澄んでいます。

049
바람 [바람] 명사 風

【活用表現】 차가운 바람 冷たい風
바람이 세다 風が強い
바람이 불다 風が吹く

【関連語】 폭풍 暴風
태풍 台風
황사 黄砂

【例文】 바람이 차요. 창문을 닫고 자야겠어요.
風が冷たいです。窓を閉めて寝た方が良さそうです。

한국은 봄에 날씨가 따뜻하지만 바람이 많이 불어요.
韓国の春は暖かいけれど、風が強く吹きます。

050
비 [비] 명사 雨

【活用表現】 비가 오다 雨が降る
비를 맞다 雨に打たれる

【例文】 내일 비가 와도 등산을 할 거예요.
明日雨が降っても、登山します。

오늘 오후에 비가 온다고 하니까 우산을 꼭 가져가라.
今日の午後に雨が降るらしいので、傘を忘れず持って行きなさい。

051
선선하다
[선선하다] 형용사 涼しい

[活用構文] 名이/가 선선하다

[関連語] 가을 秋

[例文] 저는 선선한 가을 날씨를 좋아합니다.
私はすずしい秋の天気が好きです。

이제 아침저녁에는 날씨가 꽤 선선해요.
最近朝晩の気温がすごく涼しいです。

052
습하다
[스파다] 형용사 湿める

[活用構文] 名이/가 습하다

[活用表現] 습한 공기 湿った空気

날씨가 습하다 湿った天気

[反意語] 건조하다 乾燥する

[関連語] 무덥다 蒸し暑い

[例文] 한국의 여름 날씨는 덥고 습해요.
韓国の夏は暑くて、湿気があります。

오늘은 날씨가 습해서 빨래가 잘 마르지 않아요.
今日は湿った天気なので、洗濯物がよく乾きません。

053
시원하다
[시원하다] 형용사 1. 涼しい　2. すっきりする

1. 暑くもなく寒くもなく、ちょうどよく涼しい。

[活用構文] 名이/가 시원하다

[活用表現] 시원한 맥주 ひんやりしたビール

바람이 시원하다 風がすずしい

[例文] 시원한 바람이 부니까 기분이 상쾌해요.
すずしい風が吹いて、気分がさわやかです。

2. 息苦しい気持ちを解消して、すっきりと気分がいい。

[活用構文] 名이/가 시원하다

[活用表現] 마음이 시원하다 気持ちがすっきりする

[例文] 오랫동안 나를 힘들게 했던 일이 끝나서 정말 속이 시원하다.
長い間、私を苦しめてきた仕事が終わったので、本当に気分がすっきりしました。

054
쌀쌀하다
[쌀쌀하다] 형용사 肌寒い

[活用構文] 名이/가 쌀쌀하다

[活用表現] 쌀쌀한 공기 肌寒い空気

바람이 쌀쌀하다 風邪が冷たい

[例文] 쌀쌀한 바람을 맞으면 감기에 걸리니까 조심해라.
冷たい風にあたると、風邪を引くから注意しなさい。

아직 날씨가 쌀쌀하니까 겉옷을 하나 가지고 가세요.
まだ肌寒いので、上着を1つ持って行ってください。

055
안개

[안개] **명사** 霧

[活用表現] 안개가 끼다 霧がかかる

[例文] 안개가 껴서 앞이 잘 보이지 않는다.
霧がかかって、前がよく見えない。

오늘은 안개가 낀다고 하니까 운전을 조심해라.
今日は霧がかかるらしいから、運転する時気をつけて。

056
장마

[장마] **명사** 梅雨

[活用表現] 장마철 梅雨

장마가 들다 梅雨に入る

[例文] 한국은 6(유)월 말부터 장마가 시작된다.
韓国は6月末から梅雨に入ります。

장마가 언제 끝난다고 해요? 맑은 하늘이 정말 그리워요.
梅雨はいつ終わるんですって？晴れた空が恋しいです。

057
흐리다

[흐리다] **형용사** 曇る

[活用構文] 名 이/가 흐리다

[活用表現] 날씨가 흐리다 天気が曇る

[関連語] 구름 雲

[例文] 날씨가 흐리면 기분도 우울해져요.
天気が悪いと、気分も憂鬱になります。

하늘이 흐린 걸 보니까 금방 비가 올 것 같아요.
空が曇っているのを見ると、もうすぐ雨が降ってきそうです。

13-5 계절

058
가을 [가을] 명사 秋

【活用表現】 선선한 가을 すずしい秋
가을이 오다 秋が来る
가을이 되다 秋になる

【例文】 가을이 되니까 하늘이 점점 높아집니다.
秋になったので、空が少しずつ高くなります。

저는 날씨가 선선한 가을을 제일 좋아합니다.
私はすずしい秋が1番好きです。

059
겨울 [겨울] 명사 冬

【活用表現】 겨울방학 冬休み
추운 겨울 寒い冬

【関連語】 눈[1] 雪
스키 スキー

【例文】 겨울이 되면 저는 자주 스키를 타러 가요.
冬になると、私はよくスキーに行きます。

이번 겨울은 작년보다 더 추울 거라고 해요.
今回の冬は去年よりも、もっと寒くなるそうです。

060
계절 [계절/게절] 명사 季節

【活用表現】 사계절 四季
계절이 바뀌다 季節が変わる

【関連語】 봄 春
여름 夏
가을 秋
겨울 冬

【例文】 계절이 바뀔 때 건강을 조심해야 합니다.
季節が変わる時は、健康に気をつけなければなりません。

봄, 여름, 가을, 겨울 중에서 어느 계절을 좋아하세요?
春、夏、秋、冬の中で、どの季節が好きですか？

061
봄 [봄] 명사 春

[活用表現] 봄꽃 春の花
봄바람 春風
따뜻한 봄 暖かい春

[例文] 봄바람이 따뜻해요.
春風が暖かいです。

우리 할머니는 봄에는 꽃구경을 가시고 가을에는 단풍 구경을 가십니다.
私の祖母は春には花見に、秋には紅葉狩りに行きます。

062
얼다 [얼다] 동사 凍る ㄹ動詞

[活用構文] 名이/가 얼다

[活用表現] 물이 얼다 体が凍る
손이 얼다 手が凍る
몸이 얼다 体が凍る

[反意語] 녹다 解ける

[例文] 몸이 다 얼었구나. 어서 안으로 들어와라.
体が凍っちゃったのね。早く中に入りなさい。

눈이 온 후에 내린 눈이 얼어서 땅이 미끄러워요.
雪が降った後で、雪が凍って地面が滑ります。

063
여름 [여름] 명사 夏

[活用表現] 여름휴가 夏のバカンス
여름방학 夏休み
무더운 여름 蒸し暑い夏

[例文] 봄이 가고 여름이 오고 있다.
春が去って、夏が来ている。

여름을 즐기러 온 사람들로 바닷가가 복잡하다.
夏を楽しみに来た人たちで、海辺が混雑している。

064
철 [철] 명사 1. 季節 2. 季節、シーズン、旬
1. 季節。

[活用表現] 봄철 春の季節
철이 바뀌다 季節が変わる

[例文] 여름철에는 모기가 많으니까 물리지 않게 조심해야 한다.
夏場には蚊が多いので、刺されないように注意しなければならない。

2. 1年の中で､ある事をするのに､ちょうどいい時｡または相応しい季節｡

【活用表現】 제철 旬

휴가철 休暇シーズン

딸기 철 苺の季節

【例文】 보통 봄학기와 가을학기가 시작될 때쯤이 이사 철이다.

普通､春学期と秋学期が始まる頃は､引越しのシーズンだ｡

065
피서

[피서] **명사** 避暑

【活用表現】 피서를 가다 避暑に行く

피서를 떠나다 避暑に出かける

【関連語】 여름 夏

【例文】 이번 여름에 어디로 피서를 갈 계획이에요?

今回の夏は､どこに避暑に行く予定ですか?

피서철에는 사람들이 산이나 바다로 놀러가기 때문에 서울 시내가 복잡하지 않아요.

避暑シーズンには人々が山や海に遊びに行くので､ソウル市内は込んでいません｡

066
환절기

[환절기] **명사** 季節の変わり目

【関連語】 봄 春

가을 秋

【例文】 환절기여서 병원에 감기 환자가 많아요.

季節の変わり目には､病院に風邪の患者が多いです｡

환절기에는 어떻게 건강을 관리해야 할까요?

季節の変わり目に､どうやって健康管理をするべきですか?

13 연습문제

[1~15] 다음 단어를 한국어로 바꿔 쓰십시오. 次の単語を韓国語に変えて書きなさい。

1. 石 (　　　　　)
2. 季節 (　　　　　)
3. 匹 (　　　　　)
4. 束､輪 (　　　　　)
5. 霧 (　　　　　)
6. あひる (　　　　　)
7. 風 (　　　　　)
8. 滝 (　　　　　)
9. 海 (　　　　　)
10. 季節の変わり目 (　　　　　)
11. ピンク (　　　　　)
12. 緑色 (　　　　　)
13. 黄色 (　　　　　)
14. 肌寒い (　　　　　)
15. 美しい (　　　　　)

[16~20] 그림을 보고 (　　　)에 알맞은 것을 고르십시오.

絵を見て(　　　)の中に当てはまるものを選びなさい。

16.

가 : 뭘 보고 있어요?

나 : 예쁘게 핀 (　　　　　)을/를 보고 있어요.

❶ 꽃　　❷ 새

❸ 과일　　❹ 나무

17.

가 : 무슨 계절을 좋아하세요?

나 : 저는 (　　　　　)을/를 좋아해요.

❶ 봄　　❷ 여름

❸ 가을　　❹ 겨울

18.

가 : 날씨가 어때요?

나 : (   )이/가 많이 오고 있어요.

❶ 눈 ❷ 비

❸ 구름 ❹ 안개

19.

가 : 이번 여름에 어디에 놀러 갔다 왔어요?

나 : (   )에 가서 놀았어요.

❶ 산 ❷ 섬

❸ 강 ❹ 호수

20.

가 : 무슨 동물을 길러요?

나 : (   )을/를 한 마리 길러요.

❶ 새 ❷ 소

❸ 강아지 ❹ 고양이

[21~30] 다음 문장을 읽고 알맞은 어휘를 골라 쓰십시오. 어휘는 한 번만 쓰십시오.

次の文章を読んで(　　)に当てはまる単語を選んで書きなさい。単語はそれぞれ1回だけ使えます。

꽃	고래	겨울	경치	나무
모래	색깔	여름	피서	호수
고양이	맑다	불다	따뜻하다	쌀쌀하다

21. 수박은 (　　　　　　)에 먹는 과일이에요.

22. (　　　　　　)이/가 바다처럼 크고 넓어요.

23. 엄마, 저 (　　　　　　)을/를 한 마리 사고 싶어요.

24. 이번 여름에는 산으로 (　　　　　　)을/를 갑시다.

25. 바닷가의 (　　　　　　)이/가 하얗고 부드럽습니다.

26. 제가 제일 좋아하는 (　　　　　　)은/는 파란색입니다.

27. 날씨가 (　　　　　　)으니까/니까 빨리 집으로 들어가자.

28. (　　　　　　)이/가 아름다운 곳에 집이 있으면 정말 좋겠다.

29. 우리 하숙집 아주머니는 마음이 아주 (　　　　　　)습니다/ㅂ니다.

30. 봄에는 날씨가 따뜻하지만 바람이 많이 (　　　　　　)어요/아요/여요.

[31~35] (　　) 안에 알맞은 것을 고르십시오. (　　)の中に当てはまるものを選びなさい。

31. 봄이 되니까 꽃이 많이 (　　)는군요/군요.

❶ 피다　❷ 지다　❸ 예쁘다　❹ 키우다

32. 새 한 마리가 (　　)을/를 날고 있다.

❶ 물　❷ 공기　❸ 바람　❹ 하늘

33. 밤하늘에 (   )이/가 빛나고 있다.

❶ 강   ❷ 눈   ❸ 별   ❹ 해

34. (   )이/가 시작되면 이제 비가 많이 올 거예요.

❶ 철   ❷ 구름   ❸ 습도   ❹ 장마

35. 가을 하늘이 (   )고 파랗습니다.

❶ 깊다   ❷ 낮다   ❸ 높다   ❹ 멀다

[36~40] 밑줄 친 부분과 반대되는 뜻을 가진 것을 고르십시오.

下線を引いた部分と反対の意味を持ったものを選びなさい。

36. **가 :** 집 뒤에 있는 산이 <u>높아요</u>?

나 : 아니요, (   )어요/아요/여요.

❶ 깊다   ❷ 낮다   ❸ 얇다   ❹ 적다

37. **가 :** 그곳 날씨는 <u>더워요</u>?

나 : 아니요, (   )어요/아요/여요.

❶ 춥다   ❷ 흐리다   ❸ 따뜻하다   ❹ 선선하다

38. **가 :** 오늘 날씨가 <u>흐려요</u>?

나 : 아니요, 아주 (   )어요/아요/여요.

❶ 덥다   ❷ 맑다   ❸ 시원하다   ❹ 쌀쌀하다

39. **가 :** 눈이 <u>녹았어요</u>?

나 : 아니요, 아직도 (   )어/아/여 있어요.

❶ 끼다   ❷ 얼다   ❸ 피다   ❹ 내리다

40. **가 :** 오늘은 날씨가 좀 건조하군요.
나 : 네, 어제는 비가 와서 좀 (　　　)었는데요/았는데요/였는데요.

❶ 춥다　　❷ 무덥다　　❸ 습하다　　❹ 흐리다

[41~45] 밑줄 친 부분과 의미가 가장 가까운 것을 고르십시오.
下線を引いた部分と意味が一番近いものを選びなさい。

41. **가 :** 경치가 예뻐요?
나 : 네, 아주 (　　　)어요/아요/여요.

❶ 좋다　　❷ 귀엽다　　❸ 깨끗하다　　❹ 아름답다

42. **가 :** 하늘에 까만 구름이 끼었군요.
나 : 네, 날씨가 (　　　)어요/아요/여요.

❶ 춥다　　❷ 무덥다　　❸ 흐리다　　❹ 쌀쌀하다

43. **가 :** 강물이 아주 맑군요.
나 : 네, 진짜 (　　　)지요?

❶ 넓다　　❷ 깨끗하다　　❸ 따뜻하다　　❹ 시원하다

44. **가 :** 바람이 부니까 좀 춥군요.
나 : 네, 날씨가 많이 (　　　)어졌어요/아졌어요/여졌어요.

❶ 흐리다　　❷ 선선하다　　❸ 쌀쌀하다　　❹ 시원하다

45. **가 :** 계절이 바뀌었으니까 집 좀 청소해 볼까?
나 : 그래, 우리 (　　　)이/가 지난 옷부터 정리하자.

❶ 철　　❷ 날씨　　❸ 시간　　❹ 유행

[46~50] 밑줄 친 단어의 쓰임이 잘못된 것을 고르십시오.

下線部の使い方が間違っているものを選びなさい。

46. ❶ 정말 아름다운 분이시군요. ( )
❷ 단풍이 든 산이 아주 아름답습니다.
❸ 날씨가 아름다우니까 기분이 상쾌하다.
❹ 목소리가 아름다워서 가수가 되면 좋겠다.

47. ❶ 샤워를 하니까 참 시원하다. ( )
❷ 시원한 물을 한 잔 마셔야겠다.
❸ 날씨가 더우니까 시원한 삼계탕을 먹자.
❹ 머리가 아팠던 일이 잘 끝나서 마음이 시원하다.

48. ❶ 추워서 입술이 노랗다. ( )
❷ 눈이 오니까 세상이 하얗다.
❸ 햇빛 때문에 얼굴이 까매졌다.
❹ 좋아하는 사람을 만나니까 얼굴이 빨개졌다.

49. ❶ 공기가 맑고 시원하다. ( )
❷ 제 남자 친구는 키가 정말 높아요.
❸ 낮은 신발을 신으면 발이 편하다.
❹ 추우니까 옷을 하나 더 입는 것이 좋겠다.

50. ❶ 꽃이 많이 피어서 아름다워요. ( )
❷ 비가 오니까 우산을 가지고 가세요.
❸ 단풍이 든 산을 구경하러 갈 거예요.
❹ 안개가 내렸으니까 운전을 조심해야 해요.

주거

14

住居

1 / 건물
2 / 집
3 / 이사
4 / 집안일

14-1 건물

001
건물 [건물] 명사 建物

[関連語] 빌딩 ビル

[例文] 제 사무실은 은행 옆 건물 2(이)층이에요.
私の事務所は銀行の横の建物の２階です。

서울에서 제일 높은 건물이 뭐예요?
ソウルで1番高い建物は63ビルです。

002
계단 [계단/게단] 명사 階段

[活用表現] 계단으로 올라가다 階段で上がる

계단으로 내려가다 階段で下りる

[例文] 다리를 다쳐서 계단으로 올라갈 수 없다.
足を怪我したので、階段で昇ることができない。

계단을 내려가서 왼쪽으로 가면 미용실이 있어요.
階段を下りて左に行くと、美容室があります。

003
빌딩 [빌딩] 명사 ビル

[活用表現] 높은 빌딩 高いビル

[関連語] 건물 建物

[例文] 시내에는 빌딩이 많습니다.
市内にはビルが多いです。

서울에서 제일 높은 빌딩이 어디에 있어요?
ソウルで１番高いビルは、どこにありますか？

004
아파트 [아파트] 명사 マンション

[関連語] 주택 住宅

数동 数호

[例文] 한강 근처에 있는 아파트는 아주 비싸요.
漢江の近くにあるマンションはとても値段が高いです。

아파트는 주택보다 살기 편해서 젊은 사람들에게 인기가 많다.
マンションは住宅よりも住みやすいので、若い人たちに人気がある。

005
엘리베이터 [엘리베이터] 명사 エレベーター

[活用表現] 엘리베이터를 타다 エレベーターに乗る

[例文] 엘리베이터 안에서 뛰면 안 된다.
エレベーターの中で飛び跳ねてはいけない。

엘리베이터가 고장이 나서 계단으로 올라왔어요.
エレベーターが故障していたので、階段で上がってきました。

006
오피스텔 [오피스텔] 명사 オフィステル
人が暮らせるように住居施設が備えられている事務所。

[例文] 여기가 사무실로 사용할 오피스텔이에요.
ここが事務所として使うオフィステルです。

오피스텔은 집으로도 쓸 수 있고 사무실로도 쓸 수 있다.
オフィステルは家としても使うことができ、事務所として使うこともできる。

007
정문 [정문] 명사 正門

[関連語] 후문 後門

[例文] 학교 정문 앞에서 친구를 만나기로 했다.
学校の正門の前で、友達に会うことにした。

회사 정문으로 나가서 오른쪽으로 가면 우체국이 있어요.
会社の正門から出て、右に行くと郵便局があります。

008
주택 [주택] 명사 住宅、一軒家

[活用表現] 주택가 住宅街

[関連語] 집 家
아파트 アパート

[例文] 노인들은 주택에서 사는 것을 좋아한다.
老人たちは住宅に住みたがる。

주택은 아파트보다 관리하기가 어려워요.
住宅はアパートより管理するのが難しいです。

009
지하 [지하] 명사 地下

[活用表現] 지하 2(이)층 地下2階
지하 주차장 地下の駐車場

[反意語] 지상 地上

[例文] 지하 주차장에 차를 주차하세요.
地下の駐車場に車をとめて下さい。

식당은 지하 1(일)층에 있습니다.
食堂は地下1階にあります。

010
층

[층] **명사** 階

[活用構文] **数** 층

[例文] 우리 집은 12(십이)층에 있어요.
我が家は12階にあります。

63(육삼)빌딩은 몇 층 건물일까요?
63ビルディングは何階建ての建物でしょうか?

011
호

[호] **명사** 号

[活用構文] **数** 호

[例文] 우리 교실은 520(오백이십)호입니다.
私の教室は520号です。

우리 집은 한국 아파트 2(이)동 103(백삼)호입니다.
私の家は韓国アパート2棟103号です。

14-2 집

012
거실

[거실] **명사** リビング

[例文] 거실에 있는 창문이 커서 집이 아주 밝군요.
リビングにある窓が大きいので,家がとても明るいですね。

가족들이 모두 거실에서 텔레비전을 보고 있었다.
家族たちがみんなリビングでテレビを見ている。

013
거울

[거울] **명사** 鏡

[活用表現] 거울을 보다 鏡を見る

[例文] 옷장 옆에 큰 거울이 있어서 편해요.
たんすの横に大きな鏡があるので便利です。

눈은 마음의 거울이라는 말이 있어요.
目は心の鏡だと言う言葉があります。

014
난방

[난방] 명사 暖房

[活用表現] 난방비 暖房費

난방하다 暖房をつける

난방이 되다 暖房がついている

[例文] 온돌은 한국의 난방 시설이에요.
オンドルは韓国の暖房施設です。

이 방은 난방이 되지 않아서 아주 춥다.
この部屋は暖房がついていないので、すごく寒い。

015
넓다

[널따] 형용사 広い

[活用構文] 名 이/가 넓다

[活用表現] 집이 넓다 家が広い

마음이 넓다 心が広い

[反意語] 좁다 狭い

[例文] 우리 학교 운동장은 아주 넓어요.
私の学校の運動場はとても広いです。

아버지는 마음이 넓어서 나를 잘 이해해 주신다.
父は心が広いので、私をよく理解してくれる。

016
달력

[달력] 명사 カレンダー

[例文] 달력을 벽에 걸었어요.
カレンダーを壁にかけました。

달력에 가족들의 생일을 적어 놓았다.
カレンダーに家族の誕生日を書いておいた。

017
문

[문] 명사 門、ドア

[活用表現] 문을 열다 ドアを開ける

문을 닫다 ドアを閉める

[例文] 우체국은 몇 시에 문을 열어요?
郵便局は何時に開きますか？

밖이 시끄러우니까 문을 닫아 주세요.
外がうるさいので、ドアを閉めてください。

018
방

[방] 명사 部屋

[活用表現] 방 한 개 部屋1つ

방이 좁다 部屋が狭い

[例文] 우리 집은 방이 세 개예요.
我が家は部屋が3つです。

일주일 동안 청소를 하지 않아서 방이 더럽다.
1週間掃除をしなかったので、部屋が汚い。

019
베란다

[베란다] 명사 ベランダ

[例文] 오랜만에 베란다를 청소했어요.
久しぶりにベランダを掃除しました。

우리 집 베란다에서 한강이 보여요.
我が家のベランダから漢江が見えます。

020
벽

[벽] 명사 壁

[活用表現] 벽지 壁紙

벽에 걸다 壁にかける

[例文] 아이들이 벽에 그림을 그렸다.
子供たちが壁に絵を描いた。

교실 벽에 시계를 걸어 주세요.
教室の壁に時計をかけてください。

021
부엌

[부억] 명사 台所

[類義語] 주방 台所

[例文] 냉장고는 부엌에 있어요.
冷蔵庫は台所にあります。

어머니는 부엌에서 설거지를 하십니다.
母は台所でお皿を洗っています。

022
불

[불] 명사 火、電気

[活用表現] 촛불 ろうそくの火

전깃불 電灯

불을 켜다 電気をつける

불을 끄다 電気を消す

[例文] 이제 불을 끄고 자자.
そろそろ電気を消して寝よう。

어두우니까 불을 좀 켜 주세요.
暗いので電気をつけてください。

023
서재

[서재] 명사 書斎

[例文] 책이 많아서 큰 방을 서재로 만들었어요.
本が多いので大きな部屋を書斎にしました。

아버지는 아침마다 서재에서 책을 읽으신다.
父は毎朝書斎で本を読みます。

024
열다

[열다] 명사 1. 開ける 2. 開ける

1. 閉まった門・ふた・引き出しなどの中が見えるように開ける。ㄹ動詞

[活用構文] 名 을/를 열다

[反意語] 닫다 閉める

[関連語] 열쇠 かぎ

[例文] 창문을 여니까 바람이 들어와서 시원하다.
窓を開けたら、風が入ってきて涼しい。

2. 店などの営業を始める。ㄹ動詞

[活用構文] 名 을/를 열다

[反意語] 닫다 閉める

[例文] 백화점은 몇 시에 문을 열어요?
デパートは何時に開きますか？

025
옷걸이

[옫꺼리] 명사 ハンガー

[活用表現] 옷걸이에 걸다 ハンガーにかける

[関連語] 옷장 たんす

[例文] 코트는 옷걸이에 걸어 두세요.
コートはハンガーにかけてください。

옷을 옷걸이에 걸어 드릴까요?
洋服をハンガーにかけてあげましょうか？

026
욕실

[욕씰] 명사 浴室

[関連語] 화장실 トイレ

[例文] 욕실에 들어가서 샤워를 했다.
浴室に行って、シャワーをした。

우리 하숙집에는 방마다 욕실이 있어요.
私の下宿には、部屋ごとに浴室があります。

027
창문 [창문] 명사 窓

[例文] 비가 와서 창문을 닫았다.
雨が降ってきたので、窓を閉めた。

방 안이 답답하니까 창문을 열어라.
部屋の中の空気が悪いので、窓を開けなさい。

028
천장 [천장] 명사 天井

[活用表現] 천장이 낮다 天井が低い
천장이 높다 天井が高い

[関連語] 바닥 床

[例文] 천장이 낮으니까 조심하세요.
天井が低いので気をつけてください。

성당 천장에 그림이 그려져 있다.
聖堂の天井に絵が描かれている。

029
커튼 [커튼] 명사 カーテン

[活用表現] 커튼을 걷다 カーテンを(まくり)上げる
커튼을 치다 カーテンを引く

[例文] 집 안이 보이지 않게 커튼을 쳐라.
家の中が見えないように、カーテンを引きなさい。

날씨가 좋은데 커튼을 걷고 창문을 열어 놓을까?
天気が良いから、カーテンを上げて窓を開けようか？

030
편안하다 [펴난하다] 형용사 楽だ

[活用構文] 名이/가 편안하다

[活用表現] 마음이 편안하다 心が楽だ
의자가 편안하다 椅子が楽だ

[類義語] 편하다 楽だ

[反意語] 불편하다 不便だ

[例文] 이 의자에 앉아 보세요. 아주 편안해요.
この椅子に座ってみてください。すごく座り心地が良いです。

요즘은 걱정 없이 편안하게 지내고 있어요.
最近は心配ごともなく、平和に過ごしています。

031
편하다

[편하다] 형용사 1. 楽だ　2. 楽だ

1. 体と心が辛かったり、病んでおらず良い状態だ。

[活用構文] 名이/가 편하다

[活用表現] 몸이 편하다 体が楽だ

집이 편하다 家が楽だ

마음이 편하다 心が楽だ

[類義語] 편안하다 楽だ

[反意語] 불편하다 不便だ

[例文] 마음이 편하면 몸도 편해요.
心が楽なら、体も楽です。

2. 簡単で便利だ。

[活用構文] 名이/가 편하다

[類義語] 편리하다 便利だ

[反意語] 불편하다 不便だ

[例文] 이 책은 글씨가 커서 읽기가 편하다.
この本は、文字が大きいので読むのが楽だ。

032
화장실

[화장실] 명사 トイレ

[例文] 저는 화장실 청소를 제일 싫어해요.
私はトイレ掃除が一番嫌いです。

죄송하지만 화장실이 어디에 있습니까?
すみません。トイレはどこですか？

14-3 이사

033
구하다

[구하다] 동사 見つける、求める

[活用構文] 名을/를 구하다

[関連語] 찾다 探す

[例文] 싼 집을 구했어요?
安い家を見つけましたか？

학교 식당에서 일할 사람을 구하고 있어요.
学校の食堂で働く人を探しています。

034
부동산 소개소 [부동산소개소] 명사 不動産屋

[例文] 이 근처에 부동산 소개소가 있나요?
この近くに不動産屋はありますか？

하숙집을 구하려면 부동산 소개소에 가세요.
下宿を探しているなら、不動産屋に行ってください。

035
사다리차 [사다리차] 명사 はしご車

[例文] 사다리차를 빌리려면 얼마나 필요해요?
はしご車をかりるのに、いくら必要ですか？

아파트의 높은 층으로 이사할 때에는 사다리차를 이용하세요.
アパートの上の方の階に引っ越す時には、はしご車を使ってください。

036
이사 [이사] 명사 引越し

[活用表現] 포장이사 包む
이사하다 引越しする
이사를 가다 引越しに行く

[例文] 내가 내일 이사를 하는데 도와줄 수 있어?
私、明日引越しをするんだけど、手伝ってくれる？

나는 고등학교를 졸업한 후에 서울로 이사했다.
私は高校を卒業した後で、ソウルに引越した。

037
집들이 [집뜨리] 명사 引越し祝い

[活用表現] 집들이 선물 引越し祝いのプレゼント
집들이를 하다 引越し祝いをする

[例文] 이번 주말에 집들이를 할 거예요.
今週末に引越し祝いをする予定です。

한국에서는 집들이 선물로 휴지나 비누를 많이 해요.
韓国では引越し祝いのプレゼントとして、よくティッシュや石鹸をあげます。

14-4 집안일

038
걸레 [걸레] 명사 ぞうきん

【活用表現】 걸레를 빨다 ぞうきんを洗う

걸레로 닦다 ぞうきんで拭く

【例文】 방을 걸레로 닦았다.
部屋をぞうきんで拭いた。

식탁은 걸레로 닦으면 안 돼요.
食卓はぞうきんで拭いてはいけません。

039
다림질 [다림질] 명사 アイロンがけ

【活用表現】 다림질을 하다 アイロンがけをする

【関連語】 다리미 アイロン

【例文】 더운 여름에는 다림질을 하기가 힘들어요.
暑い夏には、アイロンがけが大変です。

아내는 아침마다 남편의 셔츠를 다림질했다.
妻は毎朝、夫のシャツにアイロンをかけた。

040
닦다 [닥따] 동사 拭く、磨く

【活用構文】 名을/를 닦다

【関連語】 씻다 水で洗う

【例文】 하루에 3(세)번, 3(삼)분 동안 이를 닦아야 해요.
1日に3回、3分間、歯を磨かなければなりません。

미선이는 손수건으로 눈물을 닦으면서 이야기했다.
ミソンはハンカチで涙を拭きながら話した。

041
더럽다 [더럽따] 형용사 汚い ㅂ動詞

【活用構文】 名이/가 더럽다

【反意語】 깨끗하다 きれいだ

【例文】 오랫동안 청소를 안 해서 방이 더럽다.
長い間、掃除をしていないので部屋が汚い。

옷이 너무 더러워서 세탁소에 맡겨야겠다.
洋服がすごく汚いので、クリーニングに出さなければ。

042
드라이클리닝 [드라이클리닝] 명사 ドライクリーニング

【活用表現】 드라이클리닝하다 ドライクリーニングする

【関連語】 빨래 洗濯

세탁소 クリーニング屋

【例文】 이 옷은 드라이클리닝하지 말고 물로 빠세요.
この洋服はドライクリーニングではなく、水で洗ってください。

겨울 코트를 드라이클리닝하려고 세탁소에 맡겼어요.
冬のコートをドライクリーニングしようと、クリーニング屋に預けました。

043
말리다 [말리다] 동사 乾かす

【活用構文】 名을/를 말리다

【関連語】 마르다 乾く

【例文】 고춧가루는 말린 고추로 만들어요.
唐辛子粉は、乾かした唐辛子で作ります。

비가 오는 날에는 빨래를 잘 말리기가 어려워요.
雨の日には、洗濯物が乾きにくいです。

044
맡기다 [맏끼다] 동사 預ける

【活用構文】 名을/를 名에 맡기다

名을/를 名에게 맡기다

【関連語】 맡다 預かる

【例文】 친구에게 가방을 맡기고 화장실에 갔다.
友達にかばんを預けてトイレに行った。

아이를 언니에게 맡기고 잠깐 외출하려고 해요.
子供を姉にあずけて、少しの間外出しようと思います。

045
버리다 [버리다] [動詞]捨てる

【活用構文】 名을/를 버리다

【活用表現】 쓰레기를 버리다 ゴミを捨てる

【例文】 쓰레기는 쓰레기통에 버려야 합니다.
ゴミはゴミ箱に捨てなければなりません。

음식을 남기면 버려야 하니까 남기지 말고 먹는 것이 좋다.
料理が残ったら捨てなければならないので、残さず食べるのが良い。

046
빨다 [빨다] 동사 洗濯する、洗う ㄹ動詞

[活用構文] 名을/를 빨다

[関連語] 빨래하다 洗濯する

세탁하다 洗濯する

[例文] 운동화를 빠니까 새 운동화 같지?
運動靴を洗ったから、新しい運動靴みたいだろ？

이 옷은 세탁기로 빨면 안 되고 손으로 빨아야 해요.
この洋服は洗濯機で洗えないので、手洗いしなければなりません。

047
빨래 [빨래] 명사 1. 洗濯 2. 洗濯物

1. 汚い洋服や靴下、ぬいぐるみなどを、水で洗うこと。

[活用表現] 빨래하다 洗濯する

[例文] 너무 바빠서 일주일 동안 빨래를 못 했어요.
とても忙しくて、1週間ずっと洗濯できませんでした。

2. 洗わなければならないものや、洗っておいたもの。

[活用表現] 빨래가 밀리다 洗濯物が乾く

[例文] 주말에 밀린 빨래를 해야 해요.
週末に、溜まった洗濯物を洗わなければなりません。

048
설거지 [설거지] 명사 皿洗い、洗い物

[活用表現] 설거지가 쌓이다 洗い物が溜まる

설거지를 하다 洗い物をする

[例文] 저는 요리를 하고 남편은 설거지를 해요.
私が料理をして、夫が皿洗いをします。

밥을 다 먹었으면 남은 반찬은 냉장고에 넣고 그릇은 설거지하세요.
ごはんを食べ終わったら、残ったおかずは冷蔵庫に入れて、お皿は洗ってください。

049
세제 [세제] 명사 洗剤

[活用表現] 주방 세제 台所洗剤

세제로 닦다 洗剤で磨く

[関連語] 비누 石鹸

[例文] 세제를 많이 쓰지 말고 적당히 써라.
洗剤をたくさん使わないで、適度に使いなさい。

이 세제는 향도 좋고 빨래도 깨끗하게 돼서 인기가 많아요.
この洗剤は香りもいいし、洗濯物もきれいになるので、人気があります。

050
쓰레기 [쓰레기] 명사 ゴミ

[活用表現] 쓰레기통 ゴミ箱
음식물 쓰레기 生ゴミ
쓰레기를 버리다 ゴミを捨てる

[類義語] 휴지 紙くず、ティッシュ

[例文] 쓰레기는 쓰레기통에 버립시다.
ゴミはゴミ箱に捨てましょう。

음식물 쓰레기는 따로 버려야 해요.
生ゴミは、別にして捨てなければなりません。

051
쓸다 [쓸다] 동사 掃く ㄹ動詞

[活用構文] 名을/를 쓸다

[活用表現] 방을 쓸다 部屋を掃く
눈을 쓸다 雪かきをする
빗자루로 쓸다 ほうきで掃く

[例文] 방을 쓰니까 먼지가 아주 많았다.
部屋を掃いてみたら、埃がたくさん出てきた。

눈이 오면 집 앞의 눈을 쓸어야 한다.
雪が降ったら、家の前を雪かきしなければならない。

052
얼룩 [얼룩] 명사 しみ

[活用表現] 얼룩이 생기다 しみができる
얼룩을 지우다 しみを取る

[例文] 옷에 얼룩이 생겨서 입을 수 없어요.
洋服にしみができたので、着られません。

여러 번 세탁해도 얼룩이 없어지지 않는다.
何回洗濯しても、しみがなくならない。

053
정리 [정니] 명사 整理

[活用表現] 책상 정리 机の整理
교통 정리 交通整理
정리하다 整理する

[例文] 나는 공부하기 전에 책상 정리부터 한다.
私は勉強する前に、机の上の整理からはじめる。

손님이 오시기 전에 빨리 방을 정리해라.
お客さんが来る前に、早く部屋を整理しなさい。

054
지우다 [지우다] 동사 消す

[活用構文] 名을/를 지우다

[関連語] 지우개 消しゴム

[例文] 칠판 좀 지워 주세요.
黒板を消してください。

틀린 글씨는 깨끗하게 지우고 다시 써라.
間違えた文字は、きれいに消して、もう1度書きなさい。

055
집안일 [지반닐] 명사 家事

[活用表現] 집안일을 하다 家事をする

[例文] 우리 남편은 집안일을 잘 도와 줘요.
うちの夫は、家事をよく手伝ってくれます。

빨래, 청소, 설거지 등 집안일은 끝이 없다.
洗濯、掃除、皿洗いなど、家事には終わりがない。

056
청소 [청소] 명사 掃除

[活用表現] 청소기 掃除機

청소하다 掃除する

[例文] 저는 집안일 중에서 청소를 제일 싫어해요.
私は家事の中で、掃除が1番嫌いです。

더러운 방을 청소한 후에 깨끗해진 방을 보면 기분이 좋아진다.
汚い部屋を掃除した後、きれいになった部屋を見ると気分が良くなる。

057
휴지 [휴지] 명사 1. 紙くず　2. ティッシュ

1. 使えなくなった紙。

[活用表現] 휴지통 ゴミ箱

휴지를 버리다 紙くずを捨てる

[類義語] 쓰레기 ゴミ

[例文] 길에 휴지를 버리지 마십시오.
道に紙くずを捨てないで下さい。

2. 鼻をかんだり、汚いものを拭く時につかう薄い紙。

[活用表現] 휴지로 닦다 ティッシュで拭く

[類義語] 티슈 ティッシュ

[例文] 콧물을 휴지로 닦았다.
鼻水をティッシュで拭いた。

14 연습문제

[1~15] 다음 단어를 한국어로 바꿔 쓰십시오. 次の単語を韓国語に変えて書きなさい。

1. 門、ドア	(　　　　)	2. 部屋	(　　　　)
3. リビング	(　　　　)	4. 暖房	(　　　　)
5. カレンダー	(　　　　)	6. 洗剤	(　　　　)
7. しみ	(　　　　)	8. 引越し	(　　　　)
9. カーテン	(　　　　)	10. アパート	(　　　　)
11. ハンガー	(　　　　)	12. 引越し祝い	(　　　　)
13. エレベーター	(　　　　)	14. 洗濯する	(　　　　)
15. 預ける	(　　　　)		

[16~20] 그림을 보고 (　　)에 알맞은 것을 고르십시오.

絵を見て(　　)の中に当てはまるものを選びなさい。

16.

가 : 어머니가 뭘 하고 계시니?

나 : 부엌에서 (　　　　)을/를 하고 계십니다.

❶ 빨래　　❷ 다림질

❸ 설거지　　❹ 드라이클리닝

17.

가 : 비가 오는군요.

나 : 비가 방에 들어오지 않게 (　　　　)을/를 닫읍시다.

❶ 창문　　❷ 난방

❸ 천장　　❹ 커튼

18.

가 : 꽃이 어디에 있어요?
나 : (   )에 있어요.

❶ 거실 ❷ 서재
❸ 주방 ❹ 베란다

19.

가 : 뭘 하고 있어요?
나 : (   )을/를 보면서 화장하고 있어요.

❶ 벽 ❷ 거울
❸ 달력 ❹ 시계

20.

가 : 수업이 끝난 후에 같이 공부할까요?
나 : 아니요, 저녁에 손님이 오시기 때문에 (   )어야/아야/여야 해요.

❶ 구하다 ❷ 버리다
❸ 붙이다 ❹ 청소하다

[21~30] 다음 문장을 읽고 알맞은 어휘를 골라 쓰십시오. 어휘는 한 번만 쓰십시오.

次の文章を読んで(　　)に当てはまる単語を選んで書きなさい。単語はそれぞれ1回だけ使えます。

벽	불	호	거울	걸레
계단	서재	천장	아파트	닦다
쓸다	열다	버리다	편안하다	정리하다

21. 거실 (　　　　　　)에 그림을 걸었어요.

22. 먹고 남은 음식을 (　　　　　　)었다/았다/였다.

23. 바닥을 걸레로 (　　　　　　)었어요/았어요/였어요.

24. 아버지께서 (　　　　　　)에서 책을 읽고 계십니다.

25. 열쇠가 없어서 문을 (　　　　　　)지 못하고 있어요.

26. 우리는 (　　　　　　)은/ㄴ 의자에 앉아서 차를 마셨다.

27. 엘리베이터가 고장나서 (　　　　　　)으로/로 올라왔어요.

28. 눈이 오면 집 앞의 눈을 (　　　　　　)어야/아야/여야 해요.

29. 외출할 때에는 방의 (　　　　　　)을/를 꼭 끄고 나가야 한다.

30. 외출하기 전에 먼저 방을 깨끗하게 (　　　　　　)어라/아라/여라.

[31~35] (　　) 안에 알맞은 것을 고르십시오. (　　)の中に当てはまるものを選びなさい。

31. 옷에 생긴 얼룩을 (　　)었어요/았어요/였어요.

❶ 닫다　　❷ 쓸다　　❸ 버리다　　❹ 지우다

32. 설날이 무슨 요일인지 알고 싶어서 (　　)을/를 찾아봤다.

❶ 달력　　❷ 사전　　❸ 천장　　❹ 책장

33. 어머니는 날마다 빨래, 설거지, 청소 등 (   )을/를 하십니다.

❶ 이사 ❷ 다림질 ❸ 집들이 ❹ 집안일

34. 사무실은 2(   )에 있으니까 옆에 있는 계단으로 올라가세요.

❶ 방 ❷ 층 ❸ 호 ❹ 지하

35. 빨래는 햇빛에 (   )는 것이 좋아요.

❶ 구하다 ❷ 말리다 ❸ 맡기다 ❹ 붙이다

[36~40] 밑줄 친 부분과 반대되는 뜻을 가진 것을 고르십시오.

下線を引いた部分と反対の意味を持ったものを選びなさい。

36. **가 :** 오늘 학교 후문에서 만날까?
나 : 아니, 후문은 복잡하니까 (   )에서 만나자.

❶ 정문 ❷ 주택 ❸ 지하 ❹ 창문

37. **가 :** 신발이 너무 더러워졌어.
나 : 응, (   )게 빨아야겠다.

❶ 넓다 ❷ 편하다 ❸ 깨끗하다 ❹ 조용하다

38. **가 :** 학생은 많은데 교실은 좀 좁아요.
나 : 네, 좀 더 (   )은/ㄴ 교실에서 공부하면 좋겠어요.

❶ 밝다 ❷ 넓다 ❸ 구하다 ❹ 말리다

39. **가 :** 더워서 문을 열었는데 너무 시끄러워요.
나 : 그럼 문을 (   )고 에어컨을 켭시다.

❶ 닫다 ❷ 붙이다 ❸ 지우다 ❹ 편안하다

40. **가 :** 구두를 신으면 발이 아프고 불편해요.

나 : 운동화를 신어 보세요. 발이 (　　　)고 아프지 않을 거예요.

❶ 크다　❷ 맡기다　❸ 버리다　❹ 편하다

[41~45] 밑줄 친 부분과 의미가 가장 가까운 것을 고르십시오.

下線を引いた部分と意味が一番近いものを選びなさい。

41. **가 :** 네가 일하는 회사는 어느 빌딩이야?

나 : 이 (　　　) 2층이야.

❶ 방　❷ 건물　❸ 계단　❹ 엘리베이터

42. **가 :** 조용하고 깨끗한 하숙집을 찾고 있는데요.

나 : 부동산 소개소에 가면 (　　　)을/ㄹ 수 있을 거예요.

❶ 살다　❷ 쓸다　❸ 구하다　❹ 소개하다

43. **가 :** 이 옷을 세탁했어요?

나 : 네, 직접 손으로 (　　　)었어요/았어요/였어요.

❶ 빨다　❷ 닦다　❸ 쓸다　❹ 청소하다

44. **가 :** 쓰레기는 어디에 버리면 돼요?

나 : (　　　)은/는 여기에 있는 봉지에 버리세요.

❶ 걸레　❷ 휴지　❸ 다림질　❹ 사다리차

45. **가 :** 언니는 주방에 있어요?

나 : 네, (　　　)에서 저녁 식사 준비를 하고 있어요.

❶ 부엌　❷ 천장　❸ 아파트　❹ 오피스텔

[46~50] 밑줄 친 단어의 쓰임이 잘못된 것을 고르십시오.

下線部の使い方が間違っているものを選びなさい。

46. ❶ 집이 넓어서 마음에 들어요. (　　　)
❷ 이 옷이 좀 넓어서 다른 옷으로 바꾸고 싶어요.
❸ 아버지는 마음이 넓어서 화를 잘 내시지 않아요.
❹ 내 방은 넓지만 물건이 많지 않아서 복잡하지 않다.

47. ❶ 방이 더러우니까 편하지요? (　　　)
❷ 이 신발을 신으면 발이 편할 겁니다.
❸ 중요한 일을 모두 끝내서 마음이 편하다.
❹ 지금 살고 있는 집은 회사와 가까워서 아주 편해요.

48. ❶ 욕실에서 목욕을 했어요. (　　　)
❷ 이 집은 천장이 아주 높군요.
❸ 창문에 가족 사진을 걸어 놓았어요.
❹ 가족들이 모두 거실에 모여서 TV를 보고 있어요.

49. ❶ 이 셔츠를 다림질해야겠어요. (　　　)
❷ 바닥이 더러우니까 편하세요.
❸ 손님이 오시니까 방을 정리해라.
❹ 저녁 식사를 한 후에 설거지했다.

50. ❶ 여기에 휴지를 버리지 마세요. (　　　)
❷ 너무 시끄러워서 이사가려고 합니다.
❸ 드라이클리닝을 할 옷을 세탁소에 빨았어요.
❹ 하숙집이 학교에서 멀어서 새 하숙집을 구하고 있어요.

건강

15

健康

01 / 신체

02 / 병 · 증상

03 / 병원 · 치료

15-1 신체

001
가슴

[가슴] 명사 1. 胸　2. 胸

1. 首とお腹の間にある体の一部分。

【活用表現】 가슴이 넓다 胸が広い

【例文】 아이는 인형을 가슴에 꼭 안았다.
子供は人形を胸にギュッと抱きしめた。

2. 考え、心、感じ。

【活用表現】 가슴이 아프다 胸が痛い
가슴이 답답하다 胸が息苦しい
가슴이 따뜻하다 胸が温かい

【例文】 슬픈 영화를 보고 가슴이 아파서 눈물이 났어요.
悲しい映画を見たら、胸が痛くて涙がでました。

002
건강

[건강] 명사 健康

【活用表現】 건강 상태 健康状態
건강이 좋다 健康だ
건강에 좋다 健康にいい
건강하다 健康だ

【例文】 담배를 많이 피우면 건강이 나빠져요.
たばこをたくさん吸うと、健康に悪いです。

규칙적으로 운동을 하면 건강이 좋아질 거야.
規則的に運動をすると、健康になるよ。

003
굵다

[국따] 형용사 太い

【活用構文】 굵은 名
名이/가 굵다

【活用表現】 굵은 손가락 太い指
다리가 굵다 足が太い

【反意語】 가늘다 細い

【例文】 어머니는 일을 많이 하셔서 손가락이 굵어졌다.
母はたくさん働いて、指が太くなった。

나는 다리가 굵어서 고민이야. 치마를 입어도 예쁘지 않아.
足が太いのが悩みだわ。スカートを履いてもかわいくない。

004
귀

[귀] 명사 耳

[例文] 요즘은 귀에 귀걸이를 한 남자들이 많아요.
最近は耳にピアスをした男が多いです。

음악 소리가 너무 시끄러워서 손으로 귀를 막았다.
音楽がうるさすぎて、手で耳をふさいだ。

005
눈[2]

[눈] 명사 目

[活用表現] 눈물 涙

[例文] 눈을 감고 이야기를 들어 보세요.
目を閉じて、話を聞いてみてください。

어제 밤에 울다가 자서 눈이 부었어요.
昨晩泣いて寝たので、目が腫れました。

006
다리

[다리] 명사 足

[例文] 모델들은 다리가 길고 예뻐요.
モデルたちは、足が長くてきれいです。

영수는 축구 경기를 하다가 넘어져서 다리를 다쳤다.
ヨンスはサッカーをしていて転び、足を怪我した。

007
등

[등] 명사 背中

[例文] 할머니는 손주를 등에 업고 가게에 가셨다.
おばあちゃんは、孫を背中におぶってお店に行った。

군인들이 등에 배낭을 메고 걸어가고 있습니다.
軍人たちが背中にリュックを背負って歩いています。

008
땀

[땀] 명사 汗

[活用表現] 땀이 나다 汗が出る

땀을 흘리다 汗を流す

[例文] 날씨가 더워서 땀이 많이 납니다.
暑いので、汗がたくさんでます。

학생들이 땀을 흘리면서 운동장을 뛰고 있어요.
学生たちが汗を流しながら、運動場を走っています。

009
머리

[머리] 명사 1. 頭　2. 髪の毛　3. 頭

1. 人や動物の首の上の、目・鼻・口・耳・髪の毛がある部分。

【活用表現】 머리가 아프다　頭が痛い
머리를 다치다　頭を怪我する

【例文】 머리가 아파서 공부를 할 수 없어요.
頭が痛くて、勉強できません。

2. 頭にある毛。

【活用表現】 머리카락　髪の毛
머리가 길다　髪の毛が長い
머리를 감다　髪の毛を洗う

【例文】 머리를 자르려고 미용실에 가요.
髪の毛を切ろうと、美容室に行きます。

3. 考え、判断する能力。

【活用表現】 머리가 좋다　頭がいい

【例文】 그 사람은 머리가 좋아서 한 번 들으면 잊어버리지 않아요.
その人は頭が良いので、1度聞いたことは忘れません。

010
목

[목] 명사 1. 首　2. 喉

1. 人と動物にある、頭と体をつなげる部分。

【活用表現】 목이 길다　首が長い

【例文】 미선이는 목이 가늘고 길어서 목걸이가 잘 어울려요.
ミソンは首が細くて長いので、ネックレスがよく似合います。

2. のど。

【活用表現】 목감기　のど風邪

【例文】 목이 말라서 물을 마셨어요.
のどが渇いたので、水を飲みました。

011
몸

[몸] 명사 体

【活用表現】 몸이 좋다　体格がいい
몸이 약하다　体が弱い
몸이 건강하다　体が健康だ
몸에 좋다　体にいい

【例文】 제 친구는 몸이 약해서 병원에 자주 갑니다.
私の友達は体が弱いので、病院によく行きます。

지금 입은 양복이 아까 입은 양복보다 몸에 더 잘 맞네요.
今来ているスーツの方が、さっき着たのよりも、体によく合っていますね。

012
무릎

[무릅] 명사 膝

[活用表現] 무릎을 꿇다 ひざまずく

[例文] 아이가 놀다가 넘어져서 무릎을 다쳤어요.
子供が遊んでいて転び、膝を怪我しました。

무릎을 꿇고 앉아서 할아버지 말씀을 들었다.
ひざをついて、祖父の話を聞いた。

013
발

[발] 명사 足

[活用表現] 발등 足の甲
발목 足首
발가락 足の指
발바닥 足の裏
발이 크다 足が大きい

[例文] 새 구두를 신어서 발이 아파요.
新しい靴を履いたので、足が痛いです。

지하철에 사람이 너무 많아서 다른 사람의 발을 밟았다.
地下鉄に人が多すぎて、他の人の足を踏んだ。

도움말

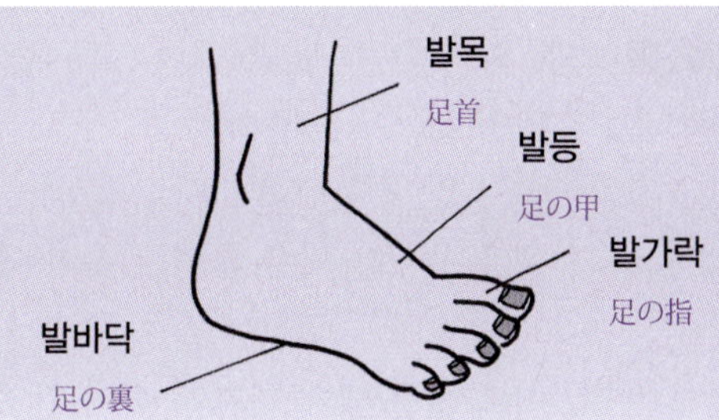

014
배[2]

[배] 명사 お腹

[活用表現] 배가 고프다 お腹が空いた
배가 부르다 お腹がいっぱいだ
배가 아프다 お腹が痛い
배가 나오다 お腹が出る

[例文] 아침을 못 먹어서 배가 고파요.
朝ごはんを食べていないので、お腹が空きました。

나이가 들면 점점 배가 나오니까 운동을 해야 한다.
年をとると、少しずつお腹が出てくるので、運動をしなければならない。

015
뼈

[뼈] 명사 骨

[活用表現] 뼈가 굵다 骨が太い
뼈가 약하다 骨が弱い
뼈가 부러지다 骨が折れる

[例文] 우유를 많이 먹어야 뼈가 튼튼해진다.
牛乳をたくさん飲むと,骨が丈夫になる。

형이 계단에서 떨어져서 뼈가 부러졌어요.
兄が階段から落ちて,骨が折れました。

016
살²

[살] 명사 肉

[活用表現] 살이 찌다 太る
살이 빠지다 痩せる
살을 빼다 ダイエットする

[例文] 저는 스트레스를 받으면 음식을 많이 먹어서 살이 쪄요.
私はストレスを受けると,食べものをたくさん食べて太ります。

기숙사 방 친구는 살을 빼려고 저녁마다 30(삼십)분씩 운동장을 뛴다.
寮のルームメートはダイエットしようと,毎晩30分ずつ運動場を走ります。

017
속²

[속] 명사 お腹,胃

[活用表現] 속이 아프다 お腹が痛い
속이 안 좋다 お腹の調子が悪い

[例文] 매운 음식을 먹은 후에는 속이 아프다.
辛いものを食べた後は,お腹が痛い。

어제 술을 많이 마셔서 속이 안 좋아요.
昨日お酒をたくさん飲んだので,胃の調子がよくありません。

018
손

[손] 명사 手

[活用表現] 손을 들다 手をあげる

[例文] 밥을 먹기 전에 손을 씻어야 한다.
ご飯を食べる前に,手を洗わなければならない。

데이트하는 커플들이 손을 잡고 걸어간다.
デートしているカップルたちが,手をつないで歩いている。

도움말

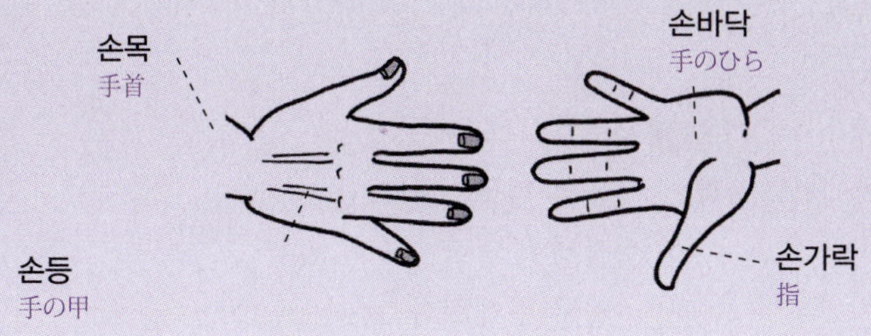

019
신체

[신체] 명사 身体

【活用表現】 신체검사 身体検査

【類義語】 몸 体

【例文】 이 일은 신체가 건강한 사람은 누구든지 할 수 있는 일입니다.
この仕事は体が健康な人なら、誰にでもできる仕事です。

초등학교, 중학교, 고등학교에서는 1(일)년에 한 번씩 신체검사를 합니다.
小学校、中学校、高校では、1年に1回身体検査をします。

도움말

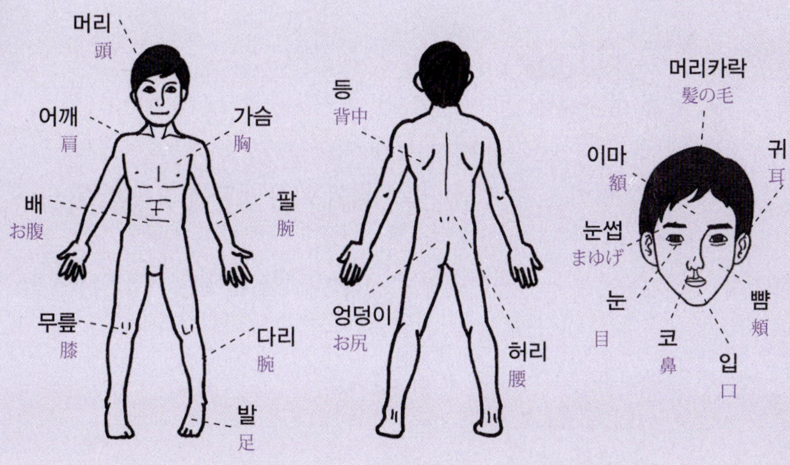

020
어깨

[어깨] 명사 肩

【活用表現】 어깨가 넓다 肩幅が広い
어깨가 좁다 肩幅が狭い
어깨를 펴다 肩をはる

【例文】 가방을 어깨에 메고 학교에 갔다.
かばんを肩にかけて、学校に行った。

요즘에는 어깨가 넓어 보이는 옷이 유행이에요.
最近は肩幅が広く見える洋服が流行っています。

021
얼굴

[얼굴] 명사 顔

【活用表現】
예쁜 얼굴 かわいい顔
잘생긴 얼굴 ハンサムな顔
얼굴이 예쁘다 顔がきれいだ
얼굴을 씻다 顔を洗う

【例文】
미선이는 얼굴이 아주 작아서 인형 같다.
ミソンは顔がとても小さいので、人形みたいだ。

같은 반에서 공부하는 제 친구는 항상 얼굴이 밝아요.
同じクラスで勉強している私の友達は、いつも表情が明るいです。

022
엉덩이

[엉덩이] 명사 お尻

【例文】
엉덩이에 주사를 맞았어요.
お尻に注射を打たれました。

눈길을 걷다가 넘어져서 엉덩이가 너무 아파요.
雪道を歩いていて転んだので、お尻がとても痛いです。

023
입

[입] 명사 口

【活用表現】
입맛 食欲
입이 크다 口が大きい

【例文】
엄마와 아빠가 아이 얼굴에 입을 맞췄어요.
母親と父親が子供の顔に、口付けをしました。

입 안에 음식이 있을 때에는 이야기하면 안 됩니다.
口の中に食べ物が入っている時に、話してはいけません。

024
코

[코] 명사 鼻

【活用表現】
콧물 鼻水
코감기 鼻風邪
코를 풀다 鼻をかむ

【例文】
서양 사람들은 코가 높아요.
西洋の人たちは、鼻が高いです。

감기 때문에 코가 막혀서 숨을 잘 쉴 수 없어요.
風邪のせいで、鼻がつまって息がうまく吸えません。

025
키

[키] 명사 背、身長

【活用表現】 키가 크다 背が高い

키가 작다 背が低い

【例文】 키가 몇 cm(센티미터)예요?
背は何センチですか？

아버지는 키가 크신데 저 키가 작아요.
父は背が高いのに、私は背が低いです。

026
튼튼하다

[튼튼하다] 형용사 丈夫だ

【活用構文】 名 이/가 튼튼하다

【例文】 이 가방은 튼튼해서 물건을 많이 넣어도 괜찮아요.
このかばんは、丈夫なので物をたくさん入れても大丈夫です。

몸이 튼튼해야 공부도 열심히 할 수 있으니까 공부만 하지 말고 운동도 해야 한다.
体が丈夫であってこそ勉強も一生懸命できるんだから、勉強ばっかりしていないで、運動もしなければならない。

027
팔[1]

[팔] 명사 腕

【例文】 무거운 짐을 들어서 팔이 아프다.
重い荷物を持ったので、腕が痛い。

한국에서는 식사할 때 식탁 위에 팔을 올리면 안 됩니다.
韓国では食事をする時、食卓の上に腕をのせてはならない。

028
허리

[허리] 명사 腰

【活用表現】 허리띠 ベルト

허리가 가늘다 腰が細い

【例文】 한 달 전부터 다이어트를 해서 허리가 가늘어졌어요.
ひと月前からダイエットをして、腰が細くなりました。

무거운 것을 들면 허리를 다칠 수 있으니까 조심하세요.
重い物を持ち上げると、腰を痛めることがあるので、気をつけてください。

029
힘

[힘] 명사 力

【活用表現】 힘이 세다 力が強い

힘이 들다 力が入る

힘을 내다 力を出す

[例文] 우리 집에서 가장 힘이 센 사람은 아빠입니다.
我が家で一番力が強い人は父です。

응원을 하면 우리 팀이 더 잘할 거예요. 우리 열심히 응원합시다!
応援をすれば、私たちのチームがもっとがんばります。一生懸命応援しましょう！

15-2 병 · 증상

030
가래

[가래] 명사 たん

[活用表現] 가래를 뱉다 たんを吐き出す

[例文] 담배를 피우면 가래가 많이 생긴다.
タバコを吸うと、たんがたくさん出てくる。

목감기에 걸려서 기침을 하면 가래가 나와요.
のど風邪にかかって咳をすると、たんが出ます。

031
가렵다

[가렵따] 형용사 かゆい ㅂ動詞

[活用構文] 名이/가 가렵다

[活用表現] 머리가 가렵다 頭がかゆい
피부가 가렵다 皮膚がかゆい

[関連語] 긁다 掻く

[例文] 모기에 물려서 가려워요.
蚊に刺されてかゆいです。

배낭여행을 하는 동안 샤워를 자주 하지 못해서 머리가 가려웠다.
バックパック旅行をしている間、あまりシャワーができず、頭がかゆかった。

032
감기

[감기] 명사 風邪

[活用表現] 감기약 風邪薬
감기가 낫다 風邪が治る
감기에 걸리다 風邪にかかる

[例文] 약국에서 약을 사 먹고 감기가 나았어요.
薬局で薬を買って飲んだら、風邪が治りました。

날씨가 추워져서 감기에 걸린 사람들이 많다.
寒いので風邪を引いている人が多い。

033
기침

[기침] 명사 咳

[活用表現] 기침이 심하다 咳がひどい
기침이 나다 咳が出る
기침을 하다 咳をする

[例文] 기침이 심해서 밤에 잠을 잘 자지 못했어요.
咳がひどくて、夜によく眠れませんでした。

다른 사람 앞에서는 입을 가리고 기침해야 한다.
他人の前では、口をおさえて咳をしなければならない。

034
나다

[나다] 동사 1. 出る 2. 生える、できる 3. 立つ、する 4. する 5. 出る

1. 病気が生じる。

[活用構文] 名이/가 나다

[活用表現] 병이 나다 病気になる
몸살이 나다 疲れの病が出る
배탈이 나다 便秘になる

[例文] 아기가 열이 많이 나요. 39(삼십구)도예요.
赤ちゃんの熱がすごくあります。39度です。

2. 体のある部分に何かが上がって出てくる。

[活用構文] 名이/가 나다

[活用表現] 수염이 나다 ひげが生える
여드름이 나다 にきびができる

[例文] 사춘기가 되면 남자들은 턱에 수염이 난다.
思春期になると、男子たちの顎に髭が生えます。

3. 興味、苛立ち、勇気などの感情が生じる。

[活用構文] 名이/가 나다

[活用表現] 겁이 나다 怖気立つ
화가 나다 腹が立つ
용기가 나다 勇気が出る
짜증이 나다 イライラする
신경질이 나다 ヒステリーが起こる

[例文] 거짓말하는 사람을 보면 화가 난다.
嘘をつく人を見ると、腹が立つ。

4. 音、匂いなどが外に出る。

[活用構文] 名 이/가 나다

[活用表現] 냄새가 나다 匂いがする
향기가 나다 香りがする
연기가 나다 煙が出る
소리가 나다 音がする

[例文] 방에서 이상한 소리가 나는데 무슨 소리예요?
部屋から変な音がするけど、何の音ですか?

5. 体から汗、血、涙などの液体が流れる。

[活用構文] 名 이/가 나다

[活用表現] 피가 나다 血が出る
땀이 나다 汗が出る
눈물이 나다 涙が出る

[例文] 급하게 뛰어가다가 넘어져서 무릎에 피가 났다.
急に走ったら転んで、膝から血が出た。

035
다치다

[다치다] 동사 怪我する

[活用構文] 名 을/를 다치다

[活用表現] 사람들이 다치다 人々が怪我する
다리를 다치다 足を怪我する

[例文] 축구를 하다가 다리를 다쳤다.
サッカーをして、足を怪我した。

교통사고가 나서 많은 사람들이 다쳤습니다.
交通事故が起きて、多くの人が怪我をした。

036
두통

[두통] 명사 頭痛

[活用表現] 두통약 頭痛薬
두통이 심하다 頭痛がひどい
두통이 나다 頭痛がする

[例文] 두통이 심해서 책을 읽을 수 없다.
頭痛がひどくて、本を読むことができない。

아버지가 두통이 난다고 하셔서 두통약을 드렸어요.
父が頭痛がすると言うので、頭痛薬をあげました。

037
따갑다

[따갑따] 형용사 痛い、ちくちく痛む
肉を刺すような痛みを感じる。ㅂ動詞

【活用構文】 名이/가 따갑다

【例文】 앗! 따가워! 바늘에 손이 찔렸어!
あっ！痛い！針で手を刺した！

눈병에 걸리면 눈이 아주 따갑다.
眼病にかかると、目がとても痛い。

038
몸살

[몸살] 명사 疲れからくる病気
体がとても辛く疲れていて、腕や足がずきずきし、元気がなく熱が出る症状。

【活用表現】 감기몸살 疲れから来るひどい風邪
몸살이 심하다 風邪がひどい
몸살이 나다 風邪を引く

【例文】 몸살이 나서 출근하지 못했어요.
風邪を引いたので、出勤できませんでした。

몸살이 심하면 병원에 가 보세요.
風邪がひどかったら、病院に行ってください。

039
배탈

[배탈] 명사 腹痛

【活用表現】 배탈약 腹痛薬
배탈이 나다 腹痛になる、お腹を壊す

【関連語】 설사 下痢

【例文】 상한 음식을 먹고 배탈이 났어요.
腐った食べ物を食べて、腹痛になりました。

여름에 찬 음식을 많이 먹으면 배탈이 나니까 조심하세요.
夏に冷たい食べ物をたくさん食べると、お腹を壊すので注意してください。

040
변비

[변비] 명사 便秘

【活用表現】 변비약 便秘薬
변비가 있다 便秘だ
변비가 심하다 便秘がひどい
변비가 생기다 便秘になる

【例文】 저는 스트레스가 쌓이면 변비가 심해져요.
私はストレスが溜まると、便秘がひどくなります。

물을 많이 마시는 것이 변비에 좋다고 한다.
水をたくさん飲むことは、便秘に良いと言う。

041
병[2]

[병] 명사 病気

[活用構文] 名병

[活用表現] 심장병 心臓病

병이 낫다 病気が治る

병이 나다 病気になる

병을 고치다 病気を治す

병에 걸리다 病気にかかる

[例文] 일을 너무 많이 해서 병이 났다.
仕事をし過ぎて、病気になった。

병원에서 수술을 받고 병이 다 나았어요.
病院で手術を受けて、病気が完治しました。

042
부러지다

[부러지다] 동사 折れる

[活用構文] 名이/가 부러지다

[活用表現] 다리가 부러지다 足が折れる

[例文] 나뭇가지가 부러져서 떨어졌다.
枝が折れて落ちた。

다리가 부러져서 병원에서 치료를 받았어요.
足が折れたので、病院に行って治療を受けました。

043
빠지다

[빠지다] 동사 抜ける

[活用構文] 名이/가 빠지다

[活用表現] 살이 빠지다 痩せる

힘이 빠지다 力が抜ける

머리카락이 빠지다 髪の毛が抜ける

[関連語] 빼다 抜く

[例文] 요즘 아버지께서 머리카락이 빠져서 걱정을 많이 하십니다.
最近父が、髪の毛が抜けることを心配している。

1(일)층부터 6(육)층까지 계단으로 올라오니까 다리의 힘이 빠져서 걸을 수가 없다.
1階から6階まで階段で上がってきたので、足の力が抜けて歩けなかった。

044
상처

[상처] 명사 傷

[活用表現] 상처가 깊다 傷が深い

상처가 나다 傷がつく

상처를 치료하다 傷を治療する

[例文] 상처가 깊어서 피가 많이 나니까 빨리 병원에 갑시다.
傷が深くて血がたくさん出ているので、早く病院に行きましょう。

팔에 있는 상처는 어렸을 때 친구와 놀다가 넘어져서 생긴 상처예요.
腕にある傷は、幼い頃に友達と遊んでいて転んでできた傷です。

045
소화 [소화] 명사 消化

[活用表現] 소화제 消化剤
소화하다 消化する
소화가 되다 消化される

[例文] 그저께부터 소화가 잘 되지 않아요. 소화제 좀 주세요.
おとといから消化が良くありません、消化剤を下さい。

점심을 먹은 후에 먹은 것을 소화시키기 위해서 산책을 했어요.
昼食を食べた後、食べたものを消化させるために、散歩をしました。

046
식중독 [식쭝독] 명사 食中毒

[活用表現] 식중독에 걸리다 食中毒にかかる

[例文] 여름에는 식중독에 걸리기 쉬우니까 음식을 조심해서 먹어야 합니다.
夏には食中毒にかかりやすいので、食べ物に気をつけなければならない。

음식이 상했군요. 상한 음식을 먹으면 식중독에 걸리니까 이 음식을 버립시다.
食べ物が腐ってしまいましたね。腐った物を食べると食中毒になるので、これは捨てましょう。

047
심하다 [심하다] 형용사 ひどい

[活用表現] 名이/가 심하다
심하게 動

[活用構文] 병이 심하다 病気がひどい
말이 심하다 言葉が過ぎる

[例文] 어제 컴퓨터 게임 때문에 형과 심하게 싸웠다.
昨日コンピューターゲームのせいで、兄とひどい喧嘩をした。

친구와 싸우다가 제가 심한 말을 해서 친구가 화가 많이 났어요.
友達と喧嘩して、私がひどい言葉を言ったので、友達がかなり腹を立てました。

048
쓰리다 [쓰리다] 형용사 ひりひりする、焼ける、痛む

[活用構文] 名이/가 쓰리다

[例文] 눈에 비눗물이 들어가서 쓰려요.
目に石鹸が入って、ひりひりします。

어제 회식에서 술을 많이 마셔서 속이 쓰리다.
昨日の飲み会でお酒を飲みすぎたので、胸が焼ける。

049
아프다

[아프다] 형용사 痛い、病気だ
体や心が楽な状態ではなく、病気にかかって辛く痛みがある。으動詞

[活用構文] 名이/가 아프다

[活用表現] 다리가 아프다 足が痛い
마음이 아프다 心が痛い

[例文] 몸이 아파서 일찍 퇴근했다.
体調が悪かったので、早く退勤した。

컴퓨터를 오래 해서 머리도 아프고 눈도 아파요.
コンピューターを長い間していたので、頭も痛くて、目も痛いです。

050
알레르기

[알레르기] 명사 アレルギー

[活用構文] 名 알레르기

[活用表現] 꽃가루 알레르기 花粉アレルギー、花粉症
알레르기가 있다 アレルギーがある

[例文] 저는 매년 봄이 되면 꽃가루 알레르기 때문에 너무 힘들어요.
私は毎年春になると、花粉症のせいでとても辛いです。

환경이 나빠져서 한두 가지의 알레르기가 있는 사람들이 많다.
環境の悪化によって、1つ2つアレルギーを持っている人が多い。

051
여드름

[여드름] 명사 にきび

[活用表現] 여드름이 나다 にきびができる

[例文] 여드름에 좋은 약이 있어요?
にきびに効く薬はありますか?

얼굴에 여드름이 많이 나서 고민이에요.
顔ににきびがたくさん出来るのが悩みです。

052
열[1]

[열] 명사 熱

[活用表現] 열이 있다 熱がある
열이 높다 熱が高い
열이 나다 熱がでる
열이 내리다 熱が下がる
열이 떨어지다 熱が下がる

[例文] 열이 많이 나는데 해열제가 있어요?
熱がかなり出ているのですが、解熱剤はありますか?

이번 감기는 열이 높고 몸살이 심한 것이 특징입니다.
今回の風邪は、熱が高くて体の痛みが激しいことが特徴です。

053
충혈되다

[충혈되다] 동사 充血する

[活用表現] 눈이 충혈되다 目が充血する

[例文] 눈이 충혈된 걸 보니까 눈병이 난 것 같아요.
目が充血しているところをみると、眼病にかかったみたいです。

밤을 새워서 일을 한 후에 거울을 보니까 두 눈이 빨갛게 충혈되어 있었다.
徹夜して仕事をした後で鏡を見たら、2つの目が赤く充血していた。

054
코피

[코피] 명사 鼻血

[活用表現] 코피가 나다 鼻血がでる
코피가 멈추다 鼻血が止まる
코피를 흘리다 鼻血を流す

[例文] 앗, 코피가 나요. 휴지 좀 주세요.
あっ、鼻血がでました。ティッシュ下さい。

제 하숙집 친구는 요즘 시험공부 때문에 잠을 많이 못 자서 코피를 자주 흘려요.
私の下宿の友達が最近テスト勉強のせいで、十分に眠れず、よく鼻血を出します。

055
토하다

[토하다] 동사 吐く

[活用構文] 名 을/를 토하다

[例文] 저녁에 먹은 음식이 소화가 잘 되지 않아서 다 토했어요.
夕飯に食べた食べ物が、うまく消化されず全部吐いてしまいました。

의사 선생님, 아기가 자꾸 우유를 토해요. 왜 그런 거예요?
お医者さん、赤ちゃんがしょっちゅうミルクを吐き出します。何ででしょうか？

056
통증

[통쯩] 명사 痛み

[活用表現] 통증이 있다 痛みがある
통증이 심하다 痛みがひどい
통증을 느끼다 痛みを感じる

[関連語] 진통제 鎮痛剤

[例文] 허리 통증 때문에 진통제를 먹었어요.
腰の痛みのために、鎮痛剤を飲みました。

낮에는 괜찮은데 밤이 되면 통증이 심해져서 잠을 잘 수 없다.
昼は大丈夫なのに、夜になると痛みがひどくなって眠れません。

057
피 [피] 명사 血

[活用表現] 피 한 방울 血1滴
피가 나다 血が出る
피가 멈추다 血が止まる
피를 흘리다 血を流す

[類義語] 혈액 血液

[例文] 바늘에 찔려서 피가 났다.
針で刺して血が出た。

영수 씨, 코피를 너무 많이 흘렸어요. 빨리 병원에 가야겠어요.
ヨンスさん,鼻血がたくさん出てます。早く病院に行った方がいいです。

058
피곤하다 [피곤하다] 형용사 疲れる

[活用構文] 名이/가 피곤하다

[例文] 사장님, 피곤해 보이시는데 좀 쉬세요.
社長,疲れて見えるので,少し休んでください。

오랜만에 운동을 하니까 피곤해서 일찍 잤다.
久しぶりに運動したので,疲れて早く寝た。

15-3 병원 · 치료

059
금연 [그면] 명사 1. 禁煙　2. 禁煙
1. たばこをやめること。

[活用表現] 금연하다 禁煙する

[関連語] 담배 たばこ

[例文] 아버지는 1(일)월 1(일)일부터 금연하기로 하셨어요.
父は1月1日から禁煙することにしました。

2. たばこを吸えなくすること。

[活用表現] 금연석 禁煙席

금연 구역 禁煙区域

[反意語] 흡연 喫煙

[関連語] 담배 たばこ

[例文] 이곳에는 어린 아이들이 많기 때문에 금연하셔야 합니다.
ここには小さな子供たちが多いので、禁煙しなければなりません。

060
깁스

[깁스] 명사 ギブス

[活用表現] 깁스하다 ギブスをする

깁스를 풀다 ギブスを取る

[例文] 다리를 깁스해서 혼자 걸을 수 없어요.
足にギブスをしているので、一人で歩けません。

팔을 깁스하니까 공부하기가 불편하다.
腕にギブスをしているので、勉強するのに不便だ。

061
낫다

[낟따] 동사 治る ㅅ動詞

[活用構文] 名이/가 낫다

[活用表現] 병이 낫다 病気が治る

감기가 낫다 風邪が治る

[例文] 병이 나으면 우리 같이 여행을 가자.
病気が治ったら、一緒に旅行に行こう。

감기가 나으려면 무리하지 말고 푹 쉬어야 한다.
風邪を治すには、無理せずに、じっくり休まなければならない。

062
내과

[내꽈] 명사 内科

[活用表現] 내과 의사 内科医

내과에 가다 内科に行く

[例文] 감기에 걸려서 내과에 갔습니다.
風邪を引いたので、内科に行きました。

배가 아프면 내과에 가야 해. 빨리 가 봐.
お腹が痛かったら、内科に行った方がいい。早く行ってみろよ。

도움말

病院の治療科目の種類を表す単語としては、次のようなものがある。

내과, 산부인과, 소아과, 안과, 외과, 이비인후과, 피부과, 치과, 성형외과, ……

内科、産婦人科、小児科、眼科、外科、耳鼻咽喉科、皮膚科、歯科、整形外科、…

063
다이어트

[다이어트] 명사 ダイエット

【活用表現】 다이어트하다 ダイエットする

【例文】 음식의 양만 줄이고 운동을 하지 않으면 다이어트가 되지 않는다.
食べ物の量だけ減らしても、運動をしなければダイエットにならない。

저는 요즘 다이어트 중이어서 저녁 6(여섯)시가 지나면 아무것도 먹지 않아요.
私は最近ダイエット中なので、夜の6時以降には何も食べません。

064
문병

[문병] 명사 お見舞い

【活用表現】 문병하다 お見舞いする
문병을 가다 お見舞いに行く

【関連語】 병문안 病気見舞い

【例文】 병원에 문병을 갈 때 뭘 사 가지고 가면 좋을까요?
病院にお見舞いに行く時、何を買って行けばいいでしょうか?

문병을 가서 너무 오랫동안 있으면 환자의 건강에 좋지 않습니다.
お見舞いに行って、あまり長居すると、患者の健康に良くありません。

065
붕대

[붕대] 명사 包帯

【活用表現】 붕대를 하다 包帯をする
붕대를 감다 包帯を巻く
붕대를 풀다 包帯を解く
붕대로 감다 包帯で巻く

【例文】 간호사들은 피가 나는 동생의 머리를 붕대로 감았다.
看護士たちは、血が出ている弟の頭を包帯で巻いた。

다친 다리에 붕대를 감기 전에 우선 소독을 하고 약을 바르세요.
怪我した足に包帯を巻く前に、まず消毒して薬を塗ってください。

066
비타민

[비타민] 명사 ビタミン

【例文】 오렌지 주스와 귤에는 비타민C가 많다.
オレンジジュースとみかんには、ビタミンCが多い。

과일과 채소에 비타민이 많으니까 고기만 먹지 말고 과일과 채소도 많이 먹어야 해요.
果物と野菜にはビタミンが多いので、肉だけ食べないで果物と野菜もたくさん食べなければなりません。

067
수술 [수술] 명사 手術

[活用構文] 名수술

[活用表現] 수술실 手術室
심장 수술 心臓手術
수술하다 手術する
수술을 받다 手術を受ける

[例文] 그 여배우는 코를 수술한 것 같아. 예전보다 코가 높아졌어.
その女優は鼻を手術したみたいだ。昔より鼻が高くなったよ。

할아버지는 8(여덟)시간 동안 수술을 받고 수술실에서 나오셨다.
祖父は8時間もの間、手術を受けて手術室から出てきた。

068
약 [약] 명사 薬

[活用表現] 약국 薬局
약사 薬剤師
약을 짓다 薬を出す
약을 먹다 薬を飲む
약을 바르다 薬を塗る

[例文] 이 약은 하루 세 번 식후 30(삼십)분에 드세요.
この薬は1日3回、食後30分後に飲んでください。

쓴 약이 몸에 좋으니까 맛이 없어도 다 먹어라.
苦い薬が体に効くので、おいしくなくても全部飲みなさい。

도움말

薬を表す単語をして、次のようなものがある。

-제 : 소화제, 수면제, 진통제
一剤 : 消化剤、睡眠薬、鎮痛剤

-약 : 감기약, 두통약, 소독약, 한약, 알약, 물약
一薬 : 風邪薬、頭痛薬、消毒薬、韓方薬、錠剤、のみ薬

기타 : 연고
その他 : 軟膏

069
입원하다 [이붠하다] 동사 入院する

[活用構文] 名에 입원하다

[反意語] 퇴원하다 退院する

[例文] 할머니가 몇 호실에 입원하셨어요?
祖母は何号室に入院したんですか？

선생님께서 교통사고가 나서 2(이)주일 동안 병원에 입원하셔야 한다고 해요.
先生が交通事故にあって、2週間病院に入院しなければならないそうです。

070
주사

[주사] 명사 注射

[活用表現] 주사 한 대 注射1本

주사를 놓다 注射を打つ

주사를 맞다 注射を打たれる

[例文] 아기가 주사를 맞고 아파서 울었다.
赤ちゃんが注射を打たれて、痛くて泣いた。

주사를 한 대 맞으면 약만 먹는 것보다 더 빨리 나을 거예요.
注射を1本打てば、薬だけを飲んでいるよりも早く治るでしょう。

071
진단서

[진단서] 명사 診断書

[例文] 회사에 입사하려면 건강진단서를 제출해야 합니다.
会社に入社するには、健康診断書を提出しなければなりません。

아파서 휴직하는 경우에는 병원 진단서를 내야 한다.
病気で休職する場合には、病院の診断書を出さなければならない。

072
진찰

[진찰] 명사 診察

[活用表現] 진찰실 診察室

진찰하다 診察する

진찰을 받다 診察を受ける

[例文] 몸이 안 좋아서 병원에 진찰을 받으러 갔다.
体調が良くないので、病院に診察を受けに行った。

집에서 며칠 쉬어도 나을 것 같지 않아요. 병원에 가서 꼭 진찰을 받으셔야겠어요.
家で何日か休んだのに良くなりませんね。病院に行って診察を受けた方がいいでしょう。

073
처방

[처방] 명사 処方

[活用表現] 처방전 処方箋

처방하다 処方する

처방을 받다 処方してもらう

[例文] 처방전을 가지고 가야 약국에서 약을 살 수 있습니다.
処方箋を持って行けば、薬局で薬を買うことができます。

의사 선생님이 어머니를 진찰한 후에 처방을 해 주었다.
医者が母を診察した後で、処方してくれた。

074
한약

[하냑] 명사 韓方薬

[活用表現] 한약을 먹다 韓方薬を飲む

한약을 짓다 韓方薬を煎じる

[関連語] 한의원 韓医院

한의사 韓医者

[例文] 한의원에 가서 2(두)달 동안 먹을 한약을 지었다.
韓医院に行って2ヶ月の間飲む韓方薬を調合してもらった。

한약이 써서 저는 한약을 먹은 후에 꼭 사탕을 먹어요.
韓方薬が苦いので、私は韓方薬を飲んだ後に、必ず飴を食べます。

075
환자

[환자] 명사 患者

[活用構文] 名 환자

[例文] 오늘은 수술할 환자가 많아서 하루 종일 바쁠 것 같다.
今日は手術する患者が多いので、1日中忙しくなりそうだ。

병원에 가니까 요즘 환절기여서 그런지 감기 환자가 많았어요.
病院に行ったら、最近季節の変わり目だからか、風邪の患者が多かったです。

15 연습문제

[1~15] 다음 단어를 한국어로 바꿔 쓰십시오. 次の単語を韓国語に変えて書きなさい。

1. 背中 (　　　　　　)
2. 肉 (　　　　　　)
3. 腕 (　　　　　　)
4. 胸 (　　　　　　)
5. 疲れから来る風邪 (　　　　　　)
6. 便秘 (　　　　　　)
7. 消化 (　　　　　　)
8. 肩 (　　　　　　)
9. 顔 (　　　　　　)
10. ビタミン (　　　　　　)
11. アレルギー (　　　　　　)
12. ちくちく痛い (　　　　　　)
13. ひりひりする (　　　　　　)
14. 吐く (　　　　　　)
15. 疲れる (　　　　　　)

[16~20] 그림을 보고 (　　　)에 알맞은 것을 고르십시오.

絵を見て(　　　)の中に当てはまるものを選びなさい。

16.

가 : 남자 친구와 제 사진이에요.

나 : 남자 친구가 (　　　　)이/가 크고 잘생겼군요!

❶ 배　　　❷ 뼈

❸ 키　　　❹ 다리

17.

가 : 어디가 아파서 오셨어요?

나 : (　　　　)이/가 아파요.

❶ 발　　　❷ 손

❸ 어깨　　　❹ 허리

18.

가 : 아이가 아파요?

나 : 네, (   )이/가 많이 나요.

❶ 열　　❷ 두통

❸ 머리　　❹ 여드름

19.

가 : 어디가 아프세요?

나 : (   )이/가 너무 아파요.

❶ 귀　　❷ 눈

❸ 입　　❹ 코

20.

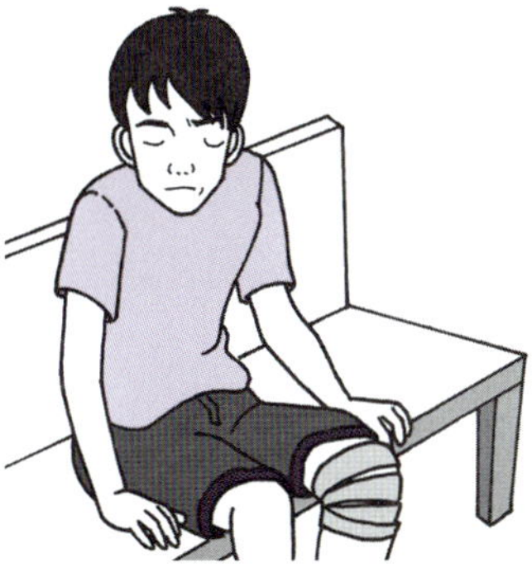

가 : 다리가 왜 그래요? 다쳤어요?

나 : 네, 운동을 하다가 (   )을/를 다쳤어요.

❶ 목　　❷ 발

❸ 팔　　❹ 무릎

[21~30] 다음 문장을 읽고 알맞은 어휘를 골라 쓰십시오. 어휘는 한 번만 쓰십시오.

次の文章を読んで(　　)に当てはまる単語を選んで書きなさい。単語はそれぞれ1回だけ使えます。

손	약	피	감기	건강
깁스	상처	몸살	배탈	소화
통증	비타민	다치다	빠지다	심하다

21. (　　　　)에 걸려서 기침이 나요.

22. 질문이 있으면 (　　　　)을/를 드세요.

23. 칼에 손을 베어서 (　　　　)이/가 난다.

24. 진통제를 먹어도 (　　　　)이/가 심해요.

25. 요즘 할아버지는 (　　　　)이/가 어떠세요?

26. (　　　　)이/가 났을 때에는 잘 쉬어야 합니다.

27. 얼굴에 (　　　　)이/가 있어서 보기에 안 좋아요.

28. 머리가 아파서 약국에 (　　　　)을/를 사러 갑니다.

29. 여름에 찬 음식을 많이 먹으면 (　　　　)이/가 나요.

30. 교통사고가 나서 많은 사람들이 (　　　　)었어요/았어요/였어요.

[31~35] (　　) 안에 알맞은 것을 고르십시오. (　　)の中に当てはまるものを選びなさい。

31. 등이 가려우면 이 약을 (　　　　)어/아/여 보세요.

❶ 서다　❷ 쉬다　❸ 씻다　❹ 바르다

32. 진찰을 받은 후에 (　　　　)을/를 맞았다.

❶ 깁스　❷ 주사　❸ 붕대　❹ 처방

33. 운동을 하니까 이마에서 (   )이/가 납니다.

❶ 땀　　❷ 가래　　❸ 비타민　　❹ 알레르기

34. 계단에서 넘어져서 다리가 (   )었어요/았어요/였어요.

❶ 낫다　　❷ 다치다　　❸ 토하다　　❹ 부러지다

35. 중학생이 되니까 얼굴에 (   )이/가 나기 시작했다.

❶ 배탈　　❷ 상처　　❸ 여드름　　❹ 알레르기

[36~40] 밑줄 친 부분과 반대되는 뜻을 가진 것을 고르십시오.

下線を引いた部分と反対の意味を持ったものを選びなさい。

36. **가 :** 손가락이 가늘어요?

나 : 아니요, (   )어요/아요/여요.

❶ 굵다　　❷ 얇다　　❸ 두껍다　　❹ 튼튼하다

37. **가 :** 요즘 아픈 사람이 많은 것 같아요.

나 : 네, 몸이 (   )어야/아야/여야 일도 잘 할 수 있지요.

❶ 크다　　❷ 마르다　　❸ 건강하다　　❹ 뚱뚱하다

38. **가 :** 감기에 걸렸어요?

나 : 네, 하지만 거의 (   )었어요/았어요/였어요.

❶ 걸다　　❷ 낫다　　❸ 하다　　❹ 내리다

39. **가 :** 건물 안에서는 담배를 피우면 안 됩니다.

나 : 화장실에서도 (   )어야/아야/여야 되지요?

❶ 닦다　　❷ 앉다　　❸ 금연하다　　❹ 청소하다

40. **가 :** 영수 씨가 지난달에 퇴원했지요?
    나 : 네, 그런데 건강이 안 좋아지셔서 어제 다시 (   )었어요/았어요/였어요.

    ❶ 입원하다 ❷ 수술하다 ❸ 진찰하다 ❹ 처방하다

[41~45] 밑줄 친 부분과 의미가 가장 가까운 것을 고르십시오.

下線を引いた部分と意味が一番近いものを選びなさい。

41. **가 :** 신체가 건강하지요?
    나 : 그럼요. 제 (   )은/는 아주 건강해요.

    ❶ 목 ❷ 몸 ❸ 뼈 ❹ 속

42. **가 :** 요즘 감기 때문에 아픈 사람이 많은 것 같아요.
    나 : 네, 그래서 병원에 (   )이/가 많아서 복잡해요.

    ❶ 상처 ❷ 한약 ❸ 환자 ❹ 비타민

43. **가 :** 선생님, 머리가 아파서 집에 일찍 가고 싶어요.
    나 : (   )이/가 심해요? 그럼 집에 가서 약을 먹고 쉬세요.

    ❶ 열 ❷ 두통 ❸ 얼굴 ❹ 충혈

44. **가 :** 나는 뚱뚱해서 살을 빼야 해. 오늘부터 저녁을 안 먹을 거야.
    나 : (   )을/를 할 때 밥을 안 먹는 것보다 조금 먹고 운동을 하 는 것이 더 좋다고 해.

    ❶ 변비 ❷ 소화 ❸ 식중독 ❹ 다이어트

45. **가 :** 요즘 건강해진 것 같아요.
    나 : 네, 운동을 열심히 해서 (   )었어요/았어요/였어요.

    ❶ 빠지다 ❷ 커지다 ❸ 떨어지다 ❹ 튼튼해지다

[46~50] 밑줄 친 단어의 쓰임이 잘못된 것을 고르십시오.

下線部の使い方が間違っているものを選びなさい。

46. ❶ 옆집에서 이상한 소리가 나요. ( )
❷ 오늘 갑자기 약속이 났습니다.
❸ 이 소설책을 읽고 슬퍼서 눈물이 났어요.
❹ 남자 친구가 계속 거짓말을 해서 화가 났다.

47. ❶ 지난 밤에 열이 심하게 났다. ( )
❷ 통증이 심하면 진통제를 드리겠습니다.
❸ 시험이 있어서 공부를 아주 심하게 했다.
❹ 말이 좀 심한 것 같아요. 다음부터 말조심하세요.

48. ❶ 이 병은 진찰해야 나을 수 있습니다. ( )
❷ 병원에 입원한 친구를 문병하러 갔다.
❸ 할머니는 병이 다 나으셔서 퇴원하셨어요.
❹ 강아지가 병에 걸려서 동물 병원에 데리고 갔다.

49. ❶ 다리가 굵어서 치마를 잘 입지 않아요. ( )
❷ 일주일 동안 샤워를 못해서 몸이 가늘어요.
❸ 우유를 먹었는데 속이 쓰려요. 왜 그럴까요?
❹ 발바닥이 따가워요. 신발 안에 뭐가 있는 것 같아요.

50. ❶ 팔이 상해서 깁스를 했어요. ( )
❷ 운동을 하다가 다리를 다쳤어요.
❸ 저녁에 먹은 음식을 모두 토했어요.
❹ 운동을 열심히 해서 살이 빠졌어요.

정답 · 색인

解答 · 索引

01 정답

01 • 위치와 장소

1. 옆
2. 밑
3. 근처
4. 빵집
5. 병원
6. 백화점
7. 박물관
8. 수영장
9. 대사관
10. 걸다
11. 두다
12. 밝다
13. 조용하다
14. 올려놓다
15. 시끄럽다
16. ❹
17. ❸
18. ❶
19. ❹
20. ❶
21. 놓으세요
22. 근처에
23. 밑으로
24. 있으면
25. 넣으세요
26. 걸어
27. 앞에
28. 시끄러운
29. 어두워요
30. 밝군요
31. ❶
32. ❹
33. ❹
34. ❷
35. ❸
36. ❸
37. ❹
38. ❶
39. ❹
40. ❶
41. ❸
42. ❷
43. ❶
44. ❷
45. ❷
46. ❷
47. ❷
48. ❹
49. ❶
50. ❸

02 • 물건

1. 옷
2. 칼
3. 컵
4. 공책
5. 속옷
6. 연필
7. 의자
8. 책상
9. 침대
10. 칫솔
11. 에어컨
12. 컴퓨터
13. 크다
14. 다르다
15. 무겁다
16. ❷
17. ❹
18. ❷
19. ❶
20. ❸
21. 가위로
22. 냄비에
23. 매고
24. 들어
25. 물건도
26.가지고
27. 메고
28. 봉투에
29. 고치려고
30. 멋져요
31. ❸
32. ❸
33. ❶
34. ❶
35. ❹
36. ❷
37. ❶
38. ❷
39. ❸
40. ❶
41. ❸
42. ❹
43. ❷
44. ❸
45. ❷
46. ❶
47. ❹
48. ❸
49. ❷
50. ❸

03 • 시간 I

1. 밤
2. 백
3. 분
4. 날짜
5. 내년
6. 시월
7. 어제
8. 언제
9. 연휴
10. 오전
11. 일곱
12. 일억
13. 하나
14. 금요일
15. 수요일
16. ❷
17. ❹
18. ❸
19. ❹
20. ❷
21. 아침에
22. 밤마다
23. 올해가
24. 많네요
25. 늦었다
26. 오전에는
27. 지났네요
28. 낮이
29. 주말에
30. 내일
31. ❸
32. ❶
33. ❷
34. ❶
35. ❹
36. ❷
37. ❶
38. ❹
39. ❶
40. ❶
41. ❷
42. ❷
43. ❹
44. ❶
45. ❶
46. ❷
47. ❸
48. ❸
49. ❷
50. ❶

04 • 시간 Ⅱ

1. 때
2. 시간
3. 며칠
4. 오래
5. 주일
6. 바로
7. 옛날
8. 요즘
9. 자주
10. 열흘
11. 짧다
12. 가끔
13. 틈틈이
14. 갑자기
15. 서두르다
16. ❶
17. ❹
18. ❸
19. ❷
20. ❹
21. 동안
22. 먼저
23. 바로
24. 아직
25. 계속
26. 천천히
27. 때
28. 첫
29. 갑자기
30. 요즘에는
31. ❹
32. ❸
33. ❹
34. ❹
35. ❷
36. ❹
37. ❸
38. ❷
39. ❹
40. ❹
41. ❶
42. ❸
43. ❶
44. ❸
45. ❸
46. ❸
47. ❸
48. ❸
49. ❶
50. ❷

05 • 사람 Ⅰ

1. 형
2. 고모
3. 누구
4. 성격
5. 아무
6. 여자
7. 친구
8. 형제
9. 귀엽다
10. 드시다
11. 멋있다
12. 친하다
13. 아가씨
14. 아저씨
15. 룸메이트
16. ❶
17. ❷
18. ❶
19. ❸
20. ❸
21. 말씀을
22. 서로
23. 생신
24. 잡수셨어요
25. 아이가
26. 친절합니다
27. 멋있어요
28. 아기가
29. 착한
30. 남자
31. ❶
32. ❹
33. ❷
34. ❷
35. ❶
36. ❹
37. ❷
38. ❷
39. ❷
40. ❹
41. ❷
42. ❷
43. ❶
44. ❶
45. ❷
46. ❸
47. ❸
48. ❹
49. ❶
50. ❸

06 • 사람 Ⅱ

1. 걱정
2. 화가
3. 교수
4. 비서
5. 모델
6. 선수
7. 필요
8. 행복
9. 걷다
10. 잊다
11. 기쁘다
12. 외롭다
13. 내려가다
14. 심심하다
15. 재미있다
16. ❷
17. ❸
18. ❶
19. ❷
20. ❸
21. 아마
22. 생각이에요
23. 기분이
24. 물론
25. 누워서
26. 감사합니다
27. 사랑하는
28. 주부예요
29. 배우가
30. 뛰어서
31. ❸
32. ❶
33. ❶
34. ❹
35. ❸
36. ❸
37. ❹
38. ❸
39. ❷
40. ❶
41. ❸
42. ❷
43. ❶
44. ❸
45. ❹
46. ❷
47. ❹
48. ❶
49. ❹
50. ❸

07 • 일상 생활 Ⅰ

1. 뉴스
2. 답장
3. 우표
4. 주소
5. 목욕
6. 일기
7. 세수
8. 쉬다
9. 쓰다
10. 씻다
11. 켜다

12. 끊다
13. 세우다
14. 부치다
15. 붙이다
16. ❹
17. ❶
18. ❸
19. ❷
20. ❸
21. 연락하고
22. 세워
23. 일어나면
24. 듣는
25. 번
26. 놀고
27. 발랐어요
28. 눌러서
29. 국제전화를
30. 생활이
31. ❶
32. ❹
33. ❶
34. ❸
35. ❷
36. ❷
37. ❶
38. ❹
39. ❸
40. ❹
41. ❶
42. ❹
43. ❸
44. ❷
45. ❸
46. ❶
47. ❷
48. ❸
49. ❶
50. ❷

08 • 일상 생활 Ⅱ

1. 돈
2. 꼭
3. 상품
4. 선약
5. 손님
6. 점원
7. 파티
8. 현금
9. 초대
10. 취소
11. 환영하다
12. 이야기
13. 주다
14. 사다
15. 보이다
16. ❶
17. ❹
18. ❷
19. ❸
20. ❹
21. 어느
22. 무엇으로
23. 얼마예요
24. 짜리
25. 같이
26. 깎아
27. 송별회를
28. 바꿨다
29. 미뤄야
30. 싸서
31. ❹
32. ❸
33. ❸
34. ❹
35. ❹
36. ❷
37. ❹
38. ❸
39. ❶
40. ❸
41. ❷
42. ❹
43. ❶
44. ❹
45. ❸
46. ❷
47. ❷
48. ❶
49. ❷
50. ❸

09 • 학교와 직장

1. 발전
2. 분필
3. 방학
4. 사업
5. 사장
6. 선배
7. 소풍
8. 졸업
9. 직원
10. 직장
11. 회의
12. 하숙집
13. 지내다
14. 연습하다
15. 아르바이트
16. ❹
17. ❸
18. ❸
19. ❷
20. ❶
21. 준비는
22. 실례합니다
23. 교과서를
24. 벌고
25. 동기들과
26. 지각했다
27. 출장을
28. 읽어야
29. 중요한
30. 여행을
31. ❹
32. ❷
33. ❸
34. ❷
35. ❶
36. ❸
37. ❹
38. ❸
39. ❹
40. ❶
41. ❷
42. ❶
43. ❸
44. ❹
45. ❶
46. ❸
47. ❶
48. ❸
49. ❶
50. ❶

10 • 여가

1. 팀
2. 관광
3. 기념
4. 비자
5. 상영
6. 연극
7. 영화
8. 예매
9. 숙박
10. 산책
11. 미술
12. 음악
13. 드라마
14. 추다
15. 던지다
16. ❶
17. ❷
18. ❸

19. ❹
20. ❹
21. 보통
22. 표를
23. 노래를
24. 기념으로
25. 사진을
26. 독서를
27. 악기를
28. 비용이
29. 취미는
30. 예약을
31. ❶
32. ❷
33. ❹
34. ❸
35. ❷
36. ❶
37. ❹
38. ❸
39. ❹
40. ❷
41. ❹
42. ❶
43. ❷
44. ❶
45. ❹
46. ❹
47. ❸
48. ❹
49. ❶
50. ❸

11 • 음식

1. 곡물
2. 냉면
3. 두부
4. 된장
5. 라면
6. 치즈
7. 초밥
8. 굽다
9. 돈가스
10. 참기름
11. 초콜릿
12. 햄버거
13. 다지다
14. 샌드위치
15. 아이스크림
16. ❶
17. ❸
18. ❹
19. ❷
20. ❶
21. 우유로
22. 소금을
23. 피자는
24. 볶았어요
25. 뜨거울
26. 술을
27. 단
28. 과일을
29. 짜니까
30. 간식을
31. ❹
32. ❹
33. ❸
34. ❸
35. ❷
36. ❶
37. ❸
38. ❶
39. ❷
40. ❸
41. ❷
42. ❹
43. ❸
44. ❹
45. ❸
46. ❹
47. ❷
48. ❸
49. ❶
50. ❹

12 • 교통

1. 차
2. 역
3. 멀다
4. 방향
5. 왕복
6. 출구
7. 택시
8. 안전선
9. 지하도
10. 똑바로
11. 건너다
12. 밀리다
13. 도착하다
14. 돌아가다
15. 하차하다, 내리다
16. ❶
17. ❷
18. ❶
19. ❸
20. ❹
21. 사거리에서
22. 위험하니까
23. 승강장에서
24. 기차를
25. 신호등이
26. 호선을
27. 노선도를
28. 약도를
29. 요금이
30. 방법을
31. ❹
32. ❶
33. ❹
34. ❸
35. ❹
36. ❹
37. ❶
38. ❸
39. ❸
40. ❷
41. ❷
42. ❹
43. ❸
44. ❶
45. ❹
46. ❹
47. ❸
48. ❷
49. ❹
50. ❶

13 • 자연과 계절

1. 돌
2. 철
3. 마리
4. 송이
5. 안개
6. 오리
7. 바람
8. 폭포
9. 바다
10 .환절기
11. 분홍색
12. 초록색
13. 노랗다
14. 쌀쌀하다
15. 아름답다
16. ❶
17. ❹
18. ❷
19. ❷
20. ❸
21. 여름에
22. 호수가
23. 고양이를
24. 피서를
25. 모래가
26. 색깔은
27. 쌀쌀하니까

28. 경치가
29. 따뜻합니다
30. 불어요
31. ❶
32. ❹
33. ❸
34. ❹
35. ❸
36. ❷
37. ❶
38. ❷
39. ❷
40. ❸
41. ❹
42. ❸
43. ❷
44. ❸
45. ❶
46. ❸
47. ❸
48. ❶
49. ❷
50. ❹

14 • 주거

1. 문
2. 방
3. 거실
4. 난방
5. 달력
6. 세제
7. 얼룩
8. 이사
9. 커튼
10. 아파트
11. 옷걸이
12. 집들이
13. 엘리베이터
14. 빨다
15. 맡기다
16. ❸
17. ❶
18. ❹
19. ❷
20. ❹
21. 벽에
22. 버렸다
23. 닦았어요
24. 서재에서
25. 열지
26. 편안한
27. 계단으로
28. 쓸어야
29. 불을
30. 정리해라
31. ❹
32. ❶
33. ❹
34. ❷
35. ❷
36. ❶
37. ❸
38. ❷
39. ❶
40. ❹
41. ❷
42. ❸
43. ❶
44. ❷
45. ❶
46. ❷
47. ❶
48. ❸
49. ❷
50. ❸

15 • 건강

1. 등
2. 얼굴
3. 팔
4. 가슴
5. 몸살
6. 변비
7. 소화
8. 어깨
9. 얼굴
10. 비타민
11. 알레르기
12. 따갑다
13. 쓰리다
14. 토하다
15. 피곤하다
16. ❸
17. ❶
18. ❶
19. ❷
20. ❹
21. 감기에
22. 손을
23. 피가
24. 통증이
25. 건강이
26. 몸살이
27. 상처가
28. 약을
29. 배탈이
30. 다쳤어요
31. ❹
32. ❷
33. ❶
34. ❹
35. ❸
36. ❶
37. ❸
38. ❷
39. ❸
40. ❶
41. ❷
42. ❸
43. ❷
44. ❹
45. ❹
46. ❷
47. ❸
48. ❶
49. ❷
50. ❶

02 색인

표: 표제어(表題語), 유: 유의어(類義語), 반: 반의어(反意語), 관: 관련어(關連語)

외국인을 위한 **한국어 어휘 연습 (초급)**

일본어판

편저자 연세대학교 한국어학당 교재편찬위원회
집필진 전나영 · 김지혜 · 이선영 · 이은지
펴낸곳 연세대학교 대학출판문화원

주소 서울시 서대문구 연세로 50
전화 02) 2123-3380~2
팩스 02) 2123-8673
ysup@yonsei.ac.kr
http://www.yonsei.ac.kr/press
등록 1955년 10월 13일 제9-60호
인쇄 (주)네오프린텍

2012년 11월 12일 1판 1쇄
ISBN 978-89-97578-54-2(03710)

정가 25,000원